复旦卓越·21世纪管理学系列

品牌策划实务

(第二版)

刘世忠 编著

复旦大学出版社

内 容 提 要

　　本书从操作流程着手：从产品前期出生到产品上市，再从无品牌知名度到打造成名牌，从小企业做到大企业，让读者熟悉市场运作的全过程。同时，书中运用大量鲜活案例，解析了国产知名品牌（如背背佳、舒蕾、农夫山泉等）怎么从无到有，在强大的竞争对手中夺市场，再从有到大（如格兰仕怎么从羽绒服和鸡毛掸子转到微波炉，以及海尔怎么从冰箱延伸到其他产品等），企业不断发展壮大的全过程。

　　全书理论联系实际，语言诙谐幽默，既可作为大专院校学生学习品牌策划的教科书，也可作为广告、策划业内人士的操作宝典。

教材学习导引

本书为"主辅合一型"教材。它把主教材、学习指导和学习参考融为一体,其内容编写和体例编排上都不同于以往教材。为了帮助同学们学好这门课程,我们设计了四个学习模块,具体使用方法如下。

1. 学习目标和基本概念

在每一章的开头,都用"学完本章,你应该能够:"的表述,把教学要求具体化。在学习中要按目标要求去掌握教材的内容,保持清晰的思路。

2. 旁白

正文中使用了旁白的版式,这块留白实际上是师生交流的园地,其目的就是使学生的学习由被动接受型向主动参与型转化。在这里使用了四种不同的图标,每种图标的含义如下:

 要点提示。对教材中重点问题提示和归纳,起强化和提醒的作用。

 记住。提示需要记忆的内容。

 资料补充。包括教材中提及的人物、著作的介绍;概念的解释;短小案例等。

 问题思考。就教材内容提出的思考问题。

3. 学习重点和小结

学习重点旨在明确本章在学习中应重点理解和掌握的内容。学习重点既是课程的基本知识,又是考试的重点内容。小结是对全章内容的概括总结。在阅读本章之前可以先浏览小结的内容,对全章有大概的了解。学完全章之后再认真阅读一遍,对全章进行回顾和归纳,加深理解。

4. 练习与思考

我们按考试要求为每章编写了一套练习题,要求课后独立完成,其目的是巩固所学知识和熟悉考试题型。

第二版序

　　五年前写的《品牌策划实务》,承蒙复旦大学出版社编辑罗翔的厚爱,于2007年5月出版。有了第一本,后面就变得一发不可收拾。随着我知识的积累,后来陆续推出了《老板是怎样炼成的——广告与传播》、《老板是怎样炼成的——商机发现》、《老板是怎样炼成的——项目包装》、《老板是怎样炼成的——项目运营》、《选对行业钓大鱼》。久而久之,写作变成一种习惯。

　　五年过去了,市场变化很快,虽然真理还是真理,理论还是理论,没有多大变化,但市场却在变化,企业随着市场变化也在不断变化。书中的案例在时光年轮的冲刷下,难免会变得有些陈旧。有的案例已经久远了,引不起读者的回忆和共鸣;有的案例在各种媒体上出现好多次了,读者已经看麻木了;有的案例在实践中随着时间的洗礼出现漏洞,有误导读者的嫌疑,有的案例不够与时俱进……现在承蒙读者的厚爱,根据读者的需求,在《品牌策划实务》(第二版)中我们增加了新的"血液"来替换旧的案例。

　　最近发现天津卫视的《非你莫属》求职节目上有一个有趣的现象:凡是没有什么一技之长的求职者,首选的职位都是宣传策划。老板们问求职者为什么?他们说自己有点子,有创意。他们认为策划就是随便拍脑袋想的一个点子、一个创意。如果真按他们想的那样,随便在大街上拉一个人过来,只要长脑袋的人都能想出点子,只是好坏而已。其实这是对策划的误解。策划绝对不仅仅是一个点子和创意,而是一个经过科学的流程分析得出的结论,然后再围绕这个结论进行创意的策略。这在过去属于诸葛亮这类人才能做的,属于谋士阶层,绝对不是一般人所能胜任的。

　　那么,到底如何理解策划呢?我举个例子。

　　人们常说:"给你1万元钱,怎么变成100万元?"怎么增值成100万?所谓种瓜得瓜,种豆得豆,那么怎样才能种钱得钱?瓜、豆能增值的要素是土壤,而钱也需要这样的一个增值"土壤",只不过是需要你找一个能把1万元变成100万元的"土壤"。而找这个"土壤"的过程就是一个策划的过程。

　　第一步,首先你需要找到哪些人会把兜里的钱拿给你,换句话说,给你钱的目标人群是哪些?这个时候你就得分析人群,中国有13多亿人,其中男女各占一半,6个多亿,老人有1个多亿,小孩有1个多亿,年轻一代占1/4,那么年轻女士一代就是1/8了。如果年轻女士每人给我1元钱,那么我就坐拥1.5亿元了。这一过程我们可以叫寻找目标市场定位。现在为了完成这个想法,我们锁定目标市场为年轻女士。

　　第二步,你想要钱,别人总不会就这样随随便便给你吧!你得找一个媒介沟通你和消费者,并用这个媒介来支撑她给你1元钱,这就是产品,产品就是企业和消费者之间沟通的媒介。

第三步，接下来进行市场调查分析，目的是知道年轻女士喜欢什么、不喜欢什么，对什么感兴趣。由此根据她们的行为喜好，找到她们喜欢的东西，即产品。如果这个产品是饮料，它们也许是苹果汁、橙汁、葡萄汁等；如果是化妆品，它们也许是欧莱雅护肤膜、兰蔻护肤霜等。然后你根据市场环境和竞争对手各方面分析，最后决定进入饮料行业中的橙汁，这就是产品定位，让你这个产品确定在某一个行业、某一类、某一功能方面等。

第四步，产品确定好以后，假如别人也有同类产品，为了区别你的产品和别人的产品来源和差异不同，产品就得和孩子一样，需要起个好名字。孩子名字会影响人一辈子，那产品名字也一样，也决定一个产品的成败。好的名字为以后传播等工作起到事半功倍的效果。

第五步，当产品生产出来，名字也有了，消费者还不知道还有此产品，这时就要进行广告宣传，告诉你的目标消费群，某某产品上市了，快来购买。要让别人花钱购买，就得找个理由。如鲜橙多的理由是"多喝多漂亮"；娃哈哈的理由是"喝了娃哈哈，吃饭就是香"；妙士饮料的理由是"初恋的滋味"。等你让广告打出这些理由的时候，你的目标消费群，因为这些理由就找到你。如她为了漂亮，就会喝鲜橙多；为了多吃饭，会喝娃哈哈；如果还没品尝初恋的滋味或者好久没有初恋的感觉，会喝妙士饮料等。那么，怎样找理由呢？首先要从你产品中找卖点，而卖点又是从你目标消费群最注重的一点中找。到底怎么找，本书"寻找产品的卖点"一章(第五章)有细致的论述。

第六步，等找到卖点和理由后，根据卖点和理由进行广告创意和制作。为了把钱花在刀刃上，必须合理地花费每一笔钱，而且要得到相应的效果。打什么广告，电视、报纸等怎么打，媒体策略就显得尤为重要。因此，就要进行媒体分析，作出科学决策。

第七步，广告也打出去了，消费群也知道了，拿到哪里卖呢？由谁卖呢？总不能让公司老板、员工自己出去卖吧？这时就需要有个出货的渠道，这就是所谓的通路，它就像血管一样，产品就是血，如果没有血管，再好的产品也卖不到消费者手里。如果你是卖水的，把水放在药店里卖，别人会觉得你的水不是纯净水，有药的味道。如果你卖高档化妆品，摆在便利店，别人会认为是水货。

第八步，消费者也被广告吸引过来了，产品也摆在渠道的货架上了，消费者只看不买，怎么办？这就要进行终端促销拦截，激发消费者花钱购买的欲望等。等她出手购买了，然后又是售后服务，让她变成忠诚客户，以后再来几个回合。在这样一系列循环过程中，此时1万元就在此循环成100万元。这其中每一个环节，以及整个环节都可以叫策划。

本书根据这样一个市场操作流程入手。以一个产品从前期的出生，然后到产品上市，再从无品牌知名度到打造成名牌，从小企业做到大企业，从无到有，让你熟悉市场运作的全过程。书中就是按照这样一条市场运作流程作为本书主线和结构。书中运用鲜活案例，解析了苹果、戴尔、可口可乐、麦当劳等国际知名品牌，以及王老吉、雅戈尔、舒蕾、农夫山泉等国产知名品牌怎么从无到有，在强大的竞争对手中夺市场，再从有到大，再如苹果如何从破产边缘扭转成世界老大，以及海尔怎么从冰箱延伸到其他产品等，企业不断发展壮大的操作的全过程。书中的案例包括国内的一些不知名的小企业如金牧童、百元、红豆食品等，也有国际知名大企业如戴尔、IBM、可口可乐等成功的操作手法。

通过这些案例的分析可以使你拨云见日,犹如洞中之鸟飞向广阔的天空,一下子豁然开朗,这些案例所包含的智慧可以帮助读者更好地学习和理解如何策划一个企业,如何策划一个产品。本书还将注入市场运作的一些新思维,以及掌握一些企业生存壮大的必要手段和技巧,让你在商海中,操作项目游刃有余,以四两拨千斤。

  本书是企业的主管、经理、高层人士等以及策划人和广告人的必备操作宝典,也是大专院校相关专业学习策划的很好的教材。全书理论联系实际,语言诙谐幽默,使你在快乐中领略项目操作的乐趣。

刘世忠
2011 年 9 月

目 录

引言　成功企业需要策划 ·· 1

第一章　市场环境扫描 ·· 5
　第一节　营销环境诊断 ·· 6
　第二节　产品诊断 ··· 8
　第三节　企业和竞争对手诊断 ·· 16

第二章　消费者心理行为诊断 ·· 29
　第一节　消费者需求心理 ·· 33
　第二节　消费者购买行为分析 ·· 36
　第三节　男人的消费心理 ·· 40
　第四节　女人的消费心理 ·· 43
　第五节　中国新一代年轻人的消费心理 ·· 45
　第六节　小孩和老人的消费心理 ·· 47
　第七节　中国新兴中等收入阶层的消费心理 ······································· 50

第三章　产品定位 ··· 55
　第一节　选择主轴产品 ··· 56
　第二节　利基市场 ··· 57
　第三节　产品定位 ··· 58
　第四节　产品定位策略 ··· 61
　第五节　定位环节 ··· 71
　第六节　定位依据 ··· 73
　第七节　市场细分 ··· 75

第四章　产品命名 ··· 82
　第一节　命名原则 ··· 83
　第二节　命名策略 ··· 87
　第三节　命名程序 ··· 91

第五章　寻找产品的卖点 ·· 94

第六章 企业战略和广告战略 107
第一节 营销战略和广告策略 108
第二节 广告战略 115

第七章 渠道诊断与定位 120
第一节 渠道的类型 121
第二节 渠道的模式 124
第三节 渠道定位 127

第八章 打造知名度的方法 131

第九章 品牌诊断 142
第一节 品牌作用 143
第二节 品牌的核心价值 146
第三节 品牌联想 149
第四节 品牌个性 155
第五节 品牌线路 157
第六节 品牌运营战略 162
第七节 品牌运营案例 167
第八节 品牌延伸 171

第十章 品牌再定位 177
第一节 品牌再定位的原因 178
第二节 品牌定位流程 181
第三节 品牌定位策略 182

第十一章 品牌广告策略 191
第一节 品牌文化作用 191
第二节 塑造品牌文化 195
第三节 品牌生命周期的广告策略 196
第四节 品牌的知名度、美誉度和忠诚度广告策略 200
第五节 品牌广告促销策略 206

第十二章 媒体策略 213
第一节 媒体战略计划的制订 213
第二节 选择媒体 217
第三节 常规媒体特点 220

附录 项目诊断目录 228

引 言

成功企业需要策划

 **学习目标**

学完本引言,你应该能够:
1. 了解策划的基本概念;
2. 理解企业策划与没策划的差别;
3. 了解营销策划的基本概念。

 基本概念

策划　营销策划

企业生产产品,然后再想办法把它卖出去,那个时代已经结束了。今天也许你生产的产品质量很好,但很可能是市场上没有需求的产品。降低原材料价格、提高产量、尽量节约成本,然后卖出去,以前也许行,现在已经不可能。短缺产品的时代已经结束,从市场角度来看,产品已经由卖方市场转为买方市场,在这样的条件下,一个没有特色的企业越来越难以生存。从竞争方面来看,国际的竞争就在国内。世界 500 强进来了,现在的竞争已经不是传统意义上的竞争,而是与国外强大企业的竞争。在这种形势下,如果说原来的资源是从自然界中开发出来的,那么今天的资源是从人的头脑中开发出来的。从美国的计算机软件王国微软总裁比尔·盖茨到中国新一代的知识富豪网易总裁丁磊和搜狐总裁张朝阳,以及 5 年成就亿万富翁的陈天桥,无一不是资源从头脑中开发出来的例证。

那么什么是策划?策划就是从人的头脑中开发出资源的一种活动。它就像设计一个游戏规则一样。正如日本策划大师星野匡所说:"所有策划或多或少都有所谓虚构的东西,从虚构出发,然后去创造事实,加上正当理由,而且要光明正大地去做,这就是策划。"做任何事情都离不开策划,企业更是如此。从前期的选择项目、调研、起名、选址、融资到开业上市等一系列头脑中形成的计划系统,这个过程本身就是策划。讲到这里我们看一个案例,你就会有所明白。

碧桂园：给你一个五星级的家

案例背景

1993年，由于紧缩银根，全国房地产业逐渐不景气，耀眼的经济泡沫在阳光下开始破灭。在广东，这个现象尤为严重，曾经一度炒得火爆的"高级花园别墅"，刹那间受到冲击，房地产大势转弱，走向低潮。位于广东顺德市陈村水道的碧江之畔的碧桂园，坐落于顺德与番禺的交界地，前不着村，后不靠镇，开发商为此投资逾亿元，但由于位置偏僻，前来看楼买楼的人很少，为了"救市"，碧桂园的老板请到了当时的新闻"独行侠"王志纲为其做策划活动，掀起了碧桂园策划旋风。

王志纲在一次偶然的机会中，发现广东"贵族学校"在当时非常流行，许多老板纷纷将自己的子女送进贵族学校，他由此得到启发：要将碧桂园推销出去，首先应该办学。那么怎样启动办学这个支点呢？当时有人设计了一组广告，总题为《顺德人的新概念》，王志纲认为，面对房地产市场低迷的状态，必须出奇制胜。广告设计也必须改变思路，从总的战略着手，要做到"不鸣则已，一鸣惊人"。接着他提出了一个令人瞠目的设计理念，这便是后来的《可怕的顺德人》广告的产生。

（1）王志纲成功地为碧桂园学校设计了第一个"番号"——一个奇特的"商标"。1993年6月，私立学校的招生进入白热化阶段，为了争取生源，各学校均不惜工本在传媒上打擂台大斗其法。碧桂园必须同时在电视、电台、报纸全力出击，但又要形成一个统一的主题，具有独特的诉求风格。王志纲和他的策划人员精心设计了一个"为什么"系列，在战云密布的社会大背景下，打上了一个个令人警醒的问号。

（2）在电视屏幕上，一个成功人士志得意满地回到家中，不料开门之后，看到家中乱七八糟，太太正追打着自己的爱子。何故？一张张不及格的试卷，令"大款"也大了头。一家人愁眉苦脸之时，突然画外音插入一个小孩清脆的声音："为什么不去碧桂园？"这句孩子气的提醒，在电台的广播中也一再地出现，一再被强调。招生擂台上"碧桂园"最为轰动。一些人甚至退掉了已定好的其他学校，宁肯不要预付款，也要把子女送来碧桂园。

（3）碧桂园的初步成功，广告奇袭掌握了"制空权"，新闻炒作"地面部队"也功不可没。王志纲作为策划人，他自己又曾是新华社的名记者，对新闻舆论在策划中的宣传作用十分重视。对炒作新闻热点更是挥洒自如，出神入化。碧桂园学校的办学过程中策划加入了许多传奇因素、戏剧性的色彩，波澜迭起，曲折有效。策划人则要善于抓住不同时期的传奇因素，在新闻热点上聚焦放大。吸引新闻界的注意力，"炒"出一台又一台有声有色的活剧来。

（4）1993年是邓小平同志为北京景山学校题词"教育要面向现代化、面向世界、面向未来"10周年。碧桂园学校的校长是北京景山学校校长的同班同学，策划者一个大胆的想法产生了：请北京景山学校和顺德一个镇合办在北京以外的全国第一所分校——碧桂园学校。这是一张千金难买的"实力王牌"。王志纲将一批新闻界的同行请到碧桂园，集中炒作这张王牌。

（5）这一天是碧桂园学校正式奠基的日子。那时新闻机构对高价学校的报道受到严格限制，而且已由客观报道转向批评的倾向。人们对炒作此类新闻不抱什么幻想。然而，加入了北京景山学校这张王牌就不同了，形势有了戏剧性的变化。角度不同了，主题也不同了。"南北携手，共创新模"，"北京景山学校南下办分校"，"与北京景山学校合作，与国际教育接轨"，"构筑跨世纪的文化金字塔"——《羊城晚报》、《文汇报》、《亚太经济时报》、广东电视台等纷纷以抢新闻的姿态同时对碧桂园学校作突出报道，与"可怕的顺德人"广告相呼应，刮起了一股"碧桂园旋风"。

从以上案例就能看出：真正的策划没有改变产品本身，但是，它解决了产品销售之前的传播问题。它利用不同于大众的传播方式引起消费者的关注，从而激发他们的购买欲望，达成最终销售。讲到这里，我们得出一个结论，成功的企业营销和成功的广告必须策划。以下是"友联"衬衫和"红豆"衬衫未策划和策划两者的对比效果。

北京郊区有一个"友联"衬衫厂。这个衬衫厂在20世纪80年代就生产和出口服装，每年出口100万件服装销往欧洲各国、美国和日本。其中中档服装在日本卖7 000—10 000日元，折合人民币500—1 000元人民币一件，外商给我们的加工费是4.5元。也就是说，我们所得到的价值还不到商品价值的1/100，这样的企业听起来让人感慨、让人怜悯。感慨之余，我们想问一下这个厂的领导，既然你们在20世纪80年代就能生产那么好的服装，为什么现在20多年过去了，没有进步，还是老一套：提高产量，降低成本，而没有一个策划的意识？有什么样的思想就有什么样的结果，当然到现在还是这样的结果。

同样是生产衬衫的，无锡衬衫厂生产的"红豆"牌衬衫在销往日本的时候，就进行了很好的策划。根据调查，发现日本人非常喜欢中国的唐诗，策划人就给这个产品起名"红豆"。中国有这样一首唐诗，"红豆生南国，春来发几枝？愿君多采撷，此物最相思。"（王维《相思》）翻译成日本的名字叫"爱情的种子，男女之间的情爱之物"。其实就是一件衬衫，就看你怎么说了。日本人一看"红豆"两个字，就冲这两个字加价20%。都是生产衬衫，无锡这家厂前年销售就达到28个亿，现在估计达到了40多个亿。

我们可以说前者没有策划，或者说没有策划的意识；后者则非常主动的策划，因此由上面的案例我们不难看出策划和不策划，效果完全不同。

在中国，房地产炒得火热，盖房子的不是开发商，而是建筑公司；卖房子的也居然不是他，找销售公司再卖；广告也不是他做的，是广告公司做的；钱也不是他出的，前期靠建筑商垫资，中期靠银行，后期靠个人按揭预付。这样开发商没花多少钱就把几个亿的项目运作起来,靠的是什么?是周密的策划。

   营销策划就是企业通过巧妙的设计,制造出一定的策略,来实现企业的经营目标这样的一种活动。后面的每一步就是项目的策划的每一个过程。

 学习重点和小结

策划的基本概念
企业策划与没策划的差别
营销策划的基本概念

第一章

市场环境扫描

 学习目标

学完本章,你应该能够:

1. 了解市场中的一些因素对产品的营销和广告的影响,了解市场概况和特点,以便企业作出正确的决策;
2. 掌握产品的三个层次和附加值的概念,尤其是核心利益;
3. 掌握产品的竞争优势,按这竞争优势原则来设定你的产品;
4. 根据产品自身特点,找到能打动消费者的利益点来制作广告;
5. 了解企业自身优势,以及在市场中所占的位置,以达到知己;
6. 了解企业的五种竞争对手,逐一分析这五种竞争对手;
7. 掌握拉斯韦尔的5W(五个做什么)模式,利用5W模式分析竞争对手的优势和缺陷,以达到知彼;
8. 达到知己知彼后,根据企业和竞争对手在市场中的位置来设定企业的竞争策略。

 基本概念

文化　核心利益　有形产品　附加产品　差异化

 哪些因素影响产品的销售?策划时,怎么利用这些因素?

掌握市场资料和数据对广告和营销的准确性和影响性非常大。《孙子兵法·始计篇》曰:"夫未战而庙胜算者,得算多也;未战而庙算不胜者,得算少也;多胜算,少胜不算,而况于无算乎。"从营销学的角度来翻译就是,"当你要开发一个市场时,你的胜算在哪里?"认清当前的营销环境形势,如总体的经济形势和消费趋势,产业的发展政策,设法了解市场上有什么,市场上还缺什么,现在的产品优点和缺点,消费群的整个消费数量和比例,不同的消费者对产品有什么样的需求,消费者还有什么潜在需求,他们喜欢什么样的方式和环境,他们最关心产品的哪一点,市场上有没有同类产品,如果有,主导品牌是什么,这个品牌产品特点是什么,我们产品特点又是什么,它们的差异在哪里……根据这些市场调查分析,来决定企业的决策,可以减少市场营销决策的风险。

第一节　营销环境诊断

了解了目前产品状况,还需审视整个市场的发展趋势。市场就像人一样,经常在变动,例如消费形态、定价、法规、包装等。你的产品或许可以顺应时势,对这些变动因素状况加以利用,例如改变配方、发明新的使用方法、找出新的目标群等,都是利用环境变迁带来的转机。一般来讲,主要从以下几个方面来考察市场环境。

一、经济与政治环境

经济与政治环境主要包括:经济发展水平;增长率;经济体制改革;是否通货膨胀或经济萧条;失业程度;消费者对经济的态度以及法律、制度体系的完善等。通过分析,判断消费者对政治、经济局势的展望,以及由此而确定的未来一段时间的消费趋势。

(一) 影响购买力的经济因素主要是生活水准

一个家庭的收入越少,家庭总支出中用来购买食物的支出所占比例就越大;一个国家越穷,每个国民的平均收入或平均支出中用来购买食物的支出所占比例就越大;随着家庭收入的增加,家庭收入或家庭支出中用来购买食物的支出所占比例就会下降。

(二) 生活水准是一个国家平均拥有和消费的物品和服务的数量与质量

影响消费行为的经济因素主要是按照消费水平测算的群体,不同的消费群体其消费观各不相同:富裕群体中大多属新贵,这类消费者喜欢突出其奢侈的住宅、汽车、时装和其他能代表财富和身份的消费活动。中上收入阶层中的大多数人是专家和企业高级主管,学历层次较高、收入稳定,生活方式和消费行为一般以户主的职业为中心。而中下收入阶层多指公务员、教师、技术人员、白领等,这些人具有顺从、勤奋、不太喜欢追新潮的特点。

二、社会环境

社会环境主要了解社会开放的程度和人们的价值观念、消费观念的变化,从而确定消费者需求的变化趋势。

(一) 市场的政治法律背景

企业要进入某个行业,或者产品进入某一个市场,首先要探讨本地是否有一些有利或者不利的因素影响市场。当一些行业和产品是国家限制的项目,决策者就得考虑企业是否进入此市场,都要有一个必要的心理准备,如 2010 年国家宏观调控房地产行业,把银行利率调高,并且在北京、上海、广州一线城市出台限购令。这时候作为房地产的企业就要有一个事先打算。是否要减少房地产的投入,以降低企业的经济风险。同样,企业应考虑产品在本地做广告和营销是否受到政治法律的制约和影响,如果不符合一国的法律和法规,就会受到法律的制裁。《中华人民共和国广告法》、《中华人民共和国商标法》、《中华人民共和国消费者权益保护法》对广告和营销都有制约。

(二) 市场的文化背景

企业的产品和广告有无与目标市场文化背景冲突。文化是由不同的历史、不同的地域形成的各种差异很大的风俗习惯和宗教信仰,它左右着人的世界观,影响着人的好恶态度,它是人们在社会生活中,久而久之形成的。特定文化是一种自觉性,使人不由自主地像被催眠一样地去做事。文化是一个载体,它可能是一句口号,也可能是一个习惯,它就是春风化雨,润物无声。这样,人的脑子其实天天在文化中洗礼,你我都在文化之中,每天都被文化催眠。

文化是影响人的欲望和行为的一种重要因素,如企业的营销和广告必须考虑不同文化背景的消费群的消费行为和习惯,尽量针对不同国家、不同地区、不同民族的文化习惯,制作符合当地消费群的产品、广告和营销,避免企业的风险。如,中国人一见面会握手,为什么不抱在一起接吻呢?为什么不一见面两个人磨鼻子呢?这就是文化的作用。接吻的是欧美人,磨鼻子的是毛利人。关键是你接受了什么样的文化,你已经在不知不觉中被文化催眠了。一个人如果被这种文化催眠了以后,当这种文化有所改变的时候,他会感觉有点痛苦,或者痛不欲生,有的人甚至于以死相拼。文化远远要比法律的约束力更强,同时文化是最难改变的。因此,搞营销和做广告最好适应当地的文化。如,每年春节从广州回家排队买车票的人都是人山人海,一排就是十几个小时,有的拿着凉席排队,仅仅是为了买一张票回家过年。这些排队的人全是外地人,他们工资很低。为什么还要花十几个小时排队买票回家过年呢?这就是文化习俗的魅力。

有一个广告是这样的,一个警察正在给一个小孩开罚单,由于他骑小自行车违反交通规则。如果在中国,估计人们会认为这个警察在小题大做,没事干了,跟孩子一般见识,笑话这个警察精神不正常。但在美国人看来很正常。他们觉得一个小孩骑着他的小单车闯红灯,警察叔叔就应该开罚单,也许罚一杯牛奶,也许罚两块饼干,不管罚什么,最重要的是教育,让他知道错了就是错了,从小要负起责任,以达到从小防范的警示作用。这就是文化不同的结果。

三个不同肤色的儿童在吐着舌头扮鬼脸,传达贝纳通为所有儿童带来的欢乐。这则广告在德国获得好评,并且获得大奖,但在阿拉伯却禁止。原因是阿拉伯风俗认为看见人体内部器官视为不良的色情行为,因此,同样一个广告却有两种不同的命运,这就是文化造成的。

为了宣传"美国"式民主,广告中警察追捕一名小偷。小偷躲进妓女家里,警察毫不客气地就把小偷搜捕出来,捉拿归案。然而法院审理时,却将小偷开释,反而指责警察违法,由于没有展示和办理必要的法律手续,因此,这样捉拿小偷的行为本身已经违法。这个广告让许多中国人看了,非常不理解,就是因为文化差异导致的。

三、市场环境

市场环境主要包括以下三个方面。

(一) 市场概况

市场概况包括区域市场的人口环境,消费者总量,最大容量,当前市场的销售额,消费者的总的购买量,未来的市场发展趋势和规模。广告和营销必须密切注意企业在区域市场的人口环境的动向,因为市场是由那些想买东西,并且有购买能力的人构成的,而且这种人越多,市场规模就越大,因此要考虑不同年龄层、不同家庭结构、人口流动性等各方面因素。

(二) 市场特点

这个市场与其他地方市场有什么不同?有什么样的特点?市场有无季节性?城市人口大概有多少?非城市人口大概有多少?陕西有延安和榆林革命老区,虽然很穷,但是,这个地方的高档烟、高档酒卖得很好,为什么?有的旅游胜地,五粮液、茅台酒、中华烟卖得很好,便宜的反而卖不动。东北冬天很冷,但是东北的市场有特点:天寒地冻,人们喜欢喝冷水,喜欢吃冷的东西,因此,冬天那里的冷水机和雪糕卖得很快。为什么?因为东北房子里特别热,暖气烤得特别厉害。东北是这样的,房门一打开,进门是零上20摄氏度,出门是零下20摄氏度,房子里热得还要上火,因此,冬天的冰镇制冷的饮水机和冰冷的雪糕销售得特别快。这些就是市场特点。如果你是卖农药的,你要了解这个地区的瓜地有多少亩,大棚菜地有多少亩,闹的是什么虫子。如果你是卖饮料的,你就要知道当地每年的整个消费量是多少,超市终端有多少,你要了解当地的基础数据。

(三) 市场各个品牌和各个品项的构成

要了解当前市场的主要产品的品牌,主导品牌是哪个,每个品牌的市场份额,与本企业产品构成竞争的是哪个品牌。

四、根据上述营销环境找出机会与威胁,优势和劣势

简而言之,优势就是别人费好大劲,才能干好,而你却不费劲就能干好;劣势就是别人不费劲就能干好,而你却费好多劲才能干好。企业根据市场空当,根据本地消费特点,做适应当地的产品、营销和广告等。

第二节 产品诊断

对企业而言,与消费者的关系是通过产品来沟通的,产品是否具有吸引力,能否满足消费者的需要,是企业经营成败的关键。对消费者来说,对产品的要求,不仅是对产品的占有,更希望得到的是某种需要的满足。因此,产品策略不仅是市场营销的重要策略,而且是广告宣传引导和刺激需求的重要战略。

由于产品的功能较多,而企业总是希望在消费者心中树立起完整的产品概念。消费者从功能性、社会性、心理性和其他欲望等一组价值理念对产品树立起完整的形象。所以,从营销的意义上归类,可便于产品更好地销售。

从营销的经典理论，可以把产品分为三个层次：核心利益、有形产品、附加产品，还延伸出来一个附加值。

什么是核心利益？哪些产品需要在广告和销售时，重点叙述核心利益？

核心利益是消费者最关心的利益点和价值的核心，是指向消费者提供的最基本的效用和利益，能满足消费者的某些需求。

冰箱能够为消费者提供新鲜的食品，这是消费者最基本的需求，也是消费者真正购买的原因。产品的宣传首先要以此为出发点。而不是在诉求你的冰箱能制冷到零下30摄氏度或者零下50摄氏度。不管你制冷到什么程度，关键是能不能保鲜我的食物，只要能提供给我新鲜食物，哪怕冰箱不制冷都没关系，这才是核心。

有时，消费者买一个东西，嘴巴上叫出来的名词其实是产品的名称，其实心里真正想的却不是这样，他买此产品更多的是满足心里的另一方面的需要。

如有人跑到商场化妆品柜台问服务小姐，"你卖什么化妆品"。表面上是问个化妆品的名字，其实她心里所想的不是这样，她需要的是美丽，美丽才是她的核心需求。当有人跑去联邦快递时说："这封信你能赶快给我送出去吗？"表面上谈的是快递，实际上客户谈的是速度，就是让你在24小时之内让我朋友看到。当我们看到人家买奔驰的时候，好多人都说奔驰板型多好，装潢多漂亮，还有红外线，有真皮椅，其实讲穿了只有两个字"尊贵"。人家买的是尊贵。就好比戴5块钱手表是为了看时间，可是戴50 000元钱的手表，他买的核心利益就不只是为了看时间，这时看时间对他来说在这里已不重要了，更重要的是用档次来显示"尊贵"。那我们买傻瓜相机和胶卷的核心利益是什么？"回忆"，是留下美好回忆。当消费者买相机时，他心里在想，你的相机是否能抓住他的瞬间，留下很好的回忆，那才是他想要的。如果你忘了这一点，而是一直说相机多便宜，胶卷多好，也没人买。

有形产品是核心产品的载体，即核心产品赖以实现的物质形式。它是消费者能够直接看到或感受到的产品和劳务的外观，包括产品的商标、质量、包装、色彩和设计等，它对消费者选择产品具有直接的影响力。

企业在做广告营销策略时，能够将核心利益和外观特点等结合起来进行宣传，就会对消费者购买产生巨大促进作用。

附加产品又称"无形产品"，指消费者购买产品时，能感受到所有利益的综合。也包括交付时间、信用、保证、提供信贷、免费送货、安装、售后服务等。

消费者在使用产品的过程中,不仅关心产品给其带来的使用价值,更希望得到该使用价值的一切。广告营销要努力从整体出发宣传,满足消费者对产品的整体需求,达到营销的目的。

附加值就是在原有产品的基础上,产生新的更高的价值,这部分价值是经营者赋予它的。

产生附加值的根本原因是存在一种异化现象。如我们用的盘子,你做得再精细,哪怕做成金边,也不值很多钱;但如果你请画家画一幅画在上面,挂在墙上,就不当盘子了,那就相当值钱。为什么异化就产生附加值,因为它满足了人们的精神需要。那精神需要是什么呢?最主要的是快乐需要,快乐了就愿意多掏钱。可口可乐的成功之处,不在于它的配方,而在于它让你快乐。从名字"可口可乐"就感觉得出快乐,同时一切主题全围绕快乐展开。广告中小孩快乐地举起易拉罐喝可乐,边喝边往下流可乐;老太太也来一罐,并且高兴得还转圈,非常快乐。

山东有一种饴糖——高粱饴软糖,刚开始在市场上卖得不好。后来把饴糖做成棋子,一半是黑的,一半是红的,然后又在糖袋里搁了一个棋牌。这样的产品一上市卖得非常好。据说消费这个糖的还是单位居多,尤其组织出去旅游,到了草地上,每两个人发一袋,开始下棋。原来下棋跳马吃车,把车搁在一边,现在下棋直接就把棋子搁到嘴里,就算想赖棋还要进嘴里去抠,两个人这样玩,别提多高兴,最后下完棋,棋也就吃完了,高兴地走了。这就产生了趣味。

一、产品竞争的优势

产品的竞争优势有哪几种?分析企业的产品优势表现在哪些方面?

一种产品跟别人的产品竞争,要表现得与众不同。与众不同的产品就是主力产品。根据营销专家调查分析新产品失败的原因发现:(1)市场分析不足占32%;(2)产品缺失占23%;(3)高成本超出预算额14%;(4)时效不佳10%;(5)竞争者反应8%;(6)销售努力不足7%;(7)时间不够6%。

从这个调查得出新产品失败有三个致命伤:第一,你根本没有好好分析市场,就盲目进入市场;第二,你的产品有问题;第三,你的产品成本高。因此,我们常常拿一些有问题的产品,再加上成本高和对市场不了解,就这样上市了,就注定要69%失败,从一开始就失败一半多了,后期操作可想而知。

那么如何设计我们的产品使其有竞争优势呢?讲穿了有三点:领先性、差异化、成本领导。

(一)第一种利器——领先性产品

产品的领先性对占领市场至关重要,每个企业都在开发自己领先于别人的产品,这样才能在市场中占领更多的市场份额。它们就像在竞赛一样,为了取得产品的领先,每个人似乎都在争先恐后地跑,而跑在最前面的肯定是胜利者。

> 英特尔公司的微处理器可以让英特尔公司与它的竞争对手保持更大的差别优势。英特尔几乎每年都要开始一项新产品的开发。奔腾6代的设计是在1990年开始的,比奔腾5代的起始时间只晚1年,开发奔腾7代的时间差比上一代还要短。
>
> 这种快速开发领先性的产品对英特尔公司及其竞争对手产生了深远的影响。对于英特尔来说,在最新一代微处理器上保持6个季度的领先,就可以拥有定价上的灵活性和高额利润。格鲁夫认识到,客户最着重的是处理能力。处理器的处理能力越高,对客户的效用就越大。个人电脑制造商们积极地将最新一代英特尔产品尽快推向市场。用户愿意为获得更高的性能支付更高的价格。微处理器的竞争者们通过加强逆向研制来获得领先地位是不可能的。一旦竞争者推出一种仿制芯片,英特尔就迅速降价,从而严格限制模仿者的利润空间,使其无法得到技术投资所需要的现金流。

(二)第二种利器——产品差异化

产品差异化具体就是指你的产品与市场上的同类产品有什么不同。当你的产品跟别人完全一样的时候,那么希望你卖得便宜点;当你的产品比别人贵的时候,希望你跟别人不一样。这就是差异化。

当然这种差异不是由你决定,而是由消费者的感觉决定。营销学上有这么一个概念:"我们的产品跟别人的产品如果完全一样,客人说不一样,中间一定有一个成功,一个失败;我们的产品跟别人的产品不一样,客人说一样,那我们就输了,肯定还是不会有好结果的,所以差异是由消费者决定的。"这就告诉我们一个道理,我们不但要把我们的产品做出差异化,而且还要不断地给消费者塑造出这种产品差异的观念,就算产品本身没有差异,你都必须找个差异出来塑造。

当我们去星巴克,里面价格并不便宜,那为什么还要去,因为和别人不一样嘛!要享受第三空间的享受差异就要忍受贵。我们大家心知肚明,在中国去麦当劳吃快餐,不便宜,那为什么还要去吃呢?主要是感受美国的快餐文化。如果有一天,你觉得麦当劳的服务氛围不怎么样的时候,那麦当劳就要降价了,直降到中国人可以接受的水准。

> 三得利啤酒刚进中国的时候,广告上写"采用纯天然矿泉水酿制"。可是市场上

没什么效果。为什么？差异化不明显，哪一个啤酒厂会说，我是用自来水做的，哪一个会说，我是在后院挖的水呢？都不是在诉求矿泉水酿制？后来三得利广告又改成"三得利用现代化酿酒工艺，采取全面质量管理体系TQM"。差异还是不大。哪个啤酒厂会说，自己酿酒的工艺很原始很古老，都不是在诉求现代化工艺，哪个啤酒厂会说我们厂不知道TQM系统，都不是诉求TQM系统流程设备之先进？因此销售还是不畅。最后又改成"选用加拿大进口的麦芽，德国原产的啤酒花，日本空运的新鲜酵母，三得利。"谁有？中国有那么多啤酒厂，谁有？谁是这么做的？这就是差异。

更有趣的是力波啤酒，想不出来自己啤酒与别人有什么不同，最后竟然想到瓶子上，说我的瓶子跟别人不一样。广告文案："你说这个瓶子有什么不同吗？力波啤酒。"然后得出广告语："先挑好瓶，再酿好酒。力波啤酒采用世界先进的空瓶、验瓶技术，经得起卫生、安全的层层考验。"

那么差异化可以表现在哪里呢？差异化可以表现在设计、制造、出货、采购系统、人事管理、财务管理、营销、顾客服务、流程等：
(1) 做酒店的——可以表现在顾客服务的差异化；
(2) 搞贸易的——可以表现咨询系统差异化；
(3) 开大卖场的——可以表现采购出货差异化；
(4) 搞室内装潢的——一定可以表现设计差异化；
(5) 搞机器汽车的——可以表现制造差异化；
(6) 搞直销的——可以表现营销差异化。

这种差异不是你说不同就不同，而是要消费者自己感觉出来，要消费者自己感受到不同。如果消费者说不，对这种差异无所谓，那这种差异在营销上会大打折扣。比如力波啤酒说，我瓶子跟别人不同。如果消费者对瓶子无所谓，他说他喝的是里面的啤酒，用瓦罐装都没关系，那么这个广告会大打折扣；如果消费者认为，我不但要喝啤酒，特别注重哪个瓶子的卫生和安全，千万别在里面看到有只小蟑螂，那么力波啤酒这个广告就非常有效了。当企业在市场上产品确实没有与别的产品不同的时候，你可以塑造一种不同的感觉。

依云矿泉水差异化策略

依云矿泉水在五星级宾馆卖40多块，为什么那么贵呢？除渠道不同外更重要的是它与别的矿泉水的差异化。依云矿泉水广告里有三句话：
(1) 依云矿泉水来自法国阿尔卑斯山的山头；

（2）每一滴都静悄悄地淌过丰富矿物质的冰山岩层,经过15年的天然过滤;

（3）每一瓶都在法国阿尔卑斯山脚下,进行瓶装,没有经过任何人的手指头。

有这种差异化,就要承受这个高价格,所以它卖到40块。其实依云矿泉水1789年发现,到现在200多年了,卖到120多个国家和地区,能卖这样的价钱,如果说不出这种差异,它能卖这个价钱吗？它的差异化在广告中塑造得非常明显。否则,我们国内那么多矿泉水,都卖3块以下,为什么？说不出来差异嘛！当然你就要接受低价格了,否则,超过5块的矿泉水就没人去买了。因此,差异化不明显的,就要接受低成本。

（三）第三种利器——成本领导

所谓成本领先就是你的产品是否比别人便宜,换句话说这个产品我做最便宜。当公司想尽办法,把这个产品的价格做到最便宜的时候,就没有企业能同你竞争了,哪怕我这个产品在功能、样式、品质等和同类产品没什么不同,没有差异,但没有人或者企业能比我做的这个产品更便宜,这种情况下,就是成本领导。

如牛奶企业进入某一个市场,都会分析企业的胜算在哪里。他们的销售总监会算竞争对手的成本是多少,我们成本是多少,心中都有个数字;他们会算到两个厂之间,你的生产成本,我的生产成本;一吨牛奶你采购多少钱,我采购多少钱;然后纸盒子又是多少钱;运到武汉你是4.5元,我是4.4元;我就可以跟你打价格战,因为我成本低,这就是成本领先,如果我是4.6元而你是4.2元,那最好还是先不要进入,因为从一开始就是面临失败的结局。不光快速消费品行业,就连飞机制造业也一样,一家飞机企业和另一家飞机企业竞争到最后,技术都差不多,最后就算谁的成本更低。

什么样的产品需要成本优势呢？无差异化需要成本优势,如土豆、番茄、玉米等农作物和煤矿、铁矿等原材料企业以及大宗物料食盐、米、面、油等需要成本优势。原材料和农作物品牌优势最小,需要成本优势;经过加工后,中间产品品牌稍高一点;最终产品,品牌优势更重要,成本优势就不重要了。

四川宜宾天元化工厂是一家老牌国企,生产聚乙烯产品。在中国,生产聚乙烯产品的企业大部分亏损,但天元化工厂却赚钱,产值有7.7亿元,税收1亿多元。他们赚钱的优势就是成本优势。为了取得成本优势,他们抓两件事情:第一,实行精细管理。从节约一度电、一根焊条抓起。第二,配套一体化。在厂的附近有电石厂、水电站、盐炉厂、焦炭厂、煤矿,高度配套的后向一体化。运用这两条,就可以做到成本比竞争对手便宜700元/吨。并且制定了长江战略,从四川港口装上PVC,由船运到上海,加上运费,还比对手便宜500元/吨。这样的成本优势,促使竞争对手纷纷关门。

深圳华为的老总任正非预测,随着中国经济的快速发展,中国电信市场的增长速度和市场之大怎样形容都不过分,然而却是国外品牌的通信设备在垄断着中国市场,享受着垄断利润,中国电信不得不为垄断设备付出高价。深圳华为后来者居上,从1997年开始,慢慢地攻取中国市场,现在已成为中国电信通讯设备的老大,居然还打进了国际市场,成功地塑造了个中国民族品牌。华为的成功是凭借狼一样的团队做出了超低价格的产品,是外国同类产品价格的40%,这也是靠着成本优势取得胜利的。

结论:
(1) 你的产品被别人模仿得惟妙惟肖的时候,你就失去了竞争优势。
(2) 当你的成本被人家追上的时候,你也失去了竞争优势。
(3) 当你的产品跟别人完全一样的时候,请你便宜点。
(4) 当你的东西比别人卖得贵的时候,请把你的产品做得跟别人完全不同。

二、产品广告策略

在什么情况下,需要显示核心价值就可以了?什么情况下,广告在注意核心利益的基础上,还要叙述产品的更多的利益呢?

(一) 注意核心利益,在广告策划中要显示核心价值

我们经常看到一些企业在长篇累牍地宣传自己产品如何高科技,获得多少大奖,如何与众不同,但是,如果没有说清楚这些特点给予消费者不同的核心利益,能否更好满足消费者那些未被满足的需求,终究会出力不讨好的。

SK-Ⅱ的成功,得力于定位核心价值,其核心价值是"美白"。SK-Ⅱ能做得这样成功,就是针对全世界的女人,注意到美中间的核心又是什么。那就是白,他们发现只要女人皮肤一白,女人就会美丽很多,难怪中国有句古话叫"一白遮三丑",就是这个道理吧。从那以后,就出现了SK-Ⅱ市场。所有的爱美女性冲到店里说"我要买SK-Ⅱ",其实心里在说,"我不够白,我需要白",就是这个意思。

某公司代理销售捷豹(Jaguar),根据调查捷豹的市场定位:主要针对一些高层商务人士、企事业高层人员和个体老板。分析这些消费群,发现花这么多钱买一辆这样高档的车,消费者远远不是为了当作交通工具那么简单,更多的是想在别人面前体现他们这些成功人士的"尊贵"。以此来满足他们尊重和自我实现的需要。项目小组为了体现这个核心利益"尊贵",找了很多素材,想了很多创意,最后发现这样一个有趣的事情,就是某年某天,英国女皇伊丽莎白曾坐过捷豹这种品牌的车,只不过不是这种款式的捷豹,而是为女皇特制的超大型的,并且还有一张女皇和捷豹的合影。项目小组知道这个事情后,如获至宝。最后,把这张照片作为卖点,因为它体现了捷豹的核心利益。公司在宣传上突出这是女皇曾经坐过的车,并以照片为证。并且规定,凡是买一辆捷豹汽车,公司会赠送精美的、装裱好的一张伊丽莎白女皇和捷豹汽车的合影。其实送照片,就是为了满足他们的某种虚荣心。如果身边朋友不相信这是女皇坐过的车,他们会拿出照片为证,以获得一种尊重的需要。其中有一个客户,估计"表演"的次数太多,相片破了后竟然再次要求公司给他一张照片,并且说"哪怕花多少钱都愿意"。从这个案例可以看出客户有时候买的不是产品的本身,而是产品给他的一种附加值——荣誉。

在江苏扬州有一家鹅肉店非常火爆,一次,一个朋友带我去吃。到了店里,老板不但热情,还给我们讲了一件事情。他说:"这个世界上有两种动物不致癌,一种是水里游的鲨鱼,一种是地上跑的鹅。"我一下子就明白了他的店火爆的原因,因为他说出了产品的核心利益——不致癌。那么多人去吃鹅就是冲着不致癌。

(二)在核心利益的基础上,使产品能提供延伸化的利益

睡宝刚开始的广告只是单纯地诉求促进睡眠,效果很不理想。因为能够提供睡眠利益的低价商品太多了,如传统的安定。后来改为:睡宝因为能有效促进睡眠,可使你的皮肤更亮泽、有弹性、气色好、更年轻。广告语改动后,效果明显多了。其实产品没有变,因为根据医学发现,只要睡眠不好,皮肤会灰暗且没有光泽、没有弹性、气色暗、人也显得憔悴,睡宝仅仅是把睡眠后的结果说出来,而这个延伸利益正是消费者想得到的。

(三)提供比竞争对手更好的利益满足方式

减肥品最早的霸主是国氏营养素,主要是用替食方法减肥。美福乐公司用5W

方法发现问题,这种减肥是让消费者少吃食物,并且把吃进的食物转化成粪便腹泻掉,这样使消费者很痛苦。随后他们推出"康尔寿",提出了"吃饱、吃好、健康减肥"的口号,一举超越了国氏营养素。后来婷美推出减肥美容胶囊的"阻糖减肥"模式——速度加倍。可以减去顽固脂肪,"不替食、不腹泻、不反弹",比竞争对手又高明一点。并且还提出了一个概念——"阻糖减肥",使消费者更加认可。

(四)产品能提供更多利益点

如婷美集团的中科精工纺保暖内衣,因为"暖卡"技术可以带给消费者更暖(比羊绒还暖21%)、更舒适(透气性比纯棉还高10%,导湿性高于纯棉15%)、更方便(比世界最轻的羊绒还轻20%)的效果。

第三节 企业和竞争对手诊断

哪里有市场,哪里就存在竞争。策划者要明确现存竞争对手和潜在对手的实力,分析自身和对手的实力和资源,以做到"知己知彼,百战不殆"。

一、分析企业自身的优势

哪几个方面可以算是企业的竞争优势?

(一)了解自身的资源、能力和竞争关系

企业要对自己本身的资源和能力有一个全面的了解,并掌握和竞争者的关系,知道自己的优势在哪里,劣势在哪里,别人的优势又在哪里,必须有一个全面了解。这里的资源又分为两种:一种是有形的,如财力、人力、物力等;一种是无形的,如品牌、技术、声誉、人际关系等(见图1-1)。

竞争优势
|
能力(组织贯彻力)

资　　源	
有形的	无形的
人力　物力　财力	品牌　技术　声誉　人际关系

图1-1

有形的人力、物力和财力,企业能体会到,这里不加以论述。我们着重分析无形的资源,让读者明白这些品牌、技术、声誉、人际关系也是强大的资源。它会给我们带来市场。

1. 技术

技术是一种无形资源,从航空母舰到一瓶饮料,无不显示技术的层次,没有核心技术就没有竞争力。可口可乐在中国做了这么多年生意,有没有把它的核心浓缩原液告诉我们中国合作商呢?本田、索尼、惠普、诺基亚能把所有技术给中国吗?Intel在CPU市场占有率达到80%左右。Intel有句广告语,"我不管你做什么电子产品,你的心脏是Intel,你的核心是Intel"。这就是强大的技术。

2. 品牌

所谓品牌就是消费者、顾客、员工和这个企业的利益关系,对品牌的一种感觉,这种观念就是品牌。今天你去买电脑,一听到IBM、戴尔,买的人就接受一半了;在国内买电脑,一听到联想,大概也就成功一半了;买饮料,一提可口可乐和百事可乐,大概对方就准备接受了;一看到肯德基和麦当劳,大概进去没错的。这种观念就叫品牌。

3. 人际关系

人际关系就是人脉,有人脉的人,销售渠道也就比较宽;有人脉时,也比较容易打进市场。海尔总裁张瑞敏在美国读MBA时,说过这样一句话:"在中国做生意,第一要人际关系,第二要人际关系,第三还是要人际关系。"这说明人际关系的重要。

(二)能力之争——核心竞争力

> 所谓核心竞争力,是指企业累积多年经验形成的在某些方面的专长、知识、经验和技能构成的知识体系,是企业得以维持持续竞争优势的能力。

企业的核心竞争力概括起来,表现在以下五个方面。

1. 产品优势

企业的竞争优势首先表现在产品优势,当你的产品有了优势,就没有企业能跟你竞争。

最近几年苹果公司横扫IT界,无论是PC还是手机终端,无论是硬件厂商如戴尔、诺基亚、摩托罗拉,还是靠吃"软饭"起家的微软和Google,"苹果"不仅血洗老对手、抢占份额山头,还冲刷了他们的价值链,可以说现在"苹果"打遍天下无敌手。苹果公司的股价在10年里涨了几十倍,现在是全世界市值最高的公司,超过了百年老店埃克森美孚石油。

> 所有这一切可以说是产品的优势带来的。创新是苹果文化的灵魂。在苹果公司的历史上,似乎从未有过克隆其他公司产品的记录。苹果每一款产品都是行业内的标准。PC电脑30年来的乳白色就是"苹果"开创的,到现在还是这样的。从苹果II开始,到乔布斯重返苹果公司的十几年时间,"苹果"在微机史上创造了许多领先

性产品,创造了许多第一。"苹果"推出的几乎每一款产品,都带给客户最新的体验,引领着时代的潮流。1978年4月推出的苹果Ⅱ是当时最先进的电脑;1983年推出的丽萨(Lisa)电脑也是当时世界上最先进的;1984年推出的麦金托什电脑(Macintosh),设计精美、技术领先,是当时最容易使用的电脑。乔布斯回归"苹果"之后,先于2001年1月份发布了用于播放、编码和转换MP3文件的工具软件iTunes,改变了流行音乐世界;2001年11月推出了引领音乐播放器革命的iPod,以及用于将MP3文件从Mac上传输到iPod上的工具软件iTunes2;2007年6月推出了改变智能手机市场格局的iPhone;2010年4月发布的iPad则让平板电脑成为一种潮流,极有可能改变PC行业的未来发展。

2. 成本优势

所谓的成本领先就是你的产品是否比别人便宜。

沃尔玛,号称全世界第一大企业,一年营收2 000亿美金以上,他们有连续装卸这么一道流程,这是它的核心竞争力。这一套流程下来节省很多费用,因此,沃尔玛才能在竞争中立于不败之地。连续装卸就是一个原料来,不落地就上生产线,不落地就成为半成品,不落地就成为成品,然后不落地就开始包装,不落地就上车发送,然后通过物流,再进入超市货架,最后进入消费者手中。说得不好听点,好像把一头猪从这边扔进去,那边生产线上就出来火腿肠了。想象一下,一个原料到消费者手上,经过多少环节,每个环节都不落地,能节约多少费用?降低多少成本?这就是沃尔玛的核心竞争力。

3. 品牌优势

同样的产品,贴不贴品牌的标签对消费者而言完全不同。同样的一双鞋,贴上耐克一个勾,立即身价数百,不但价格完全不一样,而且大受欢迎;如果没有耐克的标志,几十元市价也许都无人问津。在国内市场上,1 000多元一套西服已经相当不错了,可是贴上"皮尔·卡丹"的品牌,同样的质量,就变成七八千甚至上万元了。河北保定某企业生产的老板杯,自己卖不到10块钱,可日本企业贴上自己的品牌后,一转手卖40多块,并且又卖回我们中国。为什么会出现这样的结果呢?是因为这些品牌具有很大的优势。

广告大师大卫·奥格威说:"最终决定产品市场地位的是品牌,而不是产品之间微不足道的差异。"品牌让消费者疯狂,品牌让消费者痴迷,品牌给企业带来了不可估量的价值。一个企业品牌的核心价值在哪里?不在于技术,也不在于资源。技术很容易被人学到,资源也不可能被某个供应商长期垄断,只有品牌中蕴藏的对客户的深刻理解是别人无法效仿的。

一位汾酒销售经理深有感慨地说:"20 年前,汾酒的价格只比五粮液低 2 角。现在呢,平均差了 200 多元。汾酒与五粮液同为四大名酒,但价格却如此悬殊,差在哪里呢?我认为就差在品牌上。"

比如两个杯子,从物质作用上来看是大同小异的。你千万不要认为消费者对产品的性能会有多少认知。那种"只要别人用就知道我们的好"、"别人只要一吃就知道我们的好"的说法在现实市场上是很荒唐的。消费者的选择很多时候是由它的附加因素决定的。比如说你在左边的一个杯子贴上麦当劳的标签,家庭主妇马上就会做出选择:我要买左边的那个。你问她为什么,她会回答说:这是麦当劳。你再提醒她左边这个比较贵。她会回答:没有关系。我们家小孩最喜欢麦当劳。因为她认为这个杯子贵,但有一定的附加价值。如果再有人告诉她:这个杯子和那个杯子是一样的,都是一个厂生产的,她的第一反应是怀疑你说的话。

4. 渠道优势

渠道就是销售的通路、销售的点,诸如专卖店、专业店、批发店、超市、商场、网店等。这里我不主要介绍,后面有专门的章节介绍。渠道优势说得简单一点就是产品销售的点多,有优势。

在中国,渠道做得最好的是康师傅、娃哈哈。不管在西藏,还是在其他边远农村,一说吃方便面,别人就会说康师傅,康师傅成了方便面的代名词了。在中国最南边三亚,最北边漠河,最西边新疆阿勒泰,在任何一个小村庄,只要有商店,就一定能看到康师傅和娃哈哈。

当民族品牌的可乐纷纷被可口可乐和百事可乐收编的时候,娃哈哈的非常可乐横空出世。这是因为宗庆后清楚地看到可口可乐和百事可乐直控终端的模式难以在中国广大边远地区有效执行。所以,他才能凭借娃哈哈强大的分销渠道优势(联销体)与"两乐"井水不犯河水,让非常可乐在中国边远地区遍地开花。这就是娃哈哈强大的渠道为非常可乐开路的作用。

再比如戴尔是公认的没有核心技术的高科技公司,一家没有核心技术的计算机公司能够成为业界老大,并将世界上两大 PC 巨头 IBM、康柏打败,正是得益于渠道的优势。这对于那些迷信核心技术,或者将企业失败归于没有核心技术的国内企业无疑是一个警示。戴尔、联想的例子说明,在哪方面领先都能成就大业。

5. 附加价值优势

当产品一样的,价格一样时,顾客购买,往往不会只冲着产品本身去购买,他们会考虑产品的附加值问题。假设你正在超市买牙刷,琳琅满目的牙刷摆在货柜上,最后你看中了其中几款牙刷,而这几款的外形、性能和价格都差不多,于是你一时不知道该买哪一款好。如果这个时候你突然发现其中有一款附带赠送一小盒牙膏,我想你肯定会在零点零一秒之内做出选择。

例如,我们去餐厅吃饭,不仅会关注饭菜的口味,同时,餐厅的服务质量、用餐环境,也都会被列入考虑范围之内。对于这顿饭而言,服务质量和用餐环境则是其附加值的体现。麦当劳一份套餐就是50块。其实,对于那么一两个鸡腿和夹心面包最多值20元,并且味道并不怎么好,但不管什么时候,麦当劳总是人满为患。那么多竞争产品,可偏偏选择去麦当劳。就是冲着它那增值服务去的。朋友们开玩笑说,当你一进去,麦当劳服务小姐马上鞠躬,"欢迎你来麦当劳",那漂亮服务小姐微微一笑,就值10元,麦当劳扫地的小姐每隔几分钟扫一次地,麦当劳每时每刻都是被打扫的一尘不染,在你眼里,这也值10元;还有那特有的美国快餐文化也值10元,这样总共加起来50元。麦当劳的老板这样评价麦当劳:"麦当劳不是快餐业而是欢乐业。"

山西柳林县是煤城,运输煤的汽车比较多,当然加油站竞争也比较激烈,为了吸引更多的客户,加油站商家都打出加500公斤油送汽车垫、汽车手套等优惠活动,这样的竞争等于是自相杀价。为了不增加产品的成本,一家加油站后来发现:汽车在加油的前后,会经常拉着煤去有地磅的地方称煤的重量。为了吸引车主来加油,于是在加油站的站点加修了一个称重量的地磅。只要在此加油,免费过磅,磅是个固定投资,称多少辆汽车和煤,也不会增加一分的资金。这个过磅就是提供的增值服务,也是产品的附加值。司机加同样的油,在此却享受到其他地方得不到的增值服务——过磅,加油站的生意自然好了。

二、分析企业在市场中的位置

企业在市场竞争中所处的位置,一般按市场份额来划分,位置不同,策略就不同,大概有以下四种类型。

(一)市场领导者——捍卫型

一般这种大型企业,拥有很大的市场份额,在市场中占有垄断地位。它们的市场行为受到别人的模仿和追逐。它们最喜欢大规模的市场侵入。在多数情况下,其营销行为是为了捍卫自己的霸主地位。如汽车行业的通用(GE),电脑行业的戴尔,饮料行业的可口可乐,快餐行业的麦当劳。它们的市场占有率在41%—73%之间,20世纪80年代通用汽车公司在美国汽车市场中占有率更高达59%。

(二)市场挑战者——攻击型

攻击型企业在市场竞争中通常是行业中位于第二层次的公司。它们在市场上的地位与份额均次于领导者,但它们完全具备了与"种子选手"相竞争的实力。它们喜欢抓住机会向领导者发起强烈的攻击,积极侵夺市场。如福特汽车公司、百事可乐公司等。它们的市场占有率为26%—41%。福特汽车在美国市场上的占有率在26%左右。

(三)市场追随者——追击型

该主体以"拿来主义"紧跟市场上的先进趋向,不落伍姿态赢得高利润。它们可能具备竞争实力,但在战略上避免正面挑战。它们喜欢侵蚀对方,或向对方空当侵进。如克莱斯勒汽车公司、苹果电脑公司和康柏电脑公司。它们的市场占有率一般在9%—26%之间。克莱斯勒公司在美国市场上占有率为13%。

(四) 市场补充者——游击型

该主体以专业化为核心,经过市场细分选择产品。它们在大公司的夹缝中生存,没有竞争实力,但有生存基础。一旦遇到强者的侵略,就有可能被吞并。所以,它们最喜欢在无人注意、无暇顾及的市场或者市场空当中,采取侵进策略。如美国汽车公司、蓝月亮公司、卡斯尔快餐公司等。他们的市场占有率一般为1%—9%。

通过以上四类市场主体的划分,企业就清楚地看到自己的位置,以便选准自己的策略和方向。对于小企业,完全可以模仿大企业的产品,但是尽量不要模仿营销行为。如美国宝洁,每年所花的广告费高达9亿美元。在进入中国市场后的前3年没有任何利润的收入,都是在培养市场和培养消费行为。试想,即便年销售额4.8亿元人民币的上海家化也赔不起呀!因此,每个企业要知道自己在市场中的位置后才进行策划营销策略,这样才能在市场中立于不败之地。

三、分析企业竞争对手

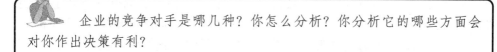

企业的竞争对手是哪几种?你怎么分析?你分析它的哪些方面会对你作出决策有利?

公司除了要明确自己产品的价值和目标消费者的特征外,还要了解你的主要竞争对手。首先,要确认它们是谁,同类产品在消费者的心目中有哪些品牌;其次,要明确这些竞争品牌的优劣势,并找出其中领导品牌最脆弱的环节和缺陷。

(一) 企业的竞争威胁

(1) 现在的公司出现的竞争,就是目前区域市场和你现在同台竞争的企业和公司。

(2) 潜在加入者,就是将来可能会进入该区域市场的公司和企业。

(3) 供应商议价能力增强构成的威胁。除了要面对现存的竞争外,还要看看原料供应商。如石化行业最上游是炼油,中游是石化原料,下游就是石化产品,形成一个产业链,这里每个环节都形成竞争,上游原料买不到,中游的石化就做不出来,下游就没有石化产品可用。一些大企业生存到最后,总要去开发它的上游,就怕它的上游掌握在别人手里,这其实是供应商对企业的竞争。

上海光明牛奶进军北京,在北京设厂生产,北京的牛奶厂马上施加压力,结果上海的光明牛奶厂竟然在北京找不到奶源。这是一个典型的上游竞争案例。如果要解决问题,只有靠物流。

(4) 替代品威胁。当出现数码相机的时候,传统相机和胶卷就没有了市场,因为数码相机是传统相机和胶卷的替代品。当互联网上出现了E-mail的时候,很少有人再用纸写信了,这里的 E-mail 是传统信笺邮件的替代品。很明显邮电局再以这样的业务当作自己的经济来源,结果只能是喝西北风了。现在的手机可以说是替代品最典型的例子。前十几年手机替代了 BB 机,这几年苹果公司智能手机 iPhone 横空出世之后,我们的一般的通话手机就逐渐被淘汰出市场,以至于手机行业的老大诺基亚竟然被苹果 4 年之内就抢占了市场第一的位置。现在每当推出一款新机型,原来的老机型销售马上就下降。企业明知推出新的替代品会打击自己老产品,但它还不得不推出,因为即使你不更新换代,竞争对手还会推出更新的。因此,有时帮助你成长的恰恰是你的敌人。

(5) 采购者和购买者议价增强构成的威胁。购买者会想方设法压低价格,同时对产品质量和服务提出更高的要求,并且使竞争者互相争斗。消费者的口味和偏好,随时会转化,购买者又给企业带来压力,并且它还要还价。拿汽车市场为例,今年很流行开桑塔纳,明年就估计是本田,后年很可能是别克,再过几年说不准就是宝马了。

(二) 了解竞争对手从 5W 开始

在营销上,大体对市场营销划分为三个阶段:20 世纪 60 年代——产品导向,是以生产制造为中心;70 年代——市场导向,是以顾客和销售为中心;80 年代——顾客导向,以消费需求为中心。而现在是以拉斯韦尔提出的 5W 模式,"竞争导向"——以竞争对手为研究中心的营销战略观点,这里不强调在消费者身上打主意,而是努力从竞争者身上寻找突破口。了解竞争者,就可以更直接、更全面地了解市场,更有利于做到"知己知彼,百战不殆"。

作为一个企业如何有效地了解市场上的竞争对手呢?企业必须从五个做什么(5W)去研究竞争对手:

(1) 竞争对手在做什么?
(2) 为什么那样做?
(3) 没有做的是什么?
(4) 做得好的是什么?
(5) 做得不好的是什么?

这五个方面的两条是我们的切入点:第一,没有做的是什么?也就是市场空挡,在空白市场企业没有竞争对手,独门生意当然好做;第二,做得不好的是什么?换句话说,也就是用这一条把竞争对手的缺点分析出来,就知道自己该怎么做?然后更好地满足消费者。

早在 1958 年,日本丰田汽车首次进入美国市场时,年销量仅有 288 辆。而 20 年后年销量却达到了 50 万辆,掠夺整个美国汽车市场 20% 的份额。1985 年后升至 25%,把美国进口车中的主要竞争对手远远甩在后面。丰田汽车的"高招"在哪里呢?原来,丰田在刚进入美国市场的时候,就委托一家当地调研机构调查"大众"汽车的使用者,以了解消费者对"大众"的不满。看大众哪些方面做得不好,丰田公司了如指掌,并指导自己"怎样做"。于是,他们放大车身,增大轮间距,扩大放脚空间,降低能耗,增加马力。他们又采取了具有针对性的市场策略,经过 20 年,终于将丰田汽车打进美国市场的前两名。

优秀的企业必须了解竞争对手的不足和优点,抓住他不足的地方改进,就会收到很好的效果。当然你首先要了解自己在竞争中的角色和地位。

盖天力公司对"康泰克"进行5W研究分析后,最后确认了"白加黑"方案对其"侵略"。盖天力公司的市场策略是:

(1) 新产品以"白加黑"命名,易识记。在一个包装盒中有两种片剂。白片不含扑尔敏,黑片保留扑尔敏。这样对康泰克"做得不好的"吃药后发困现象加以解决;而晚上黑片中加扑尔敏,又能让人睡得很香。解决了人们长期以来吃药后上班瞌睡的疲劳。

(2) 广告诉求:"白天吃白片,不瞌睡;晚上吃黑片,睡得香。"明显区别对手,并且容易识记。广告定位不再对患者进行感冒前和感冒后的细分,宣导"清除感冒,黑白分明"之疗效。全面争取消费者,再加上包装上一半黑一半白正好与市场定位的广告语相吻合,创意独到。

盖天力公司通过以上策略,成功地使"白加黑"新药进入市场,并在180天之内就向市场投放4万余箱,创产值1.6亿元。"白加黑"成为当时唯一能与"康泰克"分庭抗礼的产品。

显而易见,"白加黑"的成功,是对竞争对手5W分析后,得出相应的营销策略,使"白加黑"成为感冒药中的新贵。

在1990年代初,全国有400多家方便面厂,1 200条生产线,但大都生产一个味道,一种品种的方便面,调料也不丰富。日本进口的方便面太贵,10元一包,正当我们方便面市场前景比较暗淡的时候,中国台湾的"康师傅"进来了,定位在1—5元中档的方便面。其实方便面又不是什么高科技,"康师傅"只不过告诉我们多搁两个鸡蛋,多种配方,就是在调料里边多加几个小包。其实现在一看很简单,可是我们当时的企业就没往这里面想。后来"康师傅"在火车上一调查,发现火车上吃饭,价钱非常高,于是马上就做出了两碗碗面的"来一桶"。这个在火车上吃两碗碗面的点子不是从脑子里凭空想出来的,是根据火车饭菜价钱太高而拟订的。因此,竞争对手的缺陷就是我们的卖点。

四、企业竞争策略的选择

了解到自己和别人的优势和劣势以后,就要选择适合于自己的策略打击对手。中国的椰树饮料,正是对"健力宝"没有做的果蔬饮料市场发动的强攻,结果一举占领果蔬饮品的市场。美国"汉堡包大王"由于发现了"麦当劳大叔"一条龙服务中,做得不好的是只能提供单一的口味——油炸食品,没有火烤食品。于是趁机发动进攻,向顾客提供适合每个人的特殊口味。使两大快餐明显区别开来。由此,"汉堡王"名声也大增,当年销售额递增了10%,而麦当劳却下降了3%。因此,列出以下几点,从这些点上切入。

(1) 列出对手"五个做什么",知彼。
(2) 列出自己"五个做什么",知己。
(3) 对比——列出双方优势表。
(4) 提出进攻的课题。
(5) 解出对手"没有做"的原因。
(6) 提出针对对手"没有做的"最佳对策。
(7) 提出针对对手"做得好的"最佳对策。
(8) 提出针对对手"做得不好的"最佳对策。
(9) 提出针对自己"没有做的"最佳对策。
(10) 提出针对自己"做得不好的"最佳对策。

由此得出四种进攻策略供选取。

(一) 对竞争者"做得好的"市场侵蚀策略

企业对竞争者的产品和营销行为,进行创新性模仿,从而达到一步一步蚕食市场的目的。如韩国三星20世纪80年代模仿日本公司索尼,到了21世纪的今天取代了索尼产品,现在又开始模仿美国的苹果公司,推出智能手机和平板电脑,现在三星智能手机超过了诺基亚,成为世界第二,其平板电脑也排名世界第二。

(二) 对竞争者"做得不好的"市场侵击策略

企业瞄准竞争者产品或营销行为之缺陷和劣势,通过攻击使之愈加暴露,反衬出自己的优势,从而起到打击对方、宣扬自己的目的。如1992年夏季,中国市场上的矿泉壶之争。"富豪"以天然矿石,打击"百龙"公司的专用矿石;而"亚都"壶又以其超长的滤芯、紫外线灭菌攻击两位对手之要害——"灭菌包"。

"戴尔"击败蓝色巨人"IBM"。在20世纪90年代以前,一讲到电脑,IBM是巨无霸,IBM当初从规模化起家,赢的秘诀就是切入时间好,信息产业在20世纪70年代起飞,80年代成就,90年代创新。后来IBM做大以后,忽视行销,忘掉顾客在哪里。最后出了一个很大的对手美国"戴尔"。麦克•戴尔是美国哈佛医学院学生,他对医学没什么兴趣,就退学从事电脑生意。麦克在做电脑的时候,每天都在想,我将来肯定会碰到更强大的对手"IBM"。"有什么东西是那个家伙想不到的呢?有什么地方那家伙做得不好呢?"最后他总结IBM做得不好和做不到的有三点:

(1) 直接组装。IBM是用自己的零组件装自己的电脑。IBM表面上是正厂零件,其实从另一个角度来讲,那就是它的成本很高。戴尔不是,2 000家供应商,任何零件都可以用,这样的结果就是便宜,并且速度快。我们去IBM买电脑怎么买?"这台电脑多少钱一台。"服务员会告诉你8200元。"好像贵了点"。我们去戴尔就不同了,服务员会说,"你不用管这台电脑多少钱,这是样品,就照这个样子,你要买多少钱的,我装给你,从1 000—9 000元都有"。"5 000元的有吗"?"有,5 000元的一台"。"那4 000元的呢"?"改4 000元的了"。拔个内存条,就变成4 000元了。IBM做不到。

(2) 直接送货。IBM送货,就要开六联单,销售一联,仓储一联,财会一联……总共六联。戴尔不是,先把电脑送上车,车子一走开,就在车上打单。上午定的电脑,下午就到了。IBM做不到。

(3) 直接维修。既然是杂牌军,难免会有故障,半夜三更坏了,打个电话,戴尔照样给你服务。他们成立24小时服务,成立24小时维修。IBM做不到。

直接组装、直接送货、直接维修,IBM做不到,所以"戴尔"的销售量一下子就上去了,结果戴尔的年增长率达到47%,是世界上成长最快的公司之一。

(三) 对竞争者"没有做的"市场侵进策略并且紧盯领先者战略

企业抓住市场空挡迅速挤占,或对竞争者的薄弱环节攻其不备,从而达到占领市场的目的。这里面分为两点:产品空挡和市场空挡。

1. 产品空挡

北京国联视讯股份有限公司是做黄页的。在进入市场时,发现黄页市场主要由中联通、中电信和中国邮政三巨头把持,外人很难进入。但再次深入调查,他们发现3家黄页寡头都把主要注意力集中在全国性和地区性的综合黄页上,而事实上,许多用户对行业性的黄页有非常迫切的需求。中联通、中电信和中国邮政做的黄页气派很大,但大而不全。拿机电行业企业来说,3家公司各自的黄页上登录的只有几百家,而全中国的机电企业何止万数。并且发现,有些客户不需要全行业的信息,他们只需要某一行业中某一门类的信息,比如机电行业中与泵有关的企业,如制泵企业、泵的销售企业、泵维修企业,3巨头的大黄页上只有寥寥几个,行业主管部门统计则有800多个,据调查,仅温州地区与制泵、售泵、泵维修有关的企业数量就超过了1 000家。很明显这些细分市场出现空挡。

于是,北京国联视讯股份有限公司把市场细分,先是制作了《中国机电大黄页》,《中国机电大黄页》面向全国整个机电行业,机电行业又细分13大类200多个小类,如泵、阀等。每一细分行业均专门制作一个独立的子黄页,面向全国发行,成为行业细分型黄页。在此基础上,着眼于一个地区,又分别制作出地区型行业黄页,如机电黄页江苏卷、机电黄页浙江卷等。接下来,又制作出泵黄页江苏卷、泵行业浙江卷,甚至泵行业温州卷,成为地区细分型行业黄页。如此不断裂变,由一而二,由二而三。后来又扩展到IT、机械、电力、建材、建设、石油、石化、交通、外贸、物流等14个行业。年收益很快就超过了2 000万元,其实做这种东西就是一个创意,做起来非常简单,因为大多数的行业都有行业协会,另外,按照现行的管理体制,每个行业都会有一个主管机关,每个主管机关大多会有一个信息中心,掌握着大量的行业信息和行业数据,通过合作方式,加上利益共享,把这些信息整合起来就可以了。就这样,这个公司占领了黄页行业中细分出来的市场制高点。

2001年,"统一"决定进入果汁饮料市场,然而当时"汇源"果汁在大陆市场雄霸天下,多年来占据果汁行业的第一品牌地位,作为市场的新进入者以及挑战者,统一主打"鲜橙多"。经过调查发现,"汇源"果汁是纯果汁饮料,浓度近乎100%,并且是玻璃瓶和纸包装;而低度果汁市场空白,"统一"于是把"鲜橙多"浓度调低,调到13%,从而前所未有地开辟了比纯果汁市场更大的果汁饮料市场。"鲜橙多"不仅避开了与市场第一品牌的正面竞争,而且还开辟了一个新的类别市场,并很快在这个市场做到领导地位。

2. 市场空挡

娃哈哈在1999年推出非常可乐,当看到可口可乐和百事可乐在中国城市杀得难分难解的时候,它看到碳酸饮料在中国农村市场还是一片空白。于是,非常可乐进军农村。并且以农村包围城市这样的战略,一下子就占领了中国农村市场,2001年,其销售额竟然在碳酸饮料里居第二位。华龙方便面也是这种策略的受益者。因此,目前在农村市场,你看到的方便面是华龙,而不是康师傅。

(四)对竞争者"正在做的"市场对抗策略

企业为了对抗竞争者,对其营销方针、营销行为突然进行骚扰,从而达到打乱其正常部署,为自己创造机会之目的。

有一家最大的房地产中介,广告"因为最大所以最好"。另一家中介于是来了一个"就是因为我们不是最大,所以我们有心、有时间把服务做得最好"。

当年"爱多"请成龙做广告,爱多的广告诉求是"成龙好功夫";那边步步高马上请李连杰,诉求是"李连杰真功夫"。于是,大家讨论好功夫好,还是真功夫棒呢。本来就讨论不清楚,竞争一下就把人们注意力引起来了。

当海飞丝在电视上打出"去屑实力派,当然海飞丝。"舒蕾马上在各大媒体上打出"去屑不伤发"。从侧面告诉人们"海飞丝去头皮屑是会伤头发的"。

 学习重点和小结

营销环境和市场的特点
产品的本身层次,产品的核心利益,怎样去理解核心利益
注意核心利益,同时,也要提供其他利益
找企业竞争对手
拉斯韦尔的5W模式,利用5W模式找竞争对手的优势和缺陷
找企业的竞争策略

练习与思考

一、名词解释

1. 文化
2. 核心利益
3. 5W

二、分析题

某品牌茶饮料5月份准备在上海上市,现在请你分析一下上海饮料市场的环境,看能不能找到市场的切入点。

三、案例题

在20世纪50—70年代,IBM在计算机行业独领风骚。当时,IBM几乎是电脑的代名词。80年代,IBM仍然延续了成就,IBM中大型系统的产品(软硬件)持续为公司创造惊人的收入来源。以至于《财富》杂志在1982年开始公布世界500强公司名单时,IBM连续4年排名第一。

然而,21世纪90年代初,在全球经济不景气时,IBM陷入了经济困境。微软总裁比尔·盖茨甚至断言:"不出几年,IBM必然倒闭。"1993年1月19日,IBM宣布它在1992年遭受了高达49.7亿美元之巨的损失,是美国公司当时历史上最大的亏损,这实际已是连续第二年亏损。

造成IBM衰落的主要原因是战略决策的失误。IBM过去一直以大型机及其软件为主营业务,每年大约为其创造40亿美元的利润,产生70%的投资回报率。但IBM没有料到自己投巨资先开发的个人计算机,会彻底改变计算机行业格局,特别是没有预料到个人计算机成长将代替大型机、微型机这些IBM传统优势产品。当它意识到PC机的发展潜力时,却没能控制住PC机最有价值的两个关键部分:微处理器和操作系统。最终

操作系统的专利控制权落在比尔·盖茨的手中。微处理器的专利控制权落在英特尔手中。

1993年3月26日,郭士纳被重金聘来解救IBM。在确定IBM业务价值链的关键环节,即核心技术把握和技术创新及服务后,郭士纳为了维特IBM业界最充足的研发投资,开始塑造真正创新的企业文化,比如1993年在IBM内部制定了鼓励发明的制度,规定每年专利可以获得1200美元,外加3分,如果发明达到4项,积分12分时,再加1200美元的奖励。此外,IBM积极鼓励员工在任何领域进行发明。因为你很难知道未来产品到底需要哪种专利。因此,专利覆盖的范围越广越好。

目前,IBM已被业界一致公认为技术领先的公司,由于专利分布的多元化,IBM正在成为IT行业内超大规模的"专利孵化器"。企业拨款做活动经费,由专门人员负责管理。IBM的专利研发成果在过去10年中,平均每年为公司带来超过17亿美元的专利授权收入。这些收益是通过向其他竞争对手进行技术授权而获得的。实践证明,在专利技术上连续保持领先优势,不仅使IBM生存下来,而且稳居市场领导地位。

IBM目前仍然保持着拥有全世界最多专利的地位。自1993年起,IBM连续10年出现在全美专利注册排行榜的榜首位置,2002年,IBM的研发人员共荣获专利22 358项,这一记录史无前例,远远超过IT界排名前11的美国企业所取得的专利总和。这11家IT强手包括:惠普、英特尔、SUN、微软、戴尔等。

思考问题:

1. 20世纪90年代以前IBM取得了辉煌成就,请问成就其辉煌的原因是什么?
2. 为什么到了20世纪90年代,IBM却陷入了经济困境,并且连续几年亏损?你觉得其战略失误在哪里。
3. 现在IBM又开始成长并且赢利,这又是什么起作用了?

第二章

消费者心理行为诊断

 **学习目标**

学完本章,你应该能够:
1. 知道怎样分析出产品的功能要素,并且转化为消费者的利益点,洞悉消费者的关心点,然后把利益点和关心点相衔接;
2. 掌握马斯洛的需求理论,并且学会利用它;
3. 了解影响消费行为的因素;
4. 男人、女人、年轻一代、小孩、老人和中等阶层的消费心理,作为策划者,营销和广告怎么利用这些心理。

 基本概念

生理需要　安全需要　社会需要　归属需要　尊重需要　自我实现需要

> 理解产品的功能转化为利益点,怎么让产品的利益点和消费者的关心点相衔接,相吻合?

北京的切诺基、上海的桑塔纳、武汉的富康,其实它们都花了很多心血在设计当中,但上海的桑塔纳就有人不喜欢,富康也有人不买,切诺基到现在还在赔钱。为什么这样呢?很简单,消费者不喜欢。很多产品和广告传播只是告知制造商在卖什么?可产品消费者并不喜欢。

从大众传播的构成来看,消费者是广告信息传播的终端和信息的接受者,广告信息的接受者虽然是在整个广告活动推出后才会出现,但我们在进行广告之前,就应该有假想的消费者。假想消费者的面目越清晰,广告成功的可能性也就越大。所谓"找对人,说对话",消费者分析的意义就在于"找对人",从而促使广告运作和广告创意能最大可能地与广告接受者在心理、情感上相互沟通。但是,了解消费者并不是一件容易的事。首先,不同个性的消费者在需求上存在着极大的差异;其次,消费心理是动态的,充满变数的;再次,很难透彻地了解消费者,因为消费者对自己的需求和欲望是一回事,实际购买行动可能又是另外一回事,特别是一些深层次的消费动机,消费者自己也未必意识到。正因为如此，对消费者的研究分析就显得特别重要，作为策划人员必须了解目标消费者的欲望、观念、喜好和购买行为，洞察他们深层次的消费心理。

在广告中，对消费者变量的分析不能仅仅停留在弄清消费者是谁，更重要的是要判断消费者对你的产品在哪些方面更感兴趣。从企业自身的立场看，自己的产品各个方面都是很重要的，都是值得宣传的，可是对消费者来说，就不是这样了。产品的某些特点可能对他更为重要，令他更感兴趣，而其他则是无关紧要的。所谓关心点，是指消费群对产品的关心焦点或更看重哪方面的功能或服务，在消费过程中，不同消费者的选购行为、消费行为，往往会受到关心点的支配。事实上，人们所关心的内容都是不同的。

家庭主妇所感兴趣的柴、油、米、面决不是写字楼里未婚的单身女性感兴趣的，急于减肥瘦身的人会如饥似渴地主动寻找相关的减肥广告内容；儿童们最容易记的广告就是那些他们感兴趣的食品、玩具广告，这是由于人们关心点的不同所造成的。

当消费者形成某种关心点之后，其知觉就有了一定的指向，就会在商品群中进行扫描，选取与自己的关心点相吻合的商品，在消费行为的形成过程中，就会形成一种主导力量。

如何分析消费者的关心点呢？

一、产品要素与关心点

通过深度分析，寻找产品物质特性与消费者需求之间的关系。相对于消费者需求而言，产品的物质特征是比较容易抓取的。但是，抓取了物质特征，未必就能将特征直接转化为广告创意，尤其是产品同质化的今天，消费者所关心的特征对于大类产品来说是种最基本的功能。比如空调，大部分的空调都具有安全、省电、安静、制冷制热等特征。因此对创意来说，这些特征也就等于无特征。另外，由于消费群体购买动机的不同，产品在某些方面确实具有鲜明的特征，但是，这样的特征未必就是消费者所关心的。

比如，专家曾经为台湾某品牌汽车节能装置发展广告创意。其产品的特征非常明显，一是节能；二是容易发动；三是降低噪声；四是减少排气污染。试图以"环保"为诉求主题推广广告运动，但是，在抽样调查的五百多名驾驶员中，仅有6％认为可接受，而大多数人认为降低噪声和减少排气污染不是自己的责任，因此，难以接受以此为购买理由的产品。在被调查的大多数私家车司机中，一般阶层中对"省油、节能"的诉求是最容易接受的，而在公务车司机中，容易发动，一踩就灵被认为是最重要的。而非常富裕的阶层认为"尊贵"是最重要的。显然，不同的消费群对同一产品不同特征的关心点是不同的。某些人会关心这一装置的节能功能，某些人会对易发动感兴趣，而某些人可能对装置的设计形态更加关切，有些人可能坚信价格比任何其他的特性更为重要。消费者的分析就是要设法去发现产品固有特征中与目标消费群心理需求相吻合、相衔接之点，即"关心点"。这个关心点可能就是产品的某个特性，也可能是深藏在消费者购买、使用过程中某个与心理有关的"点"。做广告的首要任务就是要发现这个"点"。

二、利益点与关心点

消费者分析的另一个重要方面是如何将产品的特点转化为消费者的利益点。毋庸置疑，消费者购买产品，是为"利"而动，唯"利"是图。这里的"利"，既指物质方面的"实利"，如方便、舒适、安全,也指精神方面的"虚利",如情感、自尊等。消费者之所以购买产品是为了获得物质和心理的某些满足。因此,广告创意如果只停留在传递产品的信息上,只满足于告诉消费者这个产品有何特点,有何优势是远远不够的。因为产品的特点不一定是消费者能直接感受到的利益点,或者这一个特点有若干产品可以作为替代品,如金龙鱼的"1∶1∶1",口号很响亮,但消费者感受不到这样的一组数字与自己利益的关系。利益点说出来以后,能否打动消费者还要看消费者的关心点。因为在一个广告画中很大程度上,视觉能看到什么和不能看到什么,并非取决于视觉本身,而是取决于观察者想看到什么和不想看到什么。一项有趣的实验可以说明这点,拿着一张有几十种实物(如小刀、帽子、面包、汽车、香烟、书……)的广告图片,给被试者看数秒钟,然后要求被试者将看到的物品,尽可能地回忆出来。对于正处于饥饿中的穷苦孩子,测试的结果是几乎所有的孩子都看到了面包,有的还能准确地描绘出面包的形状和色泽;而另一对照组富人的孩子,他们看到面包的比例大大小于穷人的孩子,而看到新奇玩具的比例却高于穷人的孩子。

可见,尽管是同一张图片,然而对于穷人的孩子和富人的孩子所注意到的图片里的东西有很大差别,这种差别是由于关心点的不同所造成的。穷孩子每天吃穿都是问题,为了生存,他们此时最大的关心点就是能吃饱喝足,每天都对食物比较感兴趣和注意,脑袋里都是食物,因此,注意到广告画中的面包不足为奇;而对于衣食无忧的富家子弟,吃饭已经不是他们所重点考虑的问题,对于孩子来说,吃饱饭以后,肯定最喜欢的事情就是玩乐,因此,注意到玩具是很合理的事情。同样道理,只有触动了人们关心点的广告才能具有更大的注目效果。

所谓关心点,是指消费者对产品的关心焦点,是产品固有特征中与目标消费群心理需求相吻合、相衔接之点,即"关心点"。这个关心点可能就是产品的某个特性,也可能是深藏在消费者购买、使用过程中某个与心理有关的"点"。因为一个产品有很多属性、很多利益点,有的属性和利益点他最在意,有的属性和利益点他不在意。因此在广告中,对消费者变量的分析不能仅仅停留在弄清消费者是谁,更重要的是要判断消费者对你的产品在哪些方面的功能更在意,更感兴趣。从企业自身的立场看,自己的产品各个方面都是很重要的,都是值得宣传的。可是对消费者来说,就不是这样了,产品的某些特点可能对他更为重要,令他更感兴趣,而其他则是无关紧要的。

因此,做广告的首要任务就是要发现这个"点"。让他觉得,我确实有这样的问题,我确实需要这样的好处,那么消费者就会去购买。当这个"点"选错,消费者对这个问题不在意,不关心,那就不能打动消费者,销售肯定就会不畅。如1994年,飞利浦电器把他们的环保节能荧光灯管用"绿色营销",把产品利益点定为"绿色环保"并且把品牌定名为"地球之光",销售不成功。2004年被重新包装成方便型的,并且在广告中诉求:可以使用7年之久的"马拉松"灯管,之后,销售量每年以7%的速度平稳上升。为什么会这样,因为消费者对灯管环保不环保感觉不到,也不在意,关键是你的灯管能否长久耐用,这才是他们的关心点。

利益点很少等同于产品的特征,它需要广告创意人员深入消费者内心的深处,洞悉他们的需求,精准地判断他们的需要,甚至从蛛丝马迹中诱发出他们的消费欲望。也就是说,利益点通常是被挖掘出来的,利益点的开掘在很大程度上与产品所能引发出的情感因素紧密相关,尤其是在产品差异性不大的前提下,创造消费者能感觉到的差异性往往依赖于感性的诉求。如上海力波啤酒广告创意思路,就是选择了生活中的好男人、好父亲、好丈夫、好同事、好公民来打造力波啤酒的良好形象。赋予产品利益点并不是难事,难点是这个利益点能否与消费者的关心点吻合,并且得到产品特性的理性支持。要做到利益点和关心点相吻合,就需要对消费者进行心理洞察。

三、洞察消费者心理

消费者分析是项极其复杂的工作,不仅要照顾到年龄、性别、收入之类的因素,更要明了各种人的态度和使用产品的情况,尤其是他们的消费心理,而后一点只有真正洞悉了消费者变化的心理,才能制定出真正有效的广告策划和创意。

消费者的心理与整个大的文化背景有关。比如,营养类的产品,在西方的语境中,消费者的观点是"改变",如何使孩子们长得更高、更健康、更漂亮,而在中国语境中,营养品是否安全,是否具有免疫功能更能得到消费者的关心。

消费者的心理还与传统文化心理积淀有关。中国是一个重权威、重人情的国家,因此,权威人物、明星人物的佐证,"第三方认证"等手段,具有无比强大的说服力。

洞察也就意味着要知道消费者内心对产品的真实期望,这种想法未必是他们在填写问卷或接受访谈时直接说出来的,而是隐藏在他们心中的潜意识。比如某家生产连袜裤的企业通过一份问卷调查得出,女性消费者最讨厌的是脱丝。因此,这家企业研究发明了一种绝对不会脱丝的很结实并且舒服的连袜裤。但是,消费者真正的需求又是什么呢?女性穿连袜裤的内心真正的需求是散发性感,以此吸引异性的关注和赞美,从而增加内心对自己的肯定和自信。

消费心理是一个最大的变数,存在许多复杂的因素,除了上面的因素外还需要特别注意"相关群体"的影响和"自我形象"的影响。

相关群体,指消费者个人在心理上把自己与之联系起来的那个团体。

人总是生活在一定的相关群体中,总归属于某个生活圈子,他的消费行为更多地受到这一生活圈子里的人的影响,发生着"从众效应",即一些人采取什么样的生活方式,其他人也会相继模仿。相关群体的范围可大可小:家庭、同事、邻里、亲友等,相互之间的评头论足、说三道四,都可能影响他人的消费行为。

自我形象,指消费者心目中想把自己塑造成什么样的人,或是企图让别人把自己看成是什么样的人。

自我形象作为一种消费观念,首先是由人的社会地位、经济地位、职业和职务以及个人的个性和气质形成的。同样是青年女性,在服饰方面的需求就存在很大的差别:是大家闺秀般的斯文,还是现代女性般的时髦!

有一位专家指出:"我们进入了普遍装嫩时代。"他认为每一个人都有"自然年龄段",

但每个人的生活方式并不一定表现出"自然年龄段"应有的生活方式。比如40岁的人,他自己可能表现为一个30岁人的行为方式。这种表现出来的行为都要比自然年龄小。这就是"装嫩时代"的特点。比如我们国家正慢慢步入老龄化社会,老年产品市场应该越来越大,然而很多针对老年人市场的老年产品商店却惨淡经营,甚至有关闭的危险,为什么?厂商没有洞察出老年人不喜欢别人说自己老的心理,他们非常渴望别人说自己还年轻,因此,他们的消费都呈现低龄化的状态。

从营销上来说,在这个时代,我们产品的广告和营销不是25岁对25岁、30岁对30岁的模式。"装嫩"是这个时代非常重要的特点,你要卖给40岁人的东西,那个东西一定不要使他看起来像40岁的样子,而要看起来比40岁还年轻。当然,你的表现形式还得吻合他心目中所认同的形象。就好比很多妇女同志喜欢用强生牌儿童沐浴露一样。

因此,不同的人有不同的喜好,做产品、营销和广告要根据他们的心理和行为入手,这样你的产品才会适销对路。每个人背景不同,因此性格有差异,你做营销、打广告肯定不能一视同仁。比如说,父母离婚的单亲家庭,这样的孩子特别敏感;父母当中有个去世的,这样的孩子有点孤僻;长得比较瘦的人,这种人比较神经质;长得比较胖的人,这样的人比较大而化之;北方的人比较豪爽;南方的人可能更黏性。你说你应该怎么做产品?怎么卖出产品?怎么做广告?世界上肯定没有相同的人,但是,我们可以把他们的共性找出来分析研究,再根据这些共性的特点做出达到与他们心理沟通的广告。这就需要我们去了解洞察这些具有共性的人的心理。

第一节 消费者需求心理

马斯洛的需求理论是哪几种?企业的营销和广告怎么利用它?

了解消费者,首先从需要开始。人们为什么要买东西,是因为需要。在今天这个时代,人们绝大多数消费在精神方面,物质方面的比例在缩小。按照马斯洛理论,人的需要分为五种:生理需要、安全需要、社会需要、尊重需要、自我实现需要(见图2-1)。

人有了需求以后,就会产生购买的行为吗?不是。还要产生购买的动机,影响购买动机的因素包括人们对事物的认识、情感和自己的意志。如有的人就能克制住自己不花钱,这就是意志。

人们有了某种行为,就开始探索目标。这个过程又有几个步骤,首先落实下来去哪里买,落实的过程,他要进行比较,在比较的过程中要逛商店。看广告有时能强化他对商品的认识,在这种强化作用下,他就开始行动,购买东西了。

图2-1 马斯洛关于人的需要理论

一、马斯洛关于人的五种需要

（一）生理需要

生理需要是指人们为了维持自己生存的需要。所谓饥思食，渴思饮，困倦思睡眠，有了病痛思医药，风雨寒暑就想有个庇护的场所。在温饱阶段，这是一种求廉的心态，消费者主要注重便宜，属于生理需要。

（二）安全需要

人们为了更好地生存需要，产生两种安全需要：一种是生理方面安全；一种是心理方面安全。生理安全又有身体健康和生活安宁两种。

心理安全就是避免周围的人对自己产生误会。一旦周围的人对自己产生误会，就会对自己产生心理压力，人们为了排斥这种心理压力，必须购买点东西。如给你一件洗得干干净净的衣服，但上面打了很多补丁，让你穿着到大街上走一圈。估计大家全盯着你看，并会有种种猜测，就像看一只动物园的大马猴一样。2004年以前，人们喜欢把手机放在手机套里，挂在身上或者裤带上；2004年以后，这样做的人越来越少，到2006年这样做的人几乎没有了。为什么呢？过去手机是代表一种身份，现在手机基本上普及了，没人再把手机挂在外面显示身份了。如果你再这样做，就显得你与这个环境格格不入了，周围人就把眼光集中在你身上，给你一种心理压力。

在安全心理中，人们最主要的需要是心理求实，求实就是解决问题。就好比买把锁，如果有人说"这把锁很好看"，你估计没有兴趣；如果说"这把锁很便宜"，你估计也没有想要的欲望；如果说"这把锁很牢靠，再专业开锁的专家都很难打开"，估计你就有购买的行动。这种层次就是求实。生理需要和安全需要构成了人最低层次的需要。

（三）社会需要

社会需要分为社交需要和归属需要。社交需要如同学聚会、社会中的人际交往、青年人谈恋爱等；归属需要如每个人心理都为自己画了一张画，不管是什么样的，总想办法把自己往一类里归，当你归到这类人里时，你绝对按这类人的样子来消费、来穿衣服、来布置家庭，用各种各样的方式把自己塑造成这类形象之一。换句话说，当社会阶层出现分化后，在常规情况下，不同社会阶层消费是按他们自身的生活品质和生活方式进行的。

但社会生活多元化后，现在中国消费的方式表现出一种非常特殊的集约现象。这种特殊的集约现象表现为，处于较低层的人群在消费上普遍把自己阶层上移。如月收入只有500元，他的某些生活方式和消费心态与收入1 000元左右的人相似；收入5 000元的白领，消费模式和更高阶层相似；在蓝领阶层中，很多人消费与白领阶层相似等等。为什么这样呢？很简单，他们为自己画的像是归属于某一阶层的类别，因此，就按那个类别人群标准来消费。

（四）尊重需要

尊重包括自我尊重、自我评价以及尊重别人。对于消费层次来讲，主要是在别人面前来炫耀自己，通过炫耀自己来达到让别人羡慕你、重视你。这个时候不是求美，更多的是求炫耀。

（五）自我实现需要

这种需要是最高一个层次，这种层次主要是求癖了，就是追求自我实现的需要，这种自我实现需要就是追求理想的需要。追求理想的需要就是求一种癖好。为什么？

  钓鱼者去钓鱼，其实钓回来的鱼比买回来同样的鱼还贵，并且还费时间，那为什么还是有许多人喜欢钓鱼，这就是求癖的心理。其实池塘里的鱼大多也是专门从别的地方运过来，然后再把这些鱼放到这个池塘里的。有人开玩笑地说："那完全可以把自己家的洗脚盆放些水，然后从市场上买些鱼回来，放进盆里，效果也差不多嘛！"当然不一样，这样就感觉不到那种自我实现的需要。

  我有一个同学是集邮爱好者，其实还属于低级的，拿一个相册给我看。我说："不怎么样。"他说："你知道多少钱吗？""5万元。"我说，"5万元钱搞这个，"他说，"学知识。"大学生学知识靠这个邮票来学？我想哪一本书都比邮票知识多吧。其实他什么也没有，房子车子都没有，但他就需要攒这些邮票，希望比别人多，跟别人不一样，你没有我有，这时他的价值就实现了。为了这个癖好就算倾家荡产都愿意，有些人哪怕忍饥挨饿，也要去探险，他需要实现自我。这就是一种高级的需要。

二、低层次需要和高层次需要

低层次需要是先天的，高层次需要是后天的，你生下来，饿了就要吃，渴了就要喝，冷了就要穿，但是高层次的需要是社会培养的结果。这就告诉我们：

（1）随着社会越发达，高层次需要越丰富；换句话说，随着我们离小康生活越来越近，前面的需要慢慢淡化，后面那种需要会强化。

（2）低层次的需要是物质的，高层次需要是精神的。大家一天到晚工作，生存问题解决了，因此人们又需要娱乐、礼品、旅游等这些非物质的东西。提高产品的附加值，这个附加值就是非物质的需要。

（3）不是低层次需要全满足以后，才追求高层次的。不是这个意思，而是低层次需要有所满足，高层次需要就产生了。低层次需要越多，那么高层次需要就相对减少，当你肚子饥饿的时候，给你一张电影票，你肯定不感兴趣。

  我国生产的一种高质量皮鞋，市场售价100多元，而质量相仿的意大利"老人头"皮鞋售价却高出8倍。为什么会出现这种情况？因为人们的需要是分层次的，这些需要包括人们生理上的基本生活需要、对不确定的未来要求得到保障的安全需要、通过同他人往来而得到满足的社交需要、渴望得到他人或社会承认的事业需要以及自我价值实现的需要。上述需要可归纳为物质需要和精神需要,这两类需要是相辅相成的。一般来讲,随着物质需要的基本满足,人们便开始追求精神、心理上的满足。人们喜欢穿名牌服装,即使价格再高也愿意买,这就是追求精神和心理满足的表现。因此,生产名牌产品的名牌公司为广大公众所信赖、所喜爱就是理所当然的了。

第二节 消费者购买行为分析

了解消费者购买行为对营销和广告有什么意义?

分析购买行为,首先要了解消费者购买行为的类型。消费者购买饮料、牙膏、个人电脑、住房等不同商品之间的差异性很大,购买越复杂越昂贵的东西,购买者参与性越大,购买时会更慎重。根据同类产品不同品牌间的差异程度以及购买者购买的参与程度,消费者购买行为分为以下几种类型。

一、购买行为分类

(一) 复杂性购买行为

如果购买商品单价很高,购买行为是属于偶尔购买的,是有风险的。这种购买行为就属于高度参与购买行为。消费者需要了解各种品牌之间的明显差异,对售后服务等互相比较,货比三家,这种消费者就会产生复杂的购买行为。

通常这种情况是消费者对此类产品知道不多,有许多要了解的地方。如某消费者购买住房,广告营销人员必须高度研究消费者对哪方面更注重、更感兴趣,他们应对房子位置、价格、环境、地段等信息进行评估,并建议企业制定相应的营销策略和广告策略。

(二) 多变性购买行为

多变性购买行为的特征是品牌之间的差异显著,并且属于低度参与。这种购买行为在现实生活中表现为消费者经常转换购买的品牌。如饼干,消费者有一些喜好,但是没有作太多评估就选择某品牌。但下次购买时很可能厌倦原有口味或者想换换其他口味而买其他品牌。此类购买行为一般发生在价格不高的产品上。

(三) 习惯性购买行为

许多产品是在消费者低度参与,品牌间差异不大的情况下被购买。此类产品单价低并且是生活必需品,如菜、米、油、盐等消费者很少参与这类产品,他们走进商店随手拿起一种品牌产品就买下了。在这种情况下,消费者的购买行为并不经过信念—态度—行为的正常顺序。消费者并没深入地寻找与该品牌有关的信息,并评价其特征,以及对应该买一种品牌作最后的决定,反而是被动地接受广告所传递的信息。广告的重复造成他们对品牌的熟悉,但并非是被某品牌广告说服。

(四) 和谐性购买行为

通常,消费者在购买品牌差别不大的商品时,多表现为这种购买方式。消费者主要关心价格是否优惠,购买时间和地点是否便利,当然购买的同时消费者也会出现心理不平衡的情况。如购买某一种商品时,注意同类其他品牌商品的优点和特点,于是便试图获取更多信息,以证明自己购买的正确性。因此,广告需要帮助消费者建立对本品牌的信心,消除不平衡心理,进入和谐状态。

(五) 非理性状态下购买行为

大多数女人天生喜欢花钱,报纸上那些整版商场超市的广告全是打给女人看的,女人常常会冲动性地买回一大堆打折的东西,然后扔进储物柜里,直到落满灰尘,最后当废品处理掉,她们其实并不痛心,因为花钱的意义就在于购物的过程,至于商品的价值就放到其次了。因此营销专家说过这样一句话:"社会70%的经济是因为女人带动的,要从女人身上找钱赚。"家庭日用品经常是这种购物状态。

很多时候,消费者进超市买东西,本来要买一瓶醋,结果从超市出来以后推了一车货。为什么?因为在超市购物并不担心商品质量,超市里气氛非常棒,几千瓶可乐摆在一起,场面大,便宜。这样时间越长越昏迷,不知不觉就买了一车。这就是为什么超市的进口和出口不在一起,并且布置路线进门和出门很长,就是让你在里面呆久一点。

> 场面就是指商品在超市里摆的位置大不大,摆得多不多,因为人们在超市处于放松的、非理性的状态,摆的场面越大越刺激消费者。

二、影响消费者购买行为的社会因素

(一) 参照群体

群体是指追求共同的目标或兴趣中相互依赖的两个或者两个以上的人。个人的态度和行为会受各种群体的影响。对个人的态度和行为有直接或间接的影响的群体即为参照群体。

参照群体在展示新的行为模式和生活方式,宣扬对产品、企业的态度和看法等方面会对消费者产生影响。参照群体还会对个人形成压力,促使人们行为一致化,在产品、品牌等实际中发挥作用。因此,进行消费行为分析,要准确判断出目标消费者的参照群体,从中发掘观念指导者,有重点地与他们沟通和交流,以使参照群发挥更大影响。

(二) 家庭

家庭介于社会和个人之间,它包容了个人,组成了消费群体。各个成员互相影响。一般妻子管理家政财务的情况比较多。同时家庭生命周期也是影响消费行为的一个因素。

（三）社会地位和角色

每个人在社会中扮演一定的角色，拥有相应的地位，这些都会对购买决策和行为产生影响。不同社会角色和地位的人，其消费行为往往不同。换句话说，就是不同社会阶层的消费是决定于他们自身的生活品质和生活方式的。通常人们会选择与自己地位相吻合的产品及服务，而产品和品牌也可能成为地位的象征。

社会阶层是指社会中具有相对的同质性和持久性的群体。社会学家总结出上等上层人、下等上层人、上等中层人、中等阶层、劳动阶层、上等下层人、下等下层人等七种主要社会阶层。其中中等阶层和劳动阶层占70%左右。社会阶层是影响消费行为的一个重要因素，这是因为每个阶层成员都有类似的价值观、兴趣和行为。在消费领域，各种社会阶层对产品和品牌有不同喜好，对信息传播和接触的方式也有明显差别。

三、消费者的购买决策

消费者购买产品的过程，大体上分为五个阶段：确认问题→收集信息→评估备选产品→购买决策→购后行为。

（一）确认问题

购买过程始于购买者对某种需求的确认。这个需要由内在或者外在的刺激引发，一个人的正常需要如饥饿、干渴等，上升到一定的高度就变为驱动力，这是内在的。有时可能是外在刺激引发。如某人路过一家面包店，当他看到火炉里的面包，就会产生想吃的欲望。也可能某先生见同事买了一台冰箱，也产生了新的需要。

（二）收集信息

一个受诱惑的消费者可能寻求更多的信息。以某先生买电脑为例，他对电脑敏感，他会注意电脑广告、朋友新买的电脑和有关电脑的话题，他也可能主动查资料，也可能主动问朋友或者同事，等等。对广告营销人员来说了解消费者所求助的主要信息来源对以后的购买决策有相当的影响。消费者信息来源一般分为以下四种：

（1）人际来源，家庭、朋友、邻居和熟人；

（2）商业来源，广告、销售人员、经销商、包装、展览；

（3）公众来源，大众媒体、消费者评比组织；

（4）经验来源，产品的处置、检验和使用。

这些信息来源的相对重要性和影响力随着产品类别和购买者特征的不同而异。一般来说，消费者从商业来源收集到的信息最多，来自人际关系的信息最有效。每一种来源的信息在影响购买决策上都具有不同的功能。商业信息有告知的功能，而人际来源则有认可和评估的功能。如医生常从商业来源知道某种新药，但常请求其他医生评估这些新药的信息，以证明他们是否安全有效。

对消费者信息来源必须认真区分和评估。可询问消费者，他们第一次是怎样知道该产品的，后来又得到哪些信息，了解各种不同信息来源的相对重要性。这些信息在与目标市场进行有效的沟通中极为重要。

（三）评估备选产品

对消费者的评估最重要的是认知导向，即认为消费者主要是在有意识和理性的基础上对产品进行判断的。一般来说消费者关注各产品属性的程度，产品市场就按照消费群所重视的属性做广告营销。

更多的是消费者考虑的各个品牌产品的属性。每个消费者都把已知的产品看成是一组属性的组合。表2-1是消费者对产品感兴趣的属性。

表2-1　　　　　　　　消费者对某些产品感兴趣的属性

产品类别	感兴趣的属性
乳　酪	形式、形状、浓度、外观、成分、有效期
旅馆服务	地点、干净程度、气氛、收费
口腔清洁剂	颜色、效果、杀菌能力、价格、味道和香味
唇　膏	颜色、容量、润滑性、味道和香味、地位标志因素
轮　胎	安全、轮胎寿命、行驶质量、价格

（四）购买决策

在决策评估阶段，消费者在选择组合中的各品牌中间形成偏好，也可能形成购买意愿，并倾向于购买偏好的产品，然而购买意愿也有两个因素参与其中（见图2-2）。

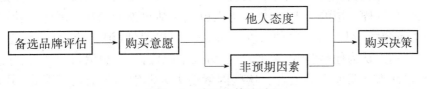

图2-2　购买决策的过程

(1) 他人态度。减少个人对偏好备选产品购买可能性程度，取决于以下两种情况：一是他人对消费者偏好备选产品持否定态度；另一种是该消费者顺从他人意愿的程度。

(2) 非预期因素。一般来说受预期家庭收入、预期价格、预期从产品中得到利益因素影响。

如某先生可能失业了因而不考虑购买。邓老师今年本来想用去年年底的奖金购买电脑，后来学校只发了1 000多元钱，发的与预期相差太远，因此放弃购买打算。

（五）购后行为

消费者购买产品以后，必然会体验到产品带来的满足与不满足。如果消费者感到满足，他将显示出较大的购买性，这样有利于培养消费者的忠诚度，同时，消费者也会向他人宣传该产品和该公司的好处。营销专家又告诉我们一个道理，那就是："一个人采用一个产品和服务，如果很愉快，他可能会告诉10个人，如果不愉快，他可能会告诉25个人，增加一倍多，并且维持一个老客户和找一个新客户，在成本上是1∶6"。一个企业80%的利润是来源于老客户，因此，我们应努力培养老客户的忠诚度。

第三节　男人的消费心理

汉字结构中的"男",上方为"田",下方为"力"。可见中国男人的特点表现为"孔武有力"。硬朗勇敢富有男子汉气概,是中国男人的写照。但这也暗示着男人在统治家庭的同时必须责无旁贷地肩负起抚养家庭的重担。男人有权力但同时背负着责任。他们必须完成自己的使命。

财富的获得毫无疑问地成为男人在新时代最有价值的追求。男人对于家庭承担着全部的责任。淘金,原本是创业、开拓精神的意思,然而现在却被曲解为内在驱动力加运气。传统教育以"保守的专业技术"为重,但现在它再也不能成为通向成功的唯一手段。当今社会,"高风险,高回报"代替了"一分耕耘,一分收获"而成为受到大众普遍推崇的座右铭。

营销者们必须洞察男人的内心世界,通过发展相应的产品和传播手段,来触及他们的心灵,达到共鸣,使产品得到销售。以下是达到该目标的六种方法。

一、理解他,释放他的进取心

正因为男人担负着家庭的重担,因此,从世俗的角度衡量一个男人是否能承担起这种责任的标准就是财富的获得。一个家庭财富的多少,就是衡量这个男人成功与否的标准。如果一个家庭没有多少财富,别人会说"这个男人真没用",而说女人最多是"这个女人真没眼光,找这样没用的男人"。似乎男人就应该活得轰轰烈烈。因此,失败对于男人来说是非常致命的,别人会嘲笑他。女人失败了可以哭,眼泪会给她机会;而男人却不同,眼泪会让别人认为他是弱者,看不起他,男人不能哭,就算想哭,也只能偷偷地拭去眼角的眼泪,以此来证明他还是强者。这些因素使男人非常渴望成功。因此,男人为了保持自己刚强成功的一面,不惜在工作失意时,把自己封闭起来,选择沉默。他不想让他的另一半担心,同时,也不想让他的另一半看到他失落的一面,以使自己高大的形象在她心中受损。胃药丽珠得乐的广告语"其实男人更需要关怀"说出了无数男人的心声,感动了不少奔波于拼搏途中的男人。广告引发的关于男性问题的持久讨论,使"男人更需要关怀"成为社会流行语,并对化解由男人或女人问题所导致的社会矛盾产生积极影响。"丽珠得乐——其实男人更需要关怀"这句广告语的成功在于对社会倾向、潮流有深切的体察和准确的表达,并在深层次上达成了与消费者心与心的沟通,引发了消费者的共鸣,从而促进了产品的销售。

二、展示地位

最新调查显示:大多数男人希望自己成为勇敢、有竞争力、有能力、有决断力、受人尊敬的男人。可见男人把尊贵、权力和拥有当作最重要的。

因此,男性们忙于事业,渴望挑战,追求地位和成功,因为地位成为一种支撑,一种可以证明有能力的方式。"成功人士"的社会角色定位是广告对理想男性认定的第一步,产品虽然是没有生命的,而广告却要赋予它这种生命。这种生命就是目标消费群想拥有的。今天各种媒体上的广告所展现的男性形象,几乎无一例外地从事社会性和竞争开拓性的工作,其职业多为科学家、大学教授、医生、工程师、企业家,他们不仅以技术和专业操纵着现代世界,而且以智者、导师、权威的身份给异性以多种"启蒙"。中国男人渴望成功,因此,地位成为一种支撑,一种可以证明有能力塑造成功未来的方式。"雅戈尔"服饰是个中档价位品牌,而它的"雅戈尔男人"形象塑造的是个在高档竞标会中的机智的投资人;"海王金樽"补品甚至将个人的酒量同帝王的权力等同。每个传播方案,都应当以优雅的措辞不断增加目标男性的自信心。这样,你的产品就会博得他的钟爱。

三、帮助他成功赢得上司赏识的利器

物质上的成功很大程度上是由外在变量决定的。所以,个人必须抓住转瞬即逝的机会。每件产品必须是一种赋予目标消费者充分延展其能力的工具。技术不仅仅是为了促进生产力,更重要的是,它还是一种武器,是从失败赢得胜利的武器。西门子的 GPRS 功能手机虽然谈论的是其在任何时间、任何地点都可以无线接入互联网的便利性,但其重点所要传递的信息是帮助"成功人士"达成交易;摩托罗拉的商务手机则定位为"成功 CEO 的选择"。即使是飘柔,也是建立在"柔顺光亮的头发让你信心飞扬",并且巧妙地将"无头屑"与赢得上司赏识连接在一起。而这种上司的赏识,正是商战中的利器。

四、帮助他过女友这一关

男人特别好面子,这种面子工程可以说是女性的好几倍。一个家庭,当经济出现危机,生活陷入贫困时,女人可以放下面子去摆地摊、卖包子……但男人却拉不下来这个脸,这种自尊使男人一般只会堕落下去,千百年来跌到低谷的男人,翻身的人数少而又少,像脑白金老板史玉柱跌倒爬起来的,估计多年才能出一个,就是因为所谓的"自尊"拉不下来这个脸,这样他也就失去翻身的机会。

有这样一个故事:

某客人来到五星级饭店……

客人:你们这里有两尺长的龙虾吗?

服务员:先生,请等一下。

5 分钟后……

服务员:对不起……

客人:一猜你们这种不上档次的地方就……

服务员:对不起,两尺一的行吗?

客人:……一猜你们这种不上档次的地方就没有正好两尺的龙虾。这样吧,给我上盘青椒土豆丝。

为了赢得女孩的芳心,男人必须证明自己有养家糊口的能力。因此,男人在找女朋友的时候,显得非常大方,带她去各种高档场所潇洒。钻石订婚戒指是物质充足的象征,这已经成为社会的共识,无数男人为了得到心爱的女人,就算砸锅卖铁,都要买个钻石戒指来证明自己有养家糊口的能力。有关数据显示:钻石贸易公司在上海有 83% 的市场。所以我们要做的就是让男性的地位重新抬高。让他感觉在与异性相处的时候一切尽在

掌握。

白沙香烟在全国做市场调研时,主要针对抽烟男人,结果调查出一个奇怪现象,在回答抽什么品牌香烟时,大多数人竟然是555、红塔山、中华等高档香烟。这大大出乎人们意料,问题出在哪里呢?原来调查人员是从艺术学校请来的女孩子,男性在女性面前通常会有一种虚荣心。

五、在"友谊"上做文章

在中国有些词语如亲朋好友、兄弟、拜把子,还有如在家靠父母,出门靠朋友……这些词语都说明朋友在男人心中的地位,在KTV、卡拉OK点歌率最高的是周华健的《朋友》就是最好证明。"外面的世界很精彩,外面的世界很无奈。"迷失自己的现代男人常常渴望逃避,而友情则是他们最可靠的避风港。这种亲密的关系是经得起时间考验的,有的可以追溯到孩提时代或者至少是那段年少轻狂的日子。很多友情被运用到酒类产品的广告中。燕京啤酒洞察出现实生活中,很多的友情在时间、距离、金钱、物质的作用下会渐渐疏远,就像打开的啤酒渐渐被氧化,于是创作出"好朋友,永远不氧化!"的广告语,形容人们渴求纯粹的友情,一如渴望新鲜劲爽的啤酒一样。而虎牌啤酒和雪津啤酒则从另一个角度诠释了友情。麦氏咖啡进入台湾时,更是把咖啡与友情结合起来,推出了"好东西要与好朋友分享"的广告语,使人们一见麦氏咖啡,就想起与朋友分享的感觉,并且获得台湾首届广告流行语金奖。因此,广告在友谊上做文章,也会获得不错效果。

六、使他成为顶尖高手

如果他对自己的专业能力表示担忧,那么就帮助他成为办公室外的顶尖高手从而予以弥补。从拥有健美身材的"女性杀手"(如大印象减肥茶)到征服大海的水手(如三得利啤酒),诸多国内和国际品牌通过宣扬健康多元的男人来塑造品牌忠诚度。

七、给男人以梦想

啤酒卖什么?啤酒卖的首先是男人的梦想,那人们一定会问男人梦想什么东西。男人的梦想是通过奋斗拥有美丽的车子与房子,身边拥有情投意合的妻子。男人买汽车其实也是在买梦想,当男人在大街上看到一辆漂亮的红色保时捷跑车从他面前飞驰过或者一个世界名模从他面前经过时,他的大脑兴奋曲线度是一样的,但这是市场调查所调查不出来的。

其次,男人的梦想如果让男人来谈,问男人最在意什么,估计全世界的回答都一样:责任、家庭、朋友。但是在发散性的深入访谈中,让男人随手画下最开心的瞬间、最幸福的时刻,以调查他潜意识里最喜欢什么东西时,几乎所有的男人画下的都是一样的画面:大海、帆船、旷野,全都是天高任鸟飞、海阔凭鱼跃的感觉。一个男人喝啤酒希望看到的并不是真实的自己,而是放大的自己。

心理学研究发现,男性购买者会觉得有漂亮女模特广告中的新车比没有模特的同样新车跑得更快、更讨人喜欢、看上去更昂贵、设计得更好。统计数据也证明,如果车展上有模特在旁边摆出各种优美的姿势,参观者在车前流连的时间平均为9分钟,而如果没有模特,人们平均逗留的时间仅为2分钟。

第四节 女人的消费心理

女性永远是最不可捉摸的。她们既温柔贤淑又蛮不讲理;她们既活泼可爱又多愁善感;她们既渴望无限又现实无比。都说女人的心,海底针,说变就变,深不可测。广告专家对女性消费者的心理特点进行了翔实的研究分析,并结合社会环境的变迁以及社会的固有传统两方面得出了许多有趣的结论。

女性消费者市场非常广阔。在现代的消费市场中,女性购买额呈现上升趋势。据国外一个调查材料表明,在全部销售的消费品总额中,由女性购买的家庭消费品占55%左右,由男性购买的占30%左右,由男女共同购买的占11%左右,由孩子购买的占4%左右。可见妇女是消费品购买的主要承担者。"黛安芬"老板讲了一句名言:"女人的钱是赚不完的,问题是你知道女人在想什么。"

一、注重自己能否美丽

每个女人都希望自己漂亮,能获得异性青睐。因此,只要能使女性漂亮的产品都能获得不错的市场。从这几年减肥产品特别畅销就可以证明。产品和广告从"美丽"这方面着手,估计会有不错的效果。"鲜橙多"广告瞄准18—28岁的女性,利益诉求是"统一鲜橙多,多喝多漂亮"和"多C多漂亮"。广告语始终围绕"VC"、"漂亮"、"美丽"这一因果展开。

"达能维爽"优酪乳从"帮助保持美丽身材"的卖点出发,就连瓶子包装也围绕女性玲珑身材、别致的曲线瓶型,透出女性的柔美。并且广告中始终围绕"好口味"与"好身材"的特点来进行诉求。

二、注重产品外观,激发女性的情感

女性消费者的购买行为与男性显著不同。她们比较强调并注意商品的外观,容易受感情作用的支配。男性则一般比较注重效用、结构,受理性支配较多。女性消费者的感情容易受外界的影响,并受直观感觉的诱惑。例如,动人的广告、美观的商品包装、明朗的橱窗陈列,都能激起女性购买者的内在情感,产生购买的欲望。由于女性在家庭中的重要地位,因此她们的购买责任感与联想力较强。她们采购商品时,不仅考虑到自己的需要,往往把丈夫、孩子、父母、兄弟、姐妹等家庭成员的需要也考虑在内。如果广告的诉求能满足女性在夫妻情感、母爱、孝敬老人方面的心理需求,其效果是最佳的。例如,广告宣传电动剃须刀使男子保持青春的活力,新颖的服装能把孩子打扮得像盛开的花朵一样等,这样容易打动女性的心理。所以,广告活动要紧紧抓住女性消费者的这一特点,善于引导与激发妇女消费者的情感。

三、注重产品外观方便性

由于女性就业率日益提高,所以妇女多数是工作与家务双肩挑,她们白天上班工作,

晚上还要照顾家庭。家庭生活占据了大部分空余时间,她们大都感到缺少休息与学习时间。"小天鹅"洗碗机的亮点就是将女人从繁重的家务琐事中解脱出来。基于对女性这样的理解,河南"三全食品"马上就推出半成品饺子,广告诉求"把轻松还给生活",一上市就受女性消费者的欢迎。因此,日用消费品与主副食品的方便性已成为女性一个重要的卖点。方便食品及其他日用半成品都很受女性消费者的欢迎。做产品和广告时应注意宣传产品方便性的优异之处。

四、生活情趣浓

相对于男性来说,女性消费者生活情趣较浓。她们希望通过自己创造性的劳动,把家庭生活安排得更好,给全家带来愉悦。在可能的条件下,把家庭布置得美观雅致;饮食方面也注重烹调技巧与花样更新;业余生活丰富多彩也是她们的重要需求。商业广告宣传活动,要注意满足女性消费者生活情趣浓的特点,诉求形式上要提高艺术感染力水平。

有这样一件事情,上海有一间餐馆新开张,价格特别优惠,在公司上班的太太就打电话给在家里休息的丈夫,说是今天晚上一家三口就到新餐馆品尝品尝,不要在家里做饭了。而在家里做家务的男人,这类在上海被称为"马大嫂"的丈夫却嘀咕地说什么餐馆哪能比得上在家里吃得便宜,但却不敢反对太太的意见。只好带上放学回家的儿子一起到太太指定的餐馆,太太早就点好菜正在等他们,品尝美味佳肴之后,太太对丈夫说:"看来以前我们的生活太古板、太单调了,今后我们就要多上这样的餐馆领略领略上海菜的正宗风味,也不枉自己是一个正宗的上海人。"但丈夫却对太太说:"你愿意吃上海菜,我天天给你做让你尝个够,可是经常上这样的餐馆,太浪……"后面的话还没有说完,就被太太的话打断了:"你还算个男人吗?亏你还说得出口。"说完,就带着儿子走了。被太太扔在餐馆的丈夫,被这莫名其妙的训斥愣住了,无奈地结账,打道回府。

从这个故事就可以看出女性比男性更注意生活情趣。在做给女性看的广告时,要想办法多加一些生活情趣更容易博得女性好感。

五、让她成功……优雅地成功

女性在购买心理上自我意识比较强,爱憎分明。不管买与不买都喜欢评论。自己购买的商品也鼓动别人购买,自己不满意的商品也劝别人不要买。当今女性的地位提高,她们在多数家庭中都是举足轻重的"内务部长",因而自尊心也较强。商业广告活动要注意满足女性消费者自尊心的精神需求。

天使、战士、崇尚自我的小公主,现代中国女性正陷入三种极端化的理想的陷阱中。"100%拥有"的梦想固然光辉却不切实际。营销者可以以此为契机为顾客缓解矛盾,达到平衡。是的,女性可以登上最高的位置,但是永远都不能失去女性独有的魅力。她不能直截了当地贬低她的另一半或同事,更不能用类似拍桌子的方式来说服别人。钻石贸易公司就成功地将他们的睿智注入原本冷冰冰的产品中,而前者低调的、温婉的做法更能散发出智慧的火花。钻石不是"力量的工具",这样从侧面告诉女人,再强的女人,戴上这个钻石,也就像小绵羊一样,温柔可爱,散发出一种女人该有的魅力。宝洁的"飘柔"洗发水虽然没有耀眼的包装,但却长期保持20%的市场占有率,而其秘诀正是其品牌中随处散发的自信的精神(如丝般顺滑)。

六、表示赞同

每个人都喜欢表扬,大多数女性的自我价值都来自第三方的认可。因此,在女性心目中,确定一件产品是否成功必须以其使用后能否被称赞来衡量。联合利华的芳草牌洗衣粉针对农村市场,诉求点为"衣服像新的一样",通过来自周围人的称赞,认可她是个好母亲来吸引消费者。而这一声的赞美得益于芳草牌洗衣粉的有效除污。宝洁的阳光牌洗衣粉广告展现的是来自最苛刻的社会关系人——婆婆的赞赏。DTC 的钻石广告则从他人羡慕的目光中表现女性的幸福之情。

七、肯定他对她的爱

浪漫是每个女人最喜欢的,浪漫让女人快乐和幻想,让女人焕发光彩,有时,女人可以因为浪漫而抛夫弃子,迷失自我。结婚几年的夫妻,如果男人送她一朵玫瑰,她会从年前开心到年后,感动得每天为他打洗脚水。对于现代女性来说,你可以没有很帅的外表,可以没有男子汉气概,你可以没有很多钱,也可以没有什么好工作,但你不能缺少浪漫。这就是为什么好多漂亮的女人一般嫁的不是什么优秀的男人,也许你会说这个男人一无是处,但有一点可以肯定,他懂得浪漫,这是你没有的。女性经常喜欢问她的男人:"你爱不爱我?"所以你的产品要塑造成拥有这种产品他会陪她去任何地方,为她做任何事。

情人节与其说是表达爱情的节日,不如说是对对方责任感的一种考验。联合利华的夏士莲人参洗发露不仅使主人公的秀发增色不少,而且也使她的另一半注意她秀发而对周围的诱惑视若无睹。摩托罗拉有一款手机,为了体现手机铃声的浪漫,竟然塑造了一对情侣在月夜下,运用手机中的舞曲铃声翩翩起舞,以此来肯定彼此之间的爱。

第五节　中国新一代年轻人的消费心理

中国年轻一代是指从 15—29 岁的消费者。这类消费者我国有 2.5 亿人,占总人口的 25%左右。这是一个容量很大的消费市场。由于青年人一般已开始有了自己的购买能力,尤其是青年后期的消费者,随着就业与工资收入的增加,而且在家庭负担不重的条件下,购买力的潜力还是很大的。

那么中国的新一代年轻人,即那些生长在经济比较发达的沿海城市里,并从以往十几年改革开放中直接获益的消费群,国际化倾向正日趋明显。从这些人的生活方式来看,"国际化"倾向是毋庸置疑的。互联网的普及、旅游业的火爆;时装大潮的起起落落;五光十色的休闲娱乐场所;跨国公司标准的就业机遇与职场培训;耐克与阿迪达斯、篮球与足球究竟谁主沉浮;保龄球与卡丁车让人兴奋。一切的一切,都让人们在兴奋的同时感到有些窒息。

当然就像产品与包装之间不能画等号一样,我们的思维不能仅仅停留在表象上。洋葱还得一层层地剥,中国年轻一代在骨子里还是非常"中国"的。5 000 年的文明史让每个爱国者引以为豪。文化的印记早已深深地镌刻在每个中国人的灵魂之中。

一、先锋意识，追求新颖，迎合潮流

青年人富于理想，勇于追求，思维敏捷，容易接受新鲜事物。反映在消费心理与购买行为上，就是追求时尚，爱好新颖，希望自己的消费习惯跟上社会潮流，具有时代感。因此，青年人对新产品最敏感，最易于接受。不仅自己带头购买，而且积极向别人宣传，影响别人的购买行为。只有年轻人才敢把自己的头发染成白色和绿色的，也只有他们敢于在牛仔裤上挖几个洞。

二、崇尚表现的个性

随着年龄的增长，青年消费者在青年的中后期，自我意识加强，对事物的感觉与认识有主见，对家庭与社会的使命感与现实感也随之加强。他们的消费心理从不稳定向稳定发展，从盲目性往倾向性过渡，更多地表现为喜欢能表现个性特征的商品。他们开始把购买商品与个人的性格、志向、理想、心情联系起来，形成较稳定的购买倾向。中国移动通信推出"动感地带"就是根据新一代青年凡事重感觉、崇尚个性、思维活跃、喜欢娱乐休闲社交这些特点，广告诉求："我的地盘，听我的"。

瑞士的 Swatch 手表就是以年轻一代崇尚表现的个性为基础开发的，并有不同的颜色和款式，告诉消费者"根据你不同的心情，穿不同衣服，然后搭配不同颜色的 Swatch"。它是由你心情的变换而来变换的。"当你戴黄色的，代表一片灿烂，那天肯定和男朋友相处的不错；当你戴绿色的时候，你心中应该充满希望，对万事万物都抱有一种美好向往；当你戴黑色的时候，就是告诉别人那天我心情不好，你们最好少惹我。"

2007 年联想推出 S9 型手机，以时尚人物小 S 代言，并且以小 S 名字命名该机型，女性色彩粉红色，广告语"联想 S 手机粉流形"，一语双关，把手机做得更加个性和时尚。

三、注重直观

年轻消费者在购买活动中，特别注重直观感觉。对商品的外观、款式、色彩、装潢等格外注意。因此，以青年消费者为主要受众的商业广告，设计要特别精心，创意要特别新颖。要注意引导并满足青年人的健康趣味与要求。

四、经济独立

资本并不仅仅是自由赚钱那么简单，它提倡个人主动性。资本社会的精髓是对企业家的尊重。中国的年轻人崇拜比尔·盖茨,不仅仅是因为他拥有巨大的财富,更是因为他有勇气质疑传统智慧。他中途退学将崭新的信息技术发扬光大,他改写了PC世界的游戏规则。创业精神和叛逆的个性是企业家精神的驱动力。当一个大学毕业生说:我要赚钱。他的意思是要有丰厚的银行存款和以自己的方式将财富带回家的自由。

五、释放自己

以前父母的关爱从来没有上升到成为一个有争议的问题。儿童代表的是资源、是投资,有越多的子女风险就越小。如果家里有群健壮忠诚的男孩,那么未来的不确定性也降低到最小,这就是我们所说的多样化组合。独生子女在某种程度上和"大熊猫一样宝贵"。每个孩子都是最可爱的、是掌上明珠、是天才、是神童、是未来的哈佛之星。这样过多的保护,也就是过多的束缚,使年轻一代更反叛。他们不喜欢被束缚,内心都渴望自由自在;加上节奏紧张的都市,给人一种压抑,更需要释放。于是休闲服装不管是真维斯,还是班尼路都是在塑造一种轻松、放松的状态。

六、敢于表现:中国式的"酷"

年轻人刚从蚕茧中脱离出来就开始认识自我。他们希望被其他人注意,从头发酷酷的,衣服最新的,到听CD、滑滑板、收集凯蒂猫、参加学校演出、练习灌篮、苦练足球技术。这些消费群追求"酷"文化,他们使用率很高的口头词就是"酷"。需要的产品造型能与众不同,要体现他们"酷"的感觉,以彰显他们新新人类的不同。这样的心理就出现了这样一批产品。

劲王野战饮料气质定位就是"酷"。为了表现酷感觉。经过调查发现年轻一代对美国大兵的军用装饰感兴趣,喜欢收集,并且挂在身上,感到很酷。最后劲王野战饮料就以"迷彩"作成易拉罐包装,再加上中间挂上白色五角星军用挂件,左部粗大文字,广告语是:"走自己的路,让别人去说吧!"火红底,雪白的字,充满激情。一上市就成为畅销饮料。

第六节 小孩和老人的消费心理

一、小孩的心理

儿童的消费心理,是从模仿性需要发展为带有独立性的消费需求。小孩子早上起来为什么哭,因为看不到大人,这是动物的基本反应。

美国的儿童医院和我国的儿童医院不同。美国儿童医院的护士，穿得像唐老鸭和米老鼠一样，医生戴的帽子也像玩具一样，拔牙的那个床做得也像玩具一样。小孩在那里看病非常愉快，不像我们的孩子拔牙就像上刑台一样痛苦。因为那家医院就是把儿童真正当作消费者，所以进去的时候，儿童心甘情愿地让父母付费来治疗。

给小孩做产品和广告主要抓住以下几点。

（一）孩子们的模仿心理很显著

现在30多岁的男人，都会有这样的记忆——在20世纪80年代末看过《西游记》后，常和小朋友们一起模仿"唐僧取经"，几个小朋友在一起，你拿个木棍子就是孙悟空，他拿个耙子就是猪八戒……作为针对小孩的广告，利用小孩这样的心理最合适不过了，小孩子常常要求父母给他买与别的小孩相同的东西。蒙牛推出的"随变"冰淇淋就是基于这种心理，变成蝙蝠侠，变成蜘蛛侠，变成哈里·波特，想变就变冰淇淋。采用小孩最喜欢最熟悉的三个偶像，目的就是让小孩跟着模仿。

下课铃声刚一响起，小男孩头上就冒出4个虚幻的光圈，表现小男孩对"四个圈"冰淇淋的幻想，说明好吃的冰淇淋让小男孩神往。然后小男孩飞速地绕过课桌冲出教室奔跑着去买伊利四个圈冰淇淋。小男孩越过障碍物，掠过橱窗，一边跑一边擦汗，通过这一系列的情景描述使急切的心情得到充分的表达。小男孩飞快地奔向冰淇淋售货亭，手画着圆圈，气喘吁吁地对售货小姐说他要伊利"四个圈"，售货小姐很默契地把产品递给他并重复道"伊利四个圈"。当小男孩手拿冰淇淋，气喘吁吁地坐在课桌前时，同学们围着它异口同声地说太夸张了吧？小男孩咬了一口冰淇淋，冒出几个光亮的圈。"伊利四个圈，吃了就知道！"小男孩一脸自得的表情。同学们突然悟过神来，"唰"一下全往外跑。上课铃声响起，所有的学生都非常精神地坐在座位上，有的同学脸上还黏着冰淇淋渣，老师很诧异地看着学生们："太夸张了吧？"同学们边用手画着圈，一边齐声说："伊利四个圈，吃了就知道。"画面中通过小男孩的奔跑，将产品的诱惑力演绎得淋漓尽致，以及四个圈手语动作，为小孩的模仿创造了条件。

（二）孩子的消费心理，从不稳定向稳定转化

小孩子对商品的兴趣波动很大，一会儿喜欢这个，一会儿又喜欢那个，或者别人喜欢自己就喜欢，别人不喜欢自己也不喜欢，易受外界影响。少年儿童消费心理多属于感性的。但这个时期的消费心理对他们的影响深远，甚至终生难忘。

（三）孩子吃东西，并不喜欢坐着分享

小孩子吃东西，喜欢悄悄地躲在一边吃，并且吃得很慢，边吃边用眼睛悄悄瞟一眼同伴，生怕在别人前面吃完。天津一家冷冻食品公司运用这种心理特点，给它公司的冰淇淋产品起名叫"悄悄豆"。广告词是"悄悄豆,不要悄悄吃"。它准确地把握儿童心理,从而从一大堆食品广告中脱颖而出。

(四) 小孩子有成人感,爱与成人比

小孩子不喜欢别人说自己小,不愿受父母约束。为了了解他们在想什么,聪明的商家读他们的漫画,为了体现小孩子的习惯,学会跟他们用一样的语言,还要学他们"酷",为什么?因为只有这样才能洞察他们的心理。

(五) 小孩子间的"攀比"心理

小孩子喜欢和同龄人比较,比较穿的衣服、鞋子,比较吃的东西的大小……广告利用他们的这种心理,会有不错的效果。

如"乐百氏"奶有一句广告语是公开的询问——"你喝了没有"。电视画面上一个天真、自信的小女孩,手里拿着一瓶"乐百氏"奶,她问电视机前的小朋友和他们的父母,对他们说:"今天你喝了没有?"接下来是一大群孩子欢天喜地地唱道:"我们都喝乐百氏。"

"今天你喝了没有"要求电视机前的小朋友们听后作出回答。如果他们的回答是否定的,即没有喝,那么接下来"我们都喝乐百氏"的众多孩子得意洋洋的欢呼就是对你这种否定回答的替代。"我们都喝乐百氏,你为什么就不喝呢?"这句潜台词所隐含的强烈的压力是一个个小孩子无法抵抗的:如果我的同学们都喝"乐百氏",就我没喝,这实在叫人难堪。而同时电视机前小朋友的父母也面临着一种压力:别人的孩子都喝乐百氏,我的孩子没喝能行吗?就是在这种潜在对话中,这则广告的诉求效果就凸显出来了。

二、老年消费者的心理

老年消费者,一般指60岁以上的消费者。人口老龄化是当今社会人口发展的趋势,也是引起普遍关注的社会问题。据统计,随着计划生育的实施,中国20世纪末老年人口所占比例已上升到11%以上。

> 当我们从日本把针买进来的时候。也许中国人会惊叫起来。一根针还需要从日本进口,又不是什么高科技。等到针进来的时候才知道,日本的针与我国的针确实不同。我们的针是个圆孔,日本的针是四方长条孔。我们都知道女人在50岁以后属于远视,拿着针穿不进去,可为什么非把针孔作成那样子呢?就没发现老太太穿针引线时那种痛苦的神情。哎,就是没有想到!等到把日本针进来的时候,才知道原来针可以作成这样子的。这都是日本人根据老太太做针线一些行为细节做出来的。

(一) 理性强,注重实惠与保健

老年消费者与青年、女性消费者不同,一般表现为理性强,购买态度理智,讲究实用,讲究质量与方便生活。而对新颖、时髦美观的追求相对减少,不易受时代潮流的影响。老年人渴望健康长寿,乐意在保健方面投资。例如,把钱用于购买滋补品与其他防病健身方面的用品,哪怕多花钱也舍得。

（二）要求方便，易于购买

老年消费者由于体力较弱，希望在购买过程中得到更多的关怀与照顾，因而销售的方便性对他们的购买有重要意义。所以，商品包装、说明要大、要醒目。商业广告要尽量选择鲜明的颜色，例如红色、黄色等，避免用暗淡的颜色。

第七节 中国新兴中等收入阶层的消费心理

> 为什么专门把中等收入阶层的消费心理列出来重点叙述呢？专门了解中等收入阶层心理对企业有何作用？

当我们提到"中国的中等收入阶层"时，中等收入阶层指的是谁？经济学的答案是相当直截了当的（尽管很难量化）。中等收入阶层是指有足够的可支配收入用于购买"东西"而非生活必需品。

中等收入的中国公民现在正在不断壮大。对于他们的洞察，我们可以归纳为五条，可以应用于大多数消费品的营销准则。

一、表现今天的地位

中国人有庞大的消费群。地位是用来炫耀的利器，而非锁在箱子里取悦子孙的泛黄相册。成功被大声地、色彩丰富地公布于众。为什么呢？通往成功的楼梯是如此艰难，竞争是如此的激烈。前进的舞台就是弱肉强食的丛林，在那里技能是唯一的武器。所以，要让其他人走开，必须让别人知道他是谁以及他有哪些成绩。

身份的表现无时无刻不在发生，交换名片只不过是形式。中国有句名言"宁为鸡头不为凤尾"。列出令人尊重的大学文凭，称呼中每个字都要小心翼翼地分析，专业的称呼方式也非常详尽：老板、总监、业主、领导、主席、经理、大哥等等。

在初次相遇时，有人会作一次传统西班牙式的调查：体重、收入、职位、婚姻状况、家庭地址、配偶的外表、几个孩子等。就中国人的自我保护的本能来说，这种方式可能不太合适，但是，从身份表露的角度来看，这种快速的提问是衡量某人是否符合要求和决定其在社会等级制度里的地位高低的有用方法。社交活动的顺利进展只有在身份地位都明确了之后才会开始。个人地位表露越多的人就越占有利地位。因为这本身就是一种自我的宣传。

（二）地位表露，自我保护的矛盾冲突

中国新兴的中等收入阶层在你推我拉的两级之间。自我保护的本能鼓励这种物质追求。购买昂贵的品牌，是为了显示身份而非实用。价格是用来表示质地的。1995年北京、上海和广州都有了一些高档的购物商场。"新的富人"没有什么负面的含义，只是一个标记而已。如果你得到了这些可能也会炫耀一番。

地位表露由于不安的自我保护意识而减少,今天的财富可能很快就消失了。正如政府忠告市民股市有风险,入市需谨慎。20年前住房和教育都是免费的。今天两者都需要精心筹备储蓄计划来支付。自我保护的意识,使得储蓄率即使是低工资的人都超过了30%。其目的是为了孩子或大家庭的其他成员,而不是为了自己。中国人是保守思想稳定和面向未来的。这对即将繁荣的保险产业极其有利。

我们向一个在矛盾中前进、在选择中困惑的中等收入阶层出售商品时,怎样才能将其勇敢的地位表露和焦虑的自我保护意识相调和呢?认识到这个困难就已具有中国人独特的眼光。如何建立一条与消费者相连的感情纽带,并播撒下长期忠诚的种子?以下部分内容概述了达到这个目标的六大特殊战略。

(三) 消费的内外有别

中国人需要表露地位。然而要跟上消费,大部分新兴的中等收入阶层的人手头上可能并没有多少现金。所以,他们会根据支付的额外费用的范围来作选择。公开展示的产品,品牌可能像两个徽章那么大,但足以证明其相对较高的价格。国产先进的家用电器例如 TCL、海尔、康佳、长虹、小天鹅,它们不必与地位相匹配只要可靠实用,索尼、松下和其他日本商品价格较高,但少有顾客(除高消费阶层)购买,因为这些商品不作展示,只是家用而已。手机就不同了。在北京、上海和广州没有一个本地品牌挤入前五名,尽管价格低于诺基亚、摩托罗拉和西门子的 50% 或更多。手机代表了个人通信的革命,也是表现个人主义最有力的大众化方法。年轻的中等收入阶层人士的"酷"不仅仅在于其手机上的标记。

(四) 保持一个低调的外观

中国人对地位相当敏感。因此,适度的身份表现是给人留下深刻印象的最佳方法。

豪华汽车就是一个恰当的例子。奔驰的标牌完全可能激发其他人的嫉妒之心。价钱实在太招摇了,某些人会表面上表示赞美,可内心想着:"他哪里来的钱?"奥迪 A6 就相对谨慎一些。在西方市场因为"让你的头发来说话"而存在的造型产品,在中国就很难得到平衡。一方面,它们必须承诺改变女人的"外貌";另一方面,使用时又不能造成任何不相符的改变。实际上大多数造型师都是在让你的头发保持原位的基础上获得成功的。

万宝龙钢笔因其谨慎的设计而享有盛誉。消费者赞同不引人注意的幽雅的风格。然而高雅的白色山峰的笔套设计会吸引视线。同样,钻石必定要在赞誉和卖弄两种态度之间存在。在新的钻石贸易公司广告里,一名女子站在一面反光玻璃前性感地欣赏她的挂饰。女主人公没有意识到镜子是双向的,她不知道钻石吸引了镜子;另一边的一对情侣女方因为妒忌而生气了。广告词说,"都是钻石惹的祸",还嘲弄地问:"他们情不自禁地注意到它我又能怎么办呢?"

我们常常需要一个炫耀的"借口"。不要将"相信的理由"和"可以相信"的概念混淆是非常重要的。基本上十几岁的男孩会希望有双时髦的耐克鞋引起女孩们的注意。但是,产品的优先承诺"突出"必须包含在运动界的合理用途里。中国式的"酷"是"单色中带有一波彩色"或"凝视中夹杂一个眨眼"。

(五) 自我保护和孩子

文化价值观念毫不留情地撞击着下一代的心灵。表现和保护的本能继承给了子孙后代,他们是代表着家庭对未来憧憬的小宝贝。孩子们必须是最优秀的,独生子女政策巩固了本已尖锐的投资性,因为现在所有的鸡蛋都被放在了一个篮子里。

"保护"孩子有两种形式:躲避危险和培养才能(真实的或设想的才能)。

母亲们觉得让她们不谙世事的孩子,自己去闯荡绝不可能安全。每当他或她出去冒险时,警钟就会敲响。在食品广告中,女人们拒绝那些仅仅是帮助成长的信息。牛奶应当有对疾病的抵抗作用。甚至调味料也想到了发出有关保护的信息。老蔡酱油,刚出现时聚焦于带出烹饪的"鲜"。但是,经过进一步调查,广告也提高到保护意识的高度:好味道让全家"想要更多";"想要更多"就会吃更多;吃更多就能充分摄入营养;充分摄入营养就可以防止疾病;防止疾病才能有欢乐、和谐的家。所有这些都是从一种酱油说起。消灭细菌的主张在无数产品广告中出现,包括小型洗衣机、空调、浴室清洁剂、去垢剂,当然还有身体清洁剂。舒肤佳香皂,25%市场占有率的强大品牌,直接就将杀灭细菌和母亲的爱联系起来。"如果不能让孩子避免细菌的侵害,你怎样才能爱他们?你就不算是非常好的母亲。"

自然地教育在任何地方都是父母头疼的问题。然而在中国,对周六补习、3小时夜间作业、平足的芭蕾课、音盲的钢琴课从没有一丝反抗。孩子们在内心滋长不切实际的渴望,因为他们的自我感觉很渺小。普通家庭会倾家荡产地送5岁的孩子去一家好的幼儿园。在北京、上海和广州个人电脑的市场渗透达到了30%,尽管这要花费两个月的工资。但简单的产品可以帮助孩子的成长。奥妙洗衣粉鼓励母亲让她的孩子"探究他周围的环境",即使它可能会把衣服弄脏。

一旦孩子步入正轨,家长就会公开表扬他的成绩,就像打开了强光灯。小提琴、朗诵和科学展览都是展示孩子天赋的舞台。"芳草"作为一种农村市场的洗衣粉,通过使一个小舞蹈演员的芭蕾短裙亮丽如新,生动描绘了它的漂白力。孩子在舞台上表演时邻座说她"像小天鹅一样可爱"。然后当小女孩鞠躬谢幕时,母亲沐浴在热烈欢呼的掌声之中。

 学习重点和小结

把产品功能要素转化为利益点

洞悉出消费者的关心点

把利益点和关心点相衔接和吻合

马斯洛的需求理论

不同的人不同的消费心理,男人、女人、年轻一代、小孩、老人和中等收入阶层的消费心理不同,导致他们对相同产品注重点的不同

练 习 与 思 考

一、名词解释

1. 关心点

2. 归属需要

3. 尊重需要
4. 自我实现需要

二、分析题

1. 现有五种产品,它们分别是轮胎、麦片、高尔夫球课程、项链坠、豪华轿车,请根据马斯洛需求理论,分析这五种产品是哪个层次的需求,根据分析的需求,请你再为他们找到合适的诉求的策略。

2. 同样是保险,现在针对不同的目标市场,他们分别是孩子、年轻人、妇女和老年人,他们各自的关心点是什么?针对这几种人,推出什么险种会打动他们?你的诉求策略是什么?

3. 某国有大型电子企业将推出全新自带机顶盒的大屏幕液晶电视机,试分析主要目标对象、主要决策者以及它的关心点,制定诉求策略。

三、案例题

沃特·迪士尼,一年获利270亿美元的全球娱乐业企业,意识到它的顾客价值在于其迪士尼品牌:建立在传统家庭价值基础上的有趣的经历和简单的娱乐活动。迪士尼公司将品牌深入不同的消费市场来回报这些消费者的偏爱。如全家一起去看迪士尼电影。迪士尼消费产品是整个迪士尼公司的一个部门,其通过整个产品线将目标定位于特殊年龄层。

例如,2004年的电影《牧场是我家》,除了电影本身,迪士尼公司还随之制作了电影原声大碟。一系列玩具和用孩子衣服装饰的女主角,具有诱惑力的迪士尼公园主题,以及一系列图书。电影商品促销活动,制作游戏、电视剧以及漫画书。迪士尼战略是围绕其每一个角色与顾客建立联系,从经典的米老鼠、白雪公主到最近成功的麻辣女孩。每个建立的品牌都定位于特定的顾客群和销售渠道。米老鼠宝贝和迪士尼宝贝都定位于婴儿,迪士尼的"米老鼠儿童"系列则锁定于男孩女孩,而无限制的"米老鼠"则定位于十几岁青少年和成人。

在电视方面。迪士尼频道是6—14岁的孩子最好的目标选择,迪士尼儿童游戏房定位于2—6岁的学龄前儿童。

迪士尼还生产带有相关联的特许品牌特征的食品。例如,迪士尼以小熊维尼为特色的优酸乳。定位于学龄前儿童的4盎司一杯的酸乳酪,在杯盖下还有图例小故事,以此鼓励阅读。迪士尼还推出了一种印有米老鼠、唐老鸭以及高飞形象的香草夹心饼干。

所有迪士尼消费产品线的结合可以从迪士尼《麻辣女孩》电视剧这个例子中看到。这一电视剧讲的是一个典型的高中女生在其空闲时间从一个罪大恶极的恶棍手中拯救世界的故事。这个节目在黄金时段收视率排名第一,并催生了大量的迪士尼衍生性的商品。这些商品包括:

(1) 迪士尼硬品系列,办公文具、午餐盒、食品、房间饰品。
(2) 迪士尼软品系列,运动服、睡衣、便服、附加品。
(3) 迪士尼玩具,豆子袋、长毛绒玩具、时尚玩偶。
(4) 迪士尼出版物,日记、儿童小说、漫画。
(5) 迪士尼唱片,《麻辣女孩》的电影配乐。

思考问题:

1. 迪士尼主要成功的因素有哪些?
2. 迪士尼的弱点是什么?它该注意哪些问题?
3. 迪士尼没有对所有孩子提供一样的产品,而是根据各年龄段的孩子提供相应的一些产品,请你具体分析一下它给不同年龄段孩子提供相应产品的原因。你觉得它提供的产品合适吗?

第三章

产 品 定 位

 学习目标

学完本章,你应该能够:
1. 了解主轴产品和利基市场;
2. 了解定位的一些基本概念和定位的含义;
3. 掌握产品定位的几种策略和定位的环节;
4. 了解定位的依据和变量;
5. 理解定位和市场细分是营销和广告的工具,其中市场细分是定位和利基市场的操作工具;
6. 了解市场细分的基本概念,掌握如何市场细分。

 基本概念

主轴产品　利基市场　定位　产品定位　广告定位　功效定位　价格定位　品质定位　色彩定位　造型定位　包装定位　服务定位　心理定位　比附定位　类别定位　对抗竞争定位　市场定位　市场细分

在信息时代,消费者被铺天盖地的信息包围。各种消息、资料、新闻、广告纷至沓来。面对眼花缭乱的产品与广告,消费者一时无所适从。科学研究发现,人只能接受有限数量的信息,超过某一点,脑子就会一片空白,拒绝从事正常的功能,处在"感觉过量"的企业,压缩信息,实施定位,是营销的必经之路。

每人每年至少要接受 20 万次广告轰击,我们必须从 1 200 多种鞋子中选出鞋子,从 2 800 多种服装中选出服装,从几百种汽车中选出汽车,从几千种牙膏中选出牙膏,从 100 个电视频道中选出节目。每年都有 3 万多种新品上市,有 50 万家新注册的企业进入市场搏杀,又有 30 万家企业倒闭,这就是当今商战。为了不使自己成为 30 万家中的一员,你必须找一个空当市场、不饱和市场、竞争不激烈并且容易进入的市场,或者你给别人更专业形象:万科是专业做房地产的,格力是专业做空调的;只要想买房子就想到万科,想要买空调,就想到格力。最起码你的企业要别人一句话说得清楚。这样你的企业才会立于不败之地。不是说,什么行业我都可以做,什么产品我都有,每个产品我都应当把它作重点。这样下去,你估计什么也做不好。因此,你应该首先找到你的主轴产品和你的利基市场。

第一节 选择主轴产品

> 选择主轴产品和利基市场对企业有什么重要意义?企业的利基市场需要用什么工具来选择?

你的企业尽量一句话能给别人描述清楚。什么是一句话说得清楚,就是问你什么是你的主轴产品。

> 主轴产品就是你主要做哪方面的,重点花精力主推是哪个产品,哪个产品是你的主打。

换句话说主轴产品就如同我们经常说一个团队里的明星"乔丹"。既然是明星就有明星效应,因为有乔丹,观众就买票去看芝加哥公牛队的比赛,最终带动了整个公牛队的经济效益,同理,主轴产品就是我们的"乔丹",由它带动其他产品销售。既然是主轴产品,你就把你的资源分配在你的主轴上,不要分散资源,因此,立刻调整你的公司,与这个市场紧密结合,来配合你的产品。

要想成为明星产品,需要经过严格的筛选,在产品品质、行业成熟状况、产品潜力等方面占有明显优势。在确定明星产品之前,让我们先确定核心产品群,再从核心产品群中选拔出明星。

海王产品中的"乔丹"

候选产品:海王全部产品
评委:消费者、专家、海王
选择依据:调研、访谈、专业知识、经验
核心产品:银杏叶片、爽宁、诺德伦、银得菲、金牡蛎、金樽等
候选产品评价:

(1)银杏叶片。在医院表现出色,市场基础好,心脑血管的市场前景非常不错,但其属于处方药,在将来的宣传上受到限制,目前还有一定的宣传空间;

(2)诺德伦。其特点是起效慢,但非常有效。但要人们接受起效慢的药品首先要改变人们的观念,这非常困难,况且芬必得、扶他林都是国际品牌,已经做得很不错,这个市场做起来会比较吃力;

(3)金樽。这是一个比较狭小的市场,至今还没有领导品牌,有较大的市场机会;

(4)银得菲。产品品质非常过硬,且有非常明显的产品特点,效果快,且在OTC中,感冒咳嗽药所占市场份额最大,是家庭药箱的必备药;

(5)爽宁。如果定位于咽炎,价格上不去,市场肯定不好做,因为强势对手太多,而且金嗓子、西瓜霜、草珊瑚的表现并不差,新品牌的机会不多。如果定位于口腔溃疡,似乎大有文章可做。因为现代人口腔溃疡越来越普遍,而口腔溃疡本身并没有太过完美的解决方案;

(6)金牡蛎。曾经风靡一时,是海王的开国功臣,它能消除疲劳,迅速提神,功效显著,这个市场容量大,竞争很多,但没有非常强势的品牌,可以东山再起,为海王再立新功。

经过严格筛选,目标锁定在金牡蛎、银得菲、金樽、银杏叶片等产品上,这几个产品都可以纳入海王的明星产品群。但还是需要确定一个主打明星,就像一个明星组合,还是得有一个主唱,但到底谁是海王的主唱明星呢?

这时,历史给了海王一个千载难逢的机会,由于国家对含PPA的感冒药下达禁令,使得抗感冒药市场的第一品牌康泰克退出市场,抗感冒药市场留下了市场空白,海王抓住了这一历史机遇,迅速将银得菲推向了市场,银得菲成了海王的"乔丹"。

第二节 利基市场

市场表现为消费需求的总和,它包含着千差万别的需求形态,任何一个企业无论其规模如何,它所能满足的也只是市场总体中的一部分,而不能全面满足,当然也不能为消费者所有的需求提供有效服务,因此,企业在进入市场前,必须寻找其利基市场,并确定其市场中的竞争地位。

利基市场,就是一个企业,在销售之后,你的利润基础在哪个消费群。

这个消费群为你的特殊消费群,生产能够充分满足他们的需求,所形成不可替代的市场就是利基市场。现在不管大企业或者小企业,都没有非利基市场,都必须明确自己某个产品的利基市场是谁。你不是我的利基市场,但你来了就不等于不卖给你,但我主要不是针对你做服务和买卖。如宝洁公司的利基市场,海飞丝是对有头皮屑的消费者做的;飘柔是对油性头发者做的;如果你头发干燥分叉,你不能用飘柔,最好用潘婷。

花旗银行在上海落户,上海一般居民也没多少钱,但上海人有个习惯,总觉得外来和尚会念经,服务各方面肯定会好,就去那里存钱。银行告诉他:"第一没有利息,第二要交保管费。"上海人愣住了。说明花旗银行不是对他们这种层面的人服务的,他们不是花旗银行的利基市场。做买卖绝对不是一视同仁的,没有区别就没有政策了,只有这样你的资源才能集中,才能合理有效地利用。

以前我们坐桑塔纳,大都不喜欢坐后面,因为桑塔纳座位往上翘,坐久了腿很不舒服,如果说桑塔纳小,夏利比它更小,但夏利后座比桑塔纳舒服。难道德国人不懂得人体工程学吗?后来听德国人讲:"这是德国大众的宗旨,桑塔纳在20世纪70年代那个时候,德国家庭人口比较少,出去旅游,由于孩子少,男的开车,女的坐在男的旁边,孩子搁在后边。小孩子一般很淘气,座椅翘着点,不会摔下来。"因此桑塔纳利基市场是为德国家庭旅游造的车。

(1) 必须搞清楚你的利基市场是哪些人群,那后面的营销和广告策略就非常清楚了,你要找到特殊的消费群,同时把你的优势发挥起来,形成一种利基市场。

(2) 利基市场不是一个,但你必须一个一个地建立。

(3) 建立的过程,不要搞运动,要先搞着力点,后做附着面,当你把一点做透了,然后再做后面的。

第三节 产品定位

比较一下产品定位、广告定位和市场定位有什么区别?它们三者是什么关系?

所谓定位,就是产品在消费者头脑中形成什么样一个位置,消费者头脑中把你的产品看成什么样子?

定位也就是你把自己企业和产品定在某一个区域之内,同时企业和产品瞄准哪一部分消费群体,范围的哪一部分是你企业和产品所要的目标。用形象的比喻就是把满脑袋上的头发拔得只剩一根,在风中飘摇。这句话切中了定位的要害。如百事可乐把自己定位在碳酸饮料行业,消费目标是年轻人;商务通把自己定位在科技行业,消费目标是企业和商务人士……

定位一般有以下几层意思:

(1)你的企业和产品在某个行业的某一个范围。

(2)你的企业和产品在消费者心里是什么样一个位置。

(3)你的企业和产品某些特点和提法以及广告创造的说法具有领先地位,即第一说法,第一事件,第一位置等等。

(4)差异性和独特性,就是各品牌之间的不同。

(5)先入为主原则。这种位置一旦确立,无论何时何地,只要产生相关需求,就会自动想到这种品牌。这就是定位的效果。

从本质上说,定位的目标并不是你的产品、你的公司甚至你自己,而是通过你的产品、你的公司传达给你的目标客户,简单一句话,你要通过某种方法和手段,占领客户的心智。产品不过是媒介和手段,就如同服饰除了保暖和遮羞功能以外还有个重要功能就是能够让别人清晰地识别你一样。

在广告宣传中,产品将以什么地位出现,以什么形象出现,或者说,广告要突出宣传产品的哪一方面,什么特点,这是关系到产品将给人们留下什么印象的大问题,如果对这一点把握不准,再好的产品也难于被消费者真正认识并接受。由于产品本身包含着许多复杂的要素。因而在广告中准确把握产品的地位、关系及其形象特色就是一件复杂的事情,这需要一番精心策划,制定出良好的表现策略,这种产品在广告表现中"定位"的策略,就是广告定位策略。

对广告定位策略的策划,就是要寻求一种组合商品要素,并将其构造为一种能给消费者留下特有印象的商品形象的方法。这种策划的目的,是要在广告中给商品确定一个有说服力、有感染力、有创造感的突出地位,要在广告中给商品构造一种不同凡响的形象。

> 广告策略要服从于市场营销策略,这是一个普遍性原则。从市场营销策略来说,必须确定一种产品在市场上的位置,这就是产品定位。

换句话说就是根据消费者对于某种产品属性的重视程度,对本企业的产品给予明确的定位,规定它在什么行业,行业中又细分到某一区域、什么地点、对哪一阶层出售,以利于与其他企业竞争。

> 从广告策略来说,必须确定产品定位的一种在广告中的位置,这就是广告定位。

因为一个产品的定位有好多种,从它功效上是什么样的定位,包装上又是什么样的定位,从价格上……你的广告不可能把这些信息全传达出来,也不可能平均对待这些信息,因为传播信息太多,消费者是记不住的,这时候你就得根据消费者关心的利益点选出你独特的那一点来传播。如农夫山泉的产品定位,从品质定位方面来说是"农夫山泉有点甜";从包装上定位是"运动盖";从类别上定位属于"矿泉水"……但农夫山泉在广告中主要诉求"农夫山泉有点甜"这一产品的品质。

整合营销大师舒尔兹曾提出"营销即传播"的观点。事实上,没有必要把营销和沟通截然分开。在各种营销策略的设计中,就要考虑产品、价格、渠道、包装、广告促销等营销组合要素,在与消费者接触的过程中,都反映出清晰一致的定位概念。由此看来,"定位"这个术语具有广泛的适用性。营销和传播的密切配合至关重要。

经过多年的协商谈判,日本政府终于从1995年1月开始准许美国苹果在日本限量销售。然而日本人吃苹果的方式和美国人大不一样。美国人把苹果当作午餐或零食,咬着吃,不削皮。但在日本,苹果大多用作饭后甜食,削了皮切成小块再吃。针对这些市场特点,美国苹果种植主协会将美国苹果定位成:有益于健康的方便零食。为了传达这个定位概念,美国种植主协会制定了一系列措施和策略:举办户外"咬苹果比赛",能一口咬下最大块苹果者,获得一件印有美国苹果图案的运动衫,示范性消费;美国苹果在日本上市的前一天,克林顿在美日贸易会谈结束仪式上,把一篮子美国红元帅苹果赠给日本首相,引来美日各大媒体竞相报道;把美国苹果的定价降为日本苹果的一半,每个75美分,为的是与"方便零食"的定位概念一致。结果,日本政府允许1995年进口的70万箱美国苹果到4月份就销售完毕。

尽管资生堂是日本化妆品行业的领头羊,但在世界化妆品行业里,很少看到前几名的化妆品里有日本的。现在资生堂也恍然大悟,根据调查消费者发现,原来资生堂被消费者定位为非常传统、非常东方的化妆品。因此欧美人很少用它,可是化妆品用得最多的是欧洲、北美洲和亚洲,其中欧美就占到2/3的市场。要成为世界化妆品行业的前几名,你首先得抓住欧美消费者才有希望,因此,资生堂改变广告风格,让广告重新定位,定位于"拥抱前卫"。现在的资生堂,广告也像欧美一样,目的就是告诉欧美人,资生堂是非常前卫、非常世界的一个品牌,不是很传统、很东方的品牌。

因此,定位起始于一件产品,一次服务,一家公司,一个机构,或者一个人……然而,定位并不是你对一件产品本身做了什么,而是你在有可能成为顾客的心目中做些什么。这也就是说,你得给产品在有可能成为用户的心目中找一个合适的位置。

定位就是通过一定的手段方法,将产品或公司的形象与竞争对手区别开来,使差异性凸显出来,从而引起消费者注意企业的品牌,并使其产生联想。若定位与消费者的需求相吻合,那么企业的品牌就会常驻心中。舒蕾在众多的洗发水品牌中以"焗油博士"作为自己的定位,从而脱颖而出。实际上,定位只不过把人们没有注意到的地方做得更加显露一些罢了。

第四节 产品定位策略

产品定位策略就是广告宣传中突出产品的新价值,强调与同类产品的不同之处和所带来的更大利益。它又分为以下几种。

一、功效定位

功效定位要以产品的功能为诉求核心,突出产品最显著的性能,这一定位强调使用产品之后的效果。

任何成功产品传达给消费者的都有一个独特的主张,即所谓的产品 USP,它必须超出产品本身的物理属性,区别于别的产品给消费者购买利益的心理认同,同时它必须是强而有力的,将利益集中在一点上,集中诉求,以打动目标消费者前来购买。

表现企业的竞争力。尽管同类产品的功能大体相似,但每个企业的产品都有其独特的功能特点。广告策略应向消费者传递一种信息,即"这种独特的功效对你是最合适的"。

某个皮肤药膏广告图案上有一很大的"痒"字,其形状酷似一人由于浑身瘙痒的痛苦扭曲状。广告直接突出产品的止痒功效,病人见到如此体贴的药膏,自然不肯放弃一试。高露洁和佳洁士牙膏的防治蛀牙,两面针香皂的止痒等都是这类定位。

功效定位是在广告中突出产品的特异功效,使该产品与同类产品有明显区别以增强选择性需求。它是以同类产品的定位为基准、选择有别于同类产品的优异性能为宣传重点的。如红牌羊绒衫宣传工艺好,蓝牌羊绒衫的宣传就应强调原料的特点;海王银得菲强调治感冒"快"。海王牛初乳则强调"体质好,病就少"。

宝洁公司旗下的飘柔、海飞丝、潘婷都使用了功效定位,使用飘柔后可以让"头发更飘,更柔",使用潘婷后可以让头发更乌黑亮泽,而海飞丝不仅可以洗净头发,而且含有抑制头屑的成分。消费者喜欢了解产品的功效,是因为这种功效的背后更多的是一种附加效应。

二、价格定位

 价格定位是因在产品的同质化时代,产品的品质、性能、造型等方面与同类产品相近似,没有什么特殊的地方可以吸引消费者,为了增加产品的竞争能力,企业在这种情况下可运用价格策略对产品进行定位。

采取价格定位策略的产品一般是消费者对价格比较敏感的产品,企业可以采用高质高价、高质低价、低质低价和低质高价等策略。高质低价是企业的产品已经非常成熟,产品的竞争非常激烈,企业采用降价策略,以扩大市场份额,提高市场覆盖率,从而赢得竞争主动的手段。

价位太高,顾客可能买不起;价位低一点,照道理讲,量应该更大,可是为什么会卖不出去,因为没信赖度。假如你今天得了心脏病,我推出一个世界仙丹,专门治疗你的心脏,我说你们要不要试试看世界上最便宜的心脏病药。心脏对你很重要,我把全世界最便宜的治心脏病药卖给你,你会放心吗?

 1983年,革兰氏推出一个名叫瑞坦的抗癌新药,推出前,市场上已经有一个竞争产品,叫泰胃美,而泰胃美在市场上已经是领导品牌。当时,研究人员在定价前,因为泰胃美已经有很大知名度和市场占有率,所以在推出瑞坦时,初始定价是低于泰胃美的。但是,仔细研究后发现:第一,泰胃美的服用方式是每天4次,服用量很大,而瑞坦每天只需服用2次,很方便;第二,量小意味着功效大,针对性强;第三,药物服用的量小,副作用也小。

基于这些价值,革兰氏没有走低价,而是定价比泰胃美高50%!这个定价非常成功。瑞坦上市后,利润达到了6.5亿英镑。它成功的关键在于:它给消费者一个成功的暗示——是更好的药。而消费者希望的是更好的药,不是便宜的药。价格高50%,没有让人感到不合理。

 扬州"天香楼大酒家"有一年春节在门口挂起了"高价"广告,声称"酱鸭全市最高价,10元一斤"。这则广告十分妙,因为它说得实在,使人感到真实可信;二是因为它含蓄有嘉,尽管没有直截了当地点明"天香楼"的酱鸭在扬州城首屈一指,但"全市最高价,10元一斤"就反衬出酱鸭的口味纯正、品质上乘了。正当扬州许多同行间互相竞争,均喊所谓"全市最低价"时,地处扬州繁华大街的"天香楼"酒家,却逆向思维。当"天香楼"这一广告招贴出来时,许多市民和外地游客都感到奇怪,很快便出现了竞相购买"全市最高价"酱鸭的热潮。

2004年,武汉"吉祥国际"楼盘,打出"花2万块钱就把房子买回家"的口号,就是运用一般工薪阶层对价格敏感的价格定位,策略非常成功。

一些名牌产品通过高价以突出自己的身份和档次,如汽车市场上,以高价码来提高汽车身价的竞争。福特汽车公司推出的"欧陆型"汽车,向拥有美国王牌汽车身价的"凯迪拉克"进行挑战,试图在豪华和气派上能够压倒"凯迪拉克"。除了汽车,许多其他产品也以昂贵的身价来迎合顾客。低质低价产品的定位只要符合实际就可以寻找到自己的市场,低质高价产品的定位是一种短期的暴利行为,具有极大的风险性,所以企业要慎用。

三、品质定位

品质定位是通过强调产品具有的良好品质而对产品进行定位。

品质定位强调该产品优于其他同类产品,通过突出其与众不同的品质进行定位。这是最常用的定位方式,也是赢得消费者信任的最基本定位方式。如美国的多芬(DOVE)香皂,就以滑润皮肤作为广告宣传的重点。美国宝洁公司(Procter & Gamble)为其生产的洗涤剂作的商品广告就采用了品质定位法。

在庄臣婴儿洗发水卖点诉求中,有两个婴儿头像:一边的婴儿满头肥皂泡,因肥皂浸到眼睛里,使得孩子声泪俱下,婴儿下方有一块香皂;另一边的婴儿虽然也是满头泡沫,但却笑容满面,下方有一瓶"不刺激眼睛"字样的庄臣婴儿洗发液。就这样通过比较,清晰地表达了主诉商品的优越性,突出了卖点。

这些品牌的洗涤剂都是洗衣机洗涤衣物时使用的。为什么有这么多不同的品牌呢?答案很简单。美国洗涤剂制造厂商多年来提供了不同品质特色的洗涤剂。市场上已经形成消费者对洗涤剂有不同的需求类型。例如,有的人需要低泡沫的洗涤剂;有的人需要有漂白性能的洗涤剂;还有的人则需要任何温度都能使用的洗涤剂。为了满足不同类型的需求,产品就要在商业广告的信息中进行品质定位。

品质定位与功效定位相类似,所不同的是,有些产品可以用功效来表示产品的独特之处,有些产品就很难用功效表示产品的独特之处。这就需要另辟蹊径,找出产品品质的独特优异之处,满足目标市场消费者对产品品质的不同需求。其目的都是争夺消费者,与同类产品进行市场竞争。所以,品质定位也是商业广告产品定位经常采用的重要策略形式。品质定位与功效定位一样容易奏效,一样容易误入虚假广告的禁区。因此,产品的品质定位要真实可靠,不能为了满足消费者对产品品质的特殊需求,而对产品不存在的品质进行虚假的或夸大性的定位宣传。

再如雀巢咖啡的"味道好极了",麦氏咖啡的"滴滴香浓,意犹未尽",海王金樽"酒后服用,第二天舒服一点",都是从产品品质来进行定位。

四、色彩定位

色彩定位突出产品的色彩美,满足消费者爱美的心理需求。

对色彩美的感受可以说是人类的天性。美妙的色彩能令人产生美好的情感,寄托人类美好的理想与期望。色彩美,是人类物质生活和精神生活的重要诉求。巴黎和意大利的时装节,每年都要推出一种色彩潮流,并使很多人为这种色彩所鼓动,加以追随和模仿,使得符合潮流色彩的时装成为流行时装,并引起消费者的强烈购买欲望。

产品色彩定位,一般都从突出商品功能出发。例如"雪碧"清凉饮料,就是以无色透明为基本色彩,在商业广告中用冬天冰雪运动中冰和雪的晶莹为辅助色彩,然后采用歌曲"晶晶亮,透心凉"的诉求信息,使人们在炎热的夏季有了清凉的感觉,产生了想立即去买一杯喝下去的冲动。可口可乐产品本来是琥珀色,但是在商业广告中,可口可乐在琥珀色饮料里放进了几块晶莹的冰块,因此,整个色彩仍然洋溢着清凉解渴的产品特色。

产品的色彩定位既要创新,又要注意时尚和潮流,特别是目标市场受众的时尚和潮流。在现在的消费生活中,时尚和潮流一旦形成,对于绝大多数消费者来说便是不可抗拒的。这是消费心理的一种新趋势。色彩是时尚和潮流的重要因素。去年还是流行色,今年可能就会被认为太俗。所以,产品的色彩定位要有一定的超前预测。商业广告的色彩定位要考虑目标受众的时尚和潮流。

五、造型定位

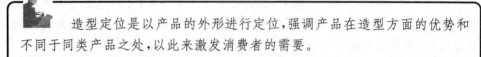
造型定位是以产品的外形进行定位,强调产品在造型方面的优势和不同于同类产品之处,以此来激发消费者的需要。

在产品同质化时代,许多产品由于功能、质量等方面差异性较小,所以采用造型定位的方法,向消费者传达产品生产者特有的情感和意识就成为企业经常采用的手段之一。

1999年,苹果推出了以消费者为导向的ibook笔记本电脑。它拥有独特的造型和特殊外观——半透明和彩色的塑胶外壳。它的市场口号是"iMac to go"。该产品突出了产品的造型特征。

2001年,TCL推出宝石手机,在手机上镶嵌了一个钻石,折叠机型加上宝石增值和文化意蕴,在造型方面做出差异,挖掘卖点,使TCL手机一下子火起来。

产品造型定位要注意以下一些情况:
(1) 尽量展示产品造型全貌;
(2) 突出产品外观造型与同类产品外观造型的优异点;
(3) 用适当的形式反映造型的几何尺寸大小;
(4) 产品造型定位在一般的情况下应与产品功效定位、品质定位共同使用。

六、包装定位

包装定位主要突出精美别致的包装来满足消费者的心理价值。

一个人在面临太多的选择时,肯定会喜欢看起来顺眼的包装,尤其在即兴式购买中,包装设计往往起到决定作用。如在一些食品包装中,透明包装或玻璃瓶包装,因为能够让人直接看到产生食欲而受到欢迎。包装定位主要是为了满足消费者的求美心理,所以在馈赠、社交需求中经常使用。如轩尼诗XO为了突出其高档品位,在包装上尽量典雅华贵,以满足高档的产品定位。美琪香皂广告"美琪装新装,送礼最大方!"就是以华丽高档的包装来进行定位。在世界经典营销案例中,有些产品就是通过包装而风靡世界的,如可口可乐瓶子的独特造型为可口可乐公司占据世界市场起到重要的形象识别和产品识别作用,使产品从众多饮料中脱颖而出,成为清凉饮料的先行者。农夫山泉以独特的包装——瓶盖(运动瓶盖)切入市场,使人耳目一新,劲王野战饮料则以迷彩包装定位。

2001年统一的果汁饮料"鲜橙多"定位于PET(塑料瓶)包装,当健康色彩的果汁饮料摆上架时,特别喜爱新奇的青少年和女性怎能忍住不去拿一瓶呢?统一的创新包装,引爆果汁市场。

"FOV白兰地高人一等"广告,见过FOV白兰地包装的人,一定会感到这句话的精妙之处。因为它是一种长瓶颈包装的白兰地,在众多的白兰地中,有轩尼诗、人头马、拿破仑、马爹利等。FOV白兰地品质自然不错,但卖酒的宣传品质,肯定会在众多白兰地酒中淹没,因此必须找出它与众不同的地方来加以宣传,才能让消费者记起你,恰好这种酒的最大特点就是长颈瓶,与其他白兰地摆在一起,确实高人一等,一语双关。

七、服务定位

服务定位是以产品延伸服务层次来进行定位,强调产品售后服务措施的完善和优势,以此来消除消费者的顾虑和担忧,增加购买欲望。

如海尔电器以"真诚到永远"定位,以服务优势,树立了良好的企业形象。和成公司在举办卫浴厨改修活动的广告活动中,强调"拨个电话给你焕然一新的家"就是在提供售后服务完善上进行定位。惠普推出"全国金牌联保服务"就是告诉消费者,只要你买的是惠普的产品,不管你在何时何地,只要惠普产品出了毛病,就可以选择当地的惠普服务点免费保修和服务。

八、心理定位

心理定位是着眼于产品能给消费者带来某种心理满足和精神享受。

如意大利兰吉雅轿车广告中,以"一路遥遥领先的风采"为标题,在产品的心理价值上进行定位,突出轿车的高级豪华气派,烘托高贵的身份地位。林肯汽车"至尊显赫,王者之车"的广告,又有多少人不为之倾倒?

金六福的福星酒采用"运气就是这么好"心理定位。中国进入21世纪国运就一直很好,加入世贸组织,申奥成功,国足出线,可谓好运不断,尤其国足在"米卢"的带领下打入世界杯,不管是运气还是实力,不过,在国人心中更相信运气。此时,金六福开始庆祝国足出线,根据人们的这种心理,运用象征手法表现了1957—2001年国足的44年的努力,表现喝福星酒"运气就是这么好"的心理定位。其中广告创意表现上都是逢凶化吉。其中《井盖篇》表现了一位男子行走在路上,边走边打电话,一下没注意前面下水道井是敞开的,这位男子还是迈着步伐往前走,一只脚踏进井里,此时戴头盔的检修工人从里面钻出。而那位男子正好踩在头盔上。本来要掉进井里的男子,因为检修工人的无意帮助,化险为夷,于是打出"喝福星酒运气就是这么好!"的广告语。

九、比附定位

比附就是借力,借助别人力量把自己抬高。它是一种反向思维的方式,从消费者的否定中挖掘自身。

比附定位借助于有名气的竞争对手的声誉,提出一种新观念,争取消费者对广告产品或企业的关注和认知,以便占领有利的市场地位。著名的艾维斯出租车所用的"我们只是第二"的广告语就是采用逆向的方式,借助有名气的竞争对手的声誉,在比较中表明自己的产品不如对手好,甘居其下,但通过努力准备迎头赶上。逆向定位的关键就是要抓住观念转换,从相反的角度寻找优势。

1999年,蒙牛问世。当时的蒙牛,钱少、名小、势薄。可以说生产牛奶的所有要素都不具备——无工厂、无奶源、无市场。更为残酷的是蒙牛与伊利同城而居。在狮子鼻尖下游走,在巨人脚下起舞,在关公面前舞大刀,行吗?面临这种情况怎么办?牛根生想既能引起轰动,又不用多花钱。老实说,这是一个两难的命题,一夜成名难,不花钱一夜成名——难上加难!伊利是强大的对手,同时也是蒙牛学习的榜样。内蒙古乳业第一品牌肯定是伊利,但内蒙古第二品牌是谁?不知道。蒙牛一问世就提出"第二品牌"概念,这等于把所有其他竞争对手甩到脑后,蒙牛的"内蒙古乳业第二品牌"的广告语正如美国艾维斯出租汽车公司一样。蒙牛的广告宣传和伊利联系在一起。广告牌写的是:"做内蒙古第二品牌。"无形中提升了自身品牌。

十、类别定位

类别定位就是利用人们的这种观念把产品加以简单区分,是从观念上人为地把产品市场加以区分的策略。

这种定位的典型例子是美国七喜汽水广告。

在美国清凉饮料市场中,原先由可口可乐稳固地占领了市场主导位置,其他品牌无插足余地。七喜汽水以"非可乐型"定位,在以可口可乐为首的可乐型饮料垄断市场的情况下,创造了一种新的观念。它提出饮料可以分为可乐和非可乐两种,可口可乐是可乐型饮料的代表,而七喜汽水则是非可乐型饮料的代表,促使消费者在两种不同类型的饮料中进行选择,使七喜成为非可乐型饮料中的代表。这样就在可乐之外的"非可乐"的位置上来确立七喜的地位和形象,使其取得了销售的成功。

"北大仓财神酒"采用非"宴客酒",乃"家用酒"的定位。对"北大仓"品牌联想的调查中,表面上看大多数元素都是正面的,但是,"庄稼、粮仓、五谷丰登"是消费者品牌联想元素。"北大仓"并不是一个新牌子,这个名字混合着许多杂乱的信息,在消费者心目中留下了种种痕迹。调查数据显示,"北大仓"品牌内涵不仅非常模糊,而且遭遇了消费者的反定位:一方面看,"庄稼、粮仓、五谷丰登"是"北大仓"品牌在消费者心目中的突出特征,但是,从目前的局势看,"庄稼、粮仓、五谷丰登"不正是一股扑面而来的"庄稼味"吗?它不正是"北大仓"被有意无意排除在许多关键消费场合之外的重要原因之一吗?于是,消费者越来越觉得"北大仓"就是"家用酒",逐步将

> "北大仓"从逢年过节送礼、酒楼、同事聚会、商务应酬等最起码或最能够带动销量的主流消费状态中清除出去,将其反定位在"家用酒"的台阶上。使"北大仓"长期存在于非主流消费状态之下。

产品类别定位注意事项:

产品归于何种产品类别,当然首先是营销战略,然而,最终要通过沟通来实现。产品类别定位策略,可以从现成的产品类别中选择有利的进入,也可以创造新的产品类别概念,然后把自己归入,就像"七喜"的例子。因此,传播就要设法让品牌成为产品类别的代名词。请看下面这些广告口号:

麦片就是维他奶

提到抗过敏 都说息斯敏

越了解奶粉 越信赖克宁

越了解蛇粉 越信赖隆力奇

越了解VCD 越信赖步步高

越了解减肥茶 越信赖更娇丽

不管是自觉的运用,还是刻意的模仿,事实上人们已感觉到这类"说法"的特殊效果。这些口号沟通的目的,都是想要品牌成为产品类别中"唯一的选择"。

在洗发水品牌中,人们公认"海飞丝"是去头屑的代表。这当然与它一贯坚持的定位有关。在这种情况下,同样是去头屑的产品"采乐"怎么办?幸好"采乐"是一种药物。它在传播中强调"只通过医院供应,零售药店有售"的信息,有利于加强它的定位:它是一种药物,因而对去头屑有治疗作用。所以,传播不但要传达定位概念,更要调用各种传播元素来强化定位概念。

把你的产品归到一个新的类别或有利的类别,首先是要对产品分类,找到一种有利的划分标准。所谓"有利",即首先要求能够让消费者感觉到划分后这些类别的存在,以及对其中某种类别的需要;其次,在划分后的某种类别中,"腾出了"较大的市场空隙;最后,在这种类别中,品牌能显示出自己的独特优势。比如市场上有很多油漆颜料的品牌,如何归类呢?对油漆颜料的产品类别,可以作室内/室外的划分,也可以作造船/汽车/建筑/印刷等用途类别上的划分等,关键是看怎么划分了。

十一、对抗竞争定位

> 逆向定位是承认强者,然后诚心诚意地准备迎头赶上,取得人们的理解和信任。

对抗竞争定位则是不服输,与强者对着干,以此显示自己的实力、地位与决心,并力争取得与强者一样的甚至超过强者的市场占有率及知名度。美国的百事可乐就是采用对抗竞争方法,直接同位居榜首的可口可乐展开竞争,并成为仅次于可口可乐的第二大可乐型饮料。爱多请成龙做广告,诉求"好功夫",步步高马上请李连杰做广告,诉求"真功夫",都可以看作是此类型的例子。

十二、市场定位

> 市场定位是市场细分策略的具体运用,根据消费者对某一种特征的敏感度和重视程度,为该产品设计和塑造特定的形象和个性,强调其对某一目标市场的特殊意义。

市场细分主要是针对消费者的性别、职业、年龄等人口统计的标准对市场进行细分,但随着消费形态的变迁,按照以往的人口统计标准对市场进行细分已经无法测定消费者的行为,所以针对新的消费形态,必须加入新的消费者调查手段,比如以个性分析、生活形态分析等细分手段对市场进行细分,同时,产品本身也越来越细分化,如汽车就有标准型、豪华型、定制型、三门型、四门型等。所以,市场定位必须将消费者细分和产品细分结合才能取得成功。瑞典的宜家家具,将目标锁定为既想要高格调又付不起高价格的年轻买主,他们非常乐意牺牲服务来换取成本的降低,所以,顾客买宜家家具自行提货、自行运输、自行组装。

> 太太口服液在1993年上市的时候,就陷入保健品林立竞争之中,当时市场上有不少于300种口服液,面对许多保健品宣传的"有病治病,无病保健"的广告促销策略,太太口服液不再是面面俱到,而是把自己定位在25—35岁的女人身上。这样的市场空白定位很快就赢得了一批女性消费者。

一颗子弹打一只鸟还是打一群鸟?一些企业往往选择后者:"理想主义+浪漫主义"的定位法则。但是,在日渐成熟和完善的市场体系中,没有一种单一的产品能适合所有的消费者,也没有一个企业能满足得了所有的消费者。而且,对于产品来说,最好的也不一定是最贵的,而是最合适的。一个品牌走入市场,参与竞争,先要弄清楚自己的目标消费者是谁,以此目标消费者为对象,通过产品名称将这一目标对象形象化,并将其形象内涵转化为一种形象价值,从而使这一产品名称既可以清晰地告诉市场该产品的目标消费者是谁,又因该产品名称所转化出来的形象价值而具备一种特殊的营销力。如此,这个产品名称既启动了这一产品的传播过程,又具有一种定位及营销的力量。这是一种比较成功的直接定位方式。

市场定位不能面面俱到,企图讨好每一个人,就可能一个客人都吸引不到,如果大家都认为,我什么客人都想找,结论就是什么客人也吸引不到。原因在哪里呢?明明是高档次的,可来了一些低档次的人,明明是中低档次的,却希望去抢高档次的人,这就是企图讨好每个人的心态。人们常常说:"这个世界没有卖不掉的东西,只有不会卖和卖错对象的人。"卖错对象就是没有区隔好,所以每个公司每个企业都应该有个很好的区隔,锁定自己的目标消费者强攻,而不是这里也想做,那里也想要,这个饭也想吃,那个饭也想抓,结果统统都吃不到。什么东西都想做,也就是什么东西也做不好,什么客人都想要,就是什么客人都不来,因为定位不明确。

给胖人卖的产品,瘦人不喜欢没关系,因为他不是你的目标市场;同样给小孩做的广告,成人不喜欢没有关系;给女人看的广告,男人不喜欢没关系;给农民看的广告,城里人不喜欢没关系;给俗人看的广告,高雅人不喜欢有什么关系。因为后面的这些人不是你的目标受众,广告取悦的是产品的目标客户群,而不是所有人。

千万不要找相互冲突的客户群。特别现代的餐厅,就不要指望老太太来吃饭;特别西化的餐厅,就不要指望传统的中国人过来吃饭;晚上要搞音乐餐厅,就不要指望喜欢休闲、安静的商务人员来吃饭,这些客户的目标群体是冲突的。又要吸引商务人员,又要吸引年轻人;又要孩子,又要老人,这也是相互冲突的。锁定自己的客户,于是就形成一种氛围,形成一种档次,形成一种感觉,形成一种行业专业形象,以后凡是做这个事情的人,就会想到你,找你做。

百威啤酒定位于年轻人。如果你现在去向全世界的年轻男性调查一下,他们喝得最多的含酒精饮料是什么,绝大多数人会告诉你:啤酒。如果再接着问,平常喝什么啤酒,回答"百威"的声音一定是最多的。几十年来,百威一直就是世界啤酒业的霸主,而且现在远远领先于第二名。百威的辉煌绝不是偶然的,除了它确实是品质超一流的啤酒外,独具匠心的品牌定位策略更立下了汗马功劳。

百威深知,在啤酒业中,"得年轻人者得天下"的道理。所以,当它进入日本市场时,就把目光对准了有极强消费欲的日本青年。日本经济高速发展,日本居民的消费水平名列世界前茅,尤其是年轻人的经济实力和购买潜力绝不容任何一个明智的商家忽视。百威随后的广告策略中,就充分体现了对年轻人的青睐。

百威把自己的主要目标对象定位在25—35岁的男性,这与它原有的形象"清淡的"、"年轻人的"十分吻合。在当时的日本,百威虽然赫赫有名,但年轻人喝得更多的是国产啤酒。百威接下来的工作是如何让这些年轻人认可并尝试百威啤酒。百威对目标人群做了详细的调查,发现日本的男青年在一天工作后,晚间喜欢与朋友一起在外喝酒娱乐,群体性消费的特点很突出,而相对来说,看电视时间要少得多。电视广告对他们的影响十分有限。于是百威选择大众杂志作为突破口,日本的各个行业和社会事业一般都有自己的杂志,每一种杂志周围都聚集了一群固定的年轻读者。百威在这些杂志上刊登颇具震撼力的广告,同时配以激情海报加强宣传攻势。广告的诉求重心是极力强化产品的知名度,以突出美国最佳啤酒的高品质形象。在文案的背景图画创意中,将百威啤酒融于美洲或美国的气氛中,如广阔的大地、汹涌的海洋或无垠的荒漠,使读者面对奇特的视觉效果,产生一种深深的震撼感,留下难忘的印象。

很快,百威便打进了日本年轻人的文化阵地,使之成为一种时尚消费和身份地位的象征。现在,日本年轻人早已把百威啤酒当作自己生活的一部分。他们从过去的追逐时尚转为超前领先,他们形成了这样一种意识:百威是年轻人的,是这个"圈子"的一部分,我们应该让所有的人了解它、热爱它,因为它属于我们。

米勒啤酒定位于蓝领工人。菲利普·莫里斯公司买下米勒公司后,首先进行市场调查,米勒酿酒公司调查了美国的啤酒消费者,发现啤酒的最大消费者是男性年轻人,而且主要是蓝领工人。公司又仔细研究了蓝领工人对啤酒的需求特点及他们的饮酒习惯,发现这些蓝领工人更多的是在酒吧间里和同伴一起喝酒,而不是在家里和妻子一起饮用。于是米勒公司决定采取"目标市场集中满足策略",即集中力量满足蓝领工人的需要。

　　而在这之前,作为主要消费力量的蓝领工人几乎没有引起啤酒厂商的重视。各啤酒厂商所作的广告刊登的是一些与蓝领工人的生活格格不入的画面。例如,市场上居领先地位的巴德维瑟公司在其广告上刊登的是这样的画面:在某宅邸优雅的游泳池旁举行的社交聚会上,上流社会富有的绅士淑女们喝着巴德牌啤酒。

　　重新将目标市场定位之后,米勒公司推出了"米勒好生活"啤酒,并为此投入了大量财力,设计了一个旨在吸引蓝领工人的广告宣传活动。米勒公司选择在蓝领工人最喜欢看的电视频道上做广告,并集中在他们所喜爱的体育节目时间播出。米勒的广告对石油、铁路、钢铁等行业的工人的工作大加赞美,把他们描绘成健康的、干着重要的工作、并为自己是班组的一员而自豪的工人。"米勒好生活"啤酒顺利地挤入了工人的日常生活,人们下班后的时间变成了"米勒时间"。在一年时间里,米勒公司的市场占有率即从第八位跃居第四位,随后又逐步升至第二位。

第五节　定位环节

　　武汉有个五月花大酒店,这个酒店定位应该在四星到五星这个范围之间,你认为酒店在四五星级之间,那么它的装潢应该是什么样子?谁是它的客人?用什么价位去卖?锁定什么对象?应该把这个酒店摆在哪里?是飞机场还是哪里?什么地方的客人先过来?你用什么样的方式接待客人?房间里应该摆什么样档次的东西?如果旅行团来得太多了,内地的观光客太多了,那么高级商务人员就不来了;如果统统指望商务人员,可能住房率不高。这些都需要酒店主管自己思考:我们酒店是一个什么样的定位?我们酒店的客人在哪里?这些问题该怎么定位?

　　比较完整的市场定位,通常有以下一些环节:

　　(1)通过市场调研,了解消费者和用户对此类产品的哪些特征比较重视,他们主要是怎样了解和记忆这类产品的属性和特征的。

　　(2)通过慎重的市场调研(即不让竞争者觉察)。了解竞争者的产品在消费者和用户心目中的地位、形象和特征。而本企业所要做的,是研究竞争者的本意是什么?消费者印象又是如何,两者是否一致。

　　(3)综合以上的两方面考虑,为自己的产品设计某个形象。要做到特点突出,个性鲜明，有强烈的代表性和象征意味。

（4）最后，就是要采取一系列的营销组合，把本产品的形象传达给消费者和用户，并根据试销，进行探路。

以下是华素片的定位过程：

华素片定位于咽喉药，还是口腔药？

华素片是北京四环制药厂生产的一种治疗口腔咽喉疾病的西药，其产品主要特点是：具有独特的磺胺类药物的杀菌作用，并能长久滞留在口腔内发挥药力。在华素片推出之前，市场上已经有新、老一系列同类产品了。如何定位更有效？在为华素片制定营销策略之前，首先要分析它的市场状况。华素片从适应证上看，是既治口腔病又治咽喉病的口含西药，因此它参与两个产品类别的竞争：咽喉类药品与口腔类药品。

先看咽喉药品市场。市场上常见的咽喉类药品有六神丸、四季润喉片、草珊瑚含片、桂林西瓜霜、武汉健民咽喉片、双料喉风散、咽喉冲剂、含碘片、黄芪响声丸、硅蛾宁、国安清凉喉片等，它们或凭借传统的知名度（如六神丸）、广告的知名度（如草珊瑚含片），或以便宜的价格（如含碘片）、较好的疗效（如双料喉风散）各自赢得了一部分市场份额。可见咽喉类药品市场品牌众多，竞争激烈。

再看口腔类药品市场。市场上治疗口腔疾病的药有牙周清、洗必太口胶、桂林西瓜霜、双料喉风散等，产品不算多且基本上没有知名度高的领导品牌；一些药物牙膏和口洁露等日化品也占据了一部分市场，但都处于市场补缺者的位置。华素片走进市场的机会在哪儿呢？

由于咽喉类药品市场上草珊瑚含片和健民咽喉片等药品上市时间长，广告投入较大，在消费者中认知度和指名购买率相当高，如果华素片进入咽喉类市场，面对的竞争对手强，有可能位居其后，而且公司需要投入更大的媒体预算才有可能改变其在竞争中的认知劣势。而口腔类药品市场还没有形成有影响的品牌，很多口腔病患者有时尚需要靠一些药物牙膏来辅助治疗。显然，在咽喉类药品市场激烈竞争、口腔药品市场松散游离的状况下，华素片的市场机会点就是：定位于口腔类药，主攻口腔类药品市场。

在了解了华素片面对的市场状况后，开元公司还了解了华素片的消费者即它所治疗的适应证的患者。因为定位是针对消费者的，知道是什么样的人来买，为什么买，在什么地方买，有什么样的购买心理等，才能使定位巧妙地进入消费者心中。

经过调查发现，华素片的患者群并不是固定的一群人，男女老幼都可能成为患者，其中成人比例高，季节性变化大。他们的选药标准是疗效第一位。一份对患者的抽样调查显示：患者重视疗效的为93.4%，讲究服用方便的为67.6%，注重口感好的为40%。

其次，再看看患者对口腔药的购买行为与心理。患者在关心自己生病的同时又不认为是很严重的事，所以品牌的忠诚度并不高，他们很可能因为广告或别人口碑的影响而更换品牌。由于患者大多认为口腔病不是什么疼痛难忍、生死攸关的大病，因此，他们不到痛得无法忍受的程度不会自觉用药，且患者在一般状态下不大有什么病痛反应，只在想说、想吃、想唱时才会有强烈的病痛感，因此患者普遍认为口腔病是很烦人的小病，希望尽快治好。

在分析了华素片的市场状况及患者的购买行为与心理之后，开元公司充分地了解到，华素片不仅能满足患者希望尽快治好病的心理，同时还具有能尽快治好的功能，它的卖点是"快速治愈"。于是，华素片的定位就清晰可见了，这就是：迅速治愈口腔疾病的口腔含片。

定位策略找到了，还得把它转变为与消费者沟通的语言。口腔病的患者，无论你是患口腔溃疡、慢性牙周炎、牙龈炎、感染性口腔炎，都会有一种欲说不能、欲唱不成的感觉，也都会有小病烦人、快快治好的心理。华素片在沟通中作出了"快治"人口的承诺和"病口不治，笑从何来"的呼唤，终于健步走进患者心中！

经过一年的广告投放后测试表明，华素片的知名度由原来的20.7%上升到82.8%，66.6%的被访者认为华素片是治口腔炎症的药物。这种口腔咽喉药品经过知觉地图的分析，采用产品类别定位的方式，定位于口腔类药品，并结合产品功能定位，这就是华素片成功的战略。

最后，我们再把华素片定位策略的制定步骤作一总结：

（1）分析目前参与竞争的相关或同类对象的情况以及自己的处境。华素片的竞争对象有两类：咽喉类药物与口腔类药物。华素片是新产品，无知名度，但药效迅速持久。

（2）分析消费者是如何对它们进行认知、把握与区分的。通过调查发现，消费者对疗效的关心处于首位，服用方便与口感居后，同时消费者对咽喉病与口腔病的认知已形成了成熟的两个类别。

（3）分析目前自己（产品或品牌的角度）与竞争者在消费者心目中的印象、图景、角色与位置。

（4）以消费者的心智空白（现实的或潜在的）为起点寻找自己的优势或差别性。华素片的优势在于疗效迅速的功能正好满足了患者希望能尽快治好病的心理。

（5）在可比性相关或竞争对象中发展自己数种可能的定位概念。

（6）用一种价值评判准则去估测能带给消费者心智最大冲击力的定位方式，同时分析它能否取得足够与竞争者相抗衡的力量（必要时由市场测试决定）。

（7）把定位策略转换成与之相配的富有创意的信息表现，设计相应的传播途径，以此作为该产品或品牌的营销传播战略。

第六节 定位依据

为什么说产品定位是对消费者的心理的把握？

定位不是你对产品做什么，而是你对潜在消费者的心理做什么。也就是说你和你的产品在潜在消费者心中的地位。当你开着夏利汽车时，你会说尊贵吗？不会，你会说很经济；当你开着切诺基时,你会说帝王之相吗? 不会,你会说很耐用。这就是定位。

一、产品定位依据——消费者的心理

你的这个产品到底是成熟的又便宜的、贵的年轻的,还是贵的成熟的,还是又便宜又年轻的,必须定位准确。当然成熟、年轻,不适合在食品上,但适合在香烟上,万宝路香烟打广告,永远是牛仔,身上挂着枪、骑着马,那就是万宝路——成熟、稳重、魄力、粗犷、豪迈。

消费者心理怎么把握呢? 依据是什么? 概括为以下几种。

(一) 需求变量

> 需求变量主要指广告不同受众对产品的不同需求。

需求变量是划分广告受众的最基本变量,其划分方法同市场营销的划分方法基本上是一致的。但是,广告的需求变量更要侧重注意消费者的精神需求变量。例如一辆摩托车,有人需要它是为了代步；有人需要它是为了载货；也有人需要它是为了炫耀。只有根据消费者物质上、精神上的不同需求,进行更深层次的分析,才能使商业广告活动定位准确。

(二) 文化变量

> 文化变量是指广告受众的文化程度和文化素养对其接受广告信息所可能产生的不同影响。

文化程度的高低对于广告受众接受广告信息(特别是文字广告)的能力影响很大。在文盲率很高的地区,报刊广告的效果必然是很差的。按文化程度高低对广告受众进行分类,就能根据不同文化程度的受众采用不同的广告媒体宣传方式。即使在同一个文化程度中,不同的广告受众的文化素养也会有差异,他们可能有不同的艺术鉴赏能力和习惯,有爱读诗歌散文的,有喜欢通俗歌曲的,也有爱看武侠小说的。按不同的文化素养和文化特征对受众进行分析,才能更好地确定广告传播方式和信息内容的艺术形式。

(三) 心理变量

> 心理变量指不同性格类型或心理状态的广告受众,对于接受广告信息可能产生的不同影响。

不同性格的人对于外界信息的反应会表现出明显的差异,有人轻信,有人多疑,有人随和,有人固执,这就使得广告宣传效果在不同性格的受众身上会有所不同。若能根据不同性格类型的受众采用不同的广告宣传手段,广告宣传效果就会得到明显改善。

特别是现代化工业社会,信息量过大,而每一个人所拥有的信息容量又有限,所以,造成了人们对大量过多、过杂信息接收的一种抗拒感。在实际生活中,人们采取过滤法,即把所得到的信息在头脑中、心目中加以过滤,只留下很少一部分对自己有用的,排斥大部分无用的信息。而接受的这一部分信息,其绝大部分又同从前的知识与经验相吻合。专家们认为一个成熟的消费者是不会被一般的广告所打动、所改变的。所以,广告的内容就要确定在与消费者原有的知识和经验联系起来的位置上,从而促进消费者的注意和记忆,达到广告宣传的目的。

(四)环境变量

环境变量是指对广告受众接受广告所能发生影响的各种环境因素。

例如,由于地理和交通因素对信息传播速度带来的影响;由于经济或技术因素对信息传播带来的影响;由于人口密集程度对信息传播效果带来的影响等。广告活动就要根据受众所处的环境有针对性地定位。事实上,以上各种变量的差异往往会在人们的不同年龄、职业、教育状况和社会结构上得到集中反映。广告定位活动应当首先掌握这方面的基本资料。

二、如何寻找产品定位?

细分市场,寻找产品定位。一般来讲,先有区域产品才有世界产品,只有在区域内产品的知名度、美誉度和忠诚度获得消费者的认同,产品才能走向世界。海尔是中国的著名企业,在青岛同样是受欢迎的公司,人们争相以使用海尔产品为荣,实际上这就造就了一个成功的区域产品,海尔才能走向全国,走向世界。产品除了区域的划分以外,还有消费者的划分,只有这样才能在一定范围内造就一个成功的品牌,所以说,品牌是有一定范围的。劳力士手表其产品的使用对象和市场范围都是针对社会上层人士。所以,其市场宣传和产品定位都是在这个阶层,从而达到了成功。由此我们可以得到一个结论,产品企划首先要进行市场细分,通过细分市场,达到产品定位的目的。

"娃哈哈"是中国儿童食品里的名牌。娃哈哈公司当初在选择产品和市场时,面对食品业的激烈竞争,而大家都在一个低水平上重复,针对的是一样的目标市场,做着似曾相识的产品。娃哈哈不甘于平庸,经过细致的市场调查,发现儿童保健品是个市场空当,于是果断进入并策划了一个适应儿童市场的品牌"娃哈哈"。以娃哈哈口服液征服了市场,成为中国市场的名牌。

第七节 市 场 细 分

怎么理解市场细分是一个工具和手段,而不是营销和广告的目标?

市场细分就是根据消费者明显不同的需求特征,将整体市场划分为若干个消费群的过程,每一个消费群都是一个相同的需求和欲望的细分子市场。

通过市场细分,企业能够向目标子市场提供独特的服务和产品及相关的营销组合,从而使顾客需求更为有效地满足。市场细分对于服务企业具有极其重要的意义,随着服务市场上新的竞争对手的不断加入和服务产品项目增多,企业竞争日益加剧,市场细分将有助于企业投资于能够带来经济效益的领域,从而避免盲目投资造成资源浪费,同时,细分市场将有助于企业通过产品的差异化建立起竞争优势。企业根据市场调查和市场细分将会发现尚未被满足的顾客群体,如果企业能够根据这一顾客群体设计出独具特色的服务和产品,肯定会获得巨大成功的。如金融服务市场上信用卡,信用卡提供给客户的是信誉、便利和声望。美国运通公司就瞄准了旅游和休闲市场方便性,向商业人士和较高社会地位的人提供价格高昂的运通卡。虽然它与其他卡没有什么区别,但是它更强调卡使用者的声望而倍具吸引力。

市场细分步骤如下。

一、划定细分范围

划定细分范围就是要对哪一种产品或服务的整体市场以及要在哪一区域内进行细分这两个前提加以界定。相关市场的界定就是确定企业推广其服务或产品所要寻找的顾客群体。如某企业准备投资于饮料行业,那么该企业所要细分的市场可能是矿泉水市场,可能是果蔬饮料市场,也可能是碳酸市场等,或是不加任何区分的所有软饮料市场,而它研究的市场可能是一个城市(上海或者北京),也可能是几个城市,甚至于全国或国外。如一家投资银行将资产超过100万元人士作为自己的客户,一家酒店则瞄准商务人员的市场。在确定目标市场顾客群时,企业必须明确自身的优势和劣势,审核自己的资源。成功的市场细分意味着企业要明确满足细分市场的顾客和潜在顾客的需求,这样就要求企业必须了解顾客态度、喜好和追求的利益。细分范围的多少,界定的主要因素是企业的人力、财力、企业的技术开发能力,企业的任务和目标状况。

二、细分市场的各个依据

细分市场就是要明确哪些是造成消费者对某一产品的需求出现差异的主要因素。例如地理环境、心理因素、人口因素等,很多情况下,为了精确显示一个整体市场差异,往往要考虑多种细分依据。比如对于化妆品厂商来说,就需要对人口统计因素和心理因素进行细致的了解,因为经验表明,性别、年龄、收入等人口统计特征及心理特征是影响消费者选购化妆品的主要因素。

(一) 按人口和社会经济因素细分

这里人口因素包括年龄、性别、家庭人数、生命周期等;而社会经济因素则指收入、教育、社会阶层和宗教种族等。如美国一些银行按顾客生命周期划分市场,把顾客划分为单身、年轻新婚、年轻有子(40岁以下)、中年有子(40岁以上)、老年有岗、老年退休等六个阶段,对这几种不同顾客需求有很大差异,银行可以按此为依据寻求不同的目标市场,以满足顾客的需要。

一家房地产开发商发现,影响居民家庭购买房子的变量是:家庭收入和家庭的生命周期。根据这两个变量组合,可以把整个居民家用市场细分为 20 个子市场。

(二) 按心理因素细分

影响消费者购买行为的心理因素,如生活态度、生活方式、个人习惯、个性等,尤其在运用人口和经济因素难以清楚地划分市场时,结合考虑顾客的心理因素如生活方式的特征时,将会变得有效。许多企业越来越倾向于心理因素划分市场。

如人们对服装的消费很大程度上受其生活格调的影响。而生活格调的形成,又与人们的个性、兴趣爱好、价值观念等心理素质密切相关。把具有共同个性、兴趣爱好、价值观念等的消费者集合成群,并联系他们的行为方式,就可以划分出具有不同生活格调的群体。如节俭型与奢侈型、质朴型与新潮型、严肃型与活泼型。

"芙蓉王"的细分市场。根据调查分析香烟市场,极品香烟有中华,每包为 30 元或 60 元,其次是红塔山、555 等,为 10—15 元一包,5—10 元的品牌集中在白沙、红河等。最后发现,20—30 元的市场是一个空挡,没有一个成功的品牌,在营销学上,这叫做空白市场,是产品进入市场的最佳机会点,"芙蓉王"的推出,可以说是顺应了潮流,在这个细分市场它占据了第一。

(三) 按地理因素划分

这是根据消费者的工作和居住的地理位置进行市场细分的方法。由于地理环境、自然气候、文化传统、风俗习惯和经济发展水平的影响,同一地区的消费者具有一定的相似性,而不同地区的人们又形成不同的消费习惯与偏好。因此,地理因素得以成为市场细分的依据。由于这种方法简单,为许多企业所偏爱。某企业根据地域特点划分为:上海人喜欢吃甜,四川和湖南人喜欢吃辣,山西人喜欢吃酸,东北人喜欢吃咸等。然后做出了适应当地人吃的食品。

如不同的气候条件下消费者对于电风扇、空调等产品会有不同的状态;不同的地形地貌则造成消费者对自行车等交通工具产生不同需求;而农村消费者与城市消费者对家电、食品、饮料、服装等许多产品方面都有表现差别。如南方一家藤编家具公司在南方热销,而在北方却打不开市场。后来根据调查发现,南方与北方干湿状况所致,北方气候干燥,藤具经不住干燥而裂,造成滞销。因此,公司决定不在北方花过多广告费了,因为滞销是客观原因造成的。

(四) 按顾客的利益细分

顾客之所以购买某项服务,是因为他们能够从中获得某种利益。因此可根据顾客在购买过程中对不同利益追寻进行市场细分。比如顾客希望从不同的银行里得到不同的利益,一部分希望能从信誉较好的银行获得全面的整体业务,还有的希望从银行获得低利息的贷款,还有人希望在私人银行进行高利率的储蓄。银行可以根据自己的资源选择一个或者两个进入,提供独具特色的服务。

(五) 按用途和功能的细分

如宝洁公司1994年根据人体洗浴把头发和洗澡明确地分开,开发出沐浴露,后来蓝月亮公司又进行细分,开发出洗手液,使洗浴更加专业化,其实洗手液和沐浴露里面的内容是一样的,只不过是根据消费者用途细分起个更专业的名字而已。

综上所述,市场细分主要有以下四个特点。

(1) 市场细分内在的依据是消费者的需求和行为等方面的差异性,而不是依据产品的分类进行的。

(2) 顾客的需求尽管千差万别,但却可以按照一定的标准,寻找和发现他们的相似之处,形成稳定的细分市场。如果老人和小孩没有差异就不能分开,属于一个市场,如果有差异才能分开;同样是老人,老人与老人如果有不同也可以细分。

(3) 你实力上跟别人有什么样的差异。

(4) 你在经营的特色、个性上跟竞争者有什么样的差异。只要抓住这四点找利基市场,就能定位。

在营销学中永远没有饱和的市场,只有饱和的产品,不是我们没有市场,而是我们缺乏定位的意识,我们找不到市场,因为不清楚市场不单单是细分的,而且是无限的细分,还可以裂变产生许多新的需求。

三、进行评估细分市场

进行评估细分市场就是根据所调查的信息,对各个子市场的价值进行评价分析,如市场规模、性质、竞争状况、变化趋势等因素,这时,可对细分市场有一个较清晰的轮廓,按一定的方式和标准来比较各个子市场对本企业价值和风险所在。企业选择细分市场不能照搬这些方法,必须有所创造,以建立起差异化竞争优势,建立起最佳细分依据。建立最佳依据第一步是先把各种潜在的有用的标准列出来。比如一家金融公司在选择客户时,可以从以下几个方面考虑:地理位置、客户大小、行业类型、购买能力、经济状况以及服务的需求等,然后对其一一评估,选择出那些被认为重要的标准,然后再对那些重要标准进一步细分。

从企业的角度来看,一个市场是否具有目标化的价值,主要取决于该市场的竞争状况和需求状况。若需求规模很大,而竞争非常激烈,或者竞争并不激烈规模却很小的市场都不具有很高的价值。一般情况下,比较理想的目标市场应该具备以下基本条件:

(1) 细分市场有相当的现实需求和有广阔的发展前景的需求潜力,使企业能够获得较为满意的期望利润。

(2) 细分市场中竞争对手还没有控制该市场,而且企业通过一系列营销活动可以进入该市场。

(3) 企业有足够满足细分市场的资源能力,并在该细分市场中营销符合企业的战略目标。

 学习重点和小结

清楚的定位主轴产品和利息市场

理解市场细分

练习与思考

一、名词解释
1. 定位
2. 利基市场
3. 产品定位
4. 广告定位
5. 市场定位
6. 比附定位
7. 市场细分

二、问答题
定位其实不改变产品属性，但却能改变人们对它的认识，为什么？请阐述理由。

三、分析题
现在服装市场上有众多品牌产品，有jojo、巴拉巴拉、安奈儿、小猪、班纳、美特斯邦威、森马、李宁、耐克、百事、阿迪达斯、爽美威、拜丽得、雅戈尔、金利来、庄吉、罗蒙、柒牌、海澜之家、娃哈哈、米奇、七匹狼、老爷车、夕阳红、曾丹、太子龙、美尔雅等。请你把这些品牌按下列表格细分：

	西 服	中山服	休闲服	运动服
小 孩				
青 年				
中 年				
老 年				

现在女装市场上比较有名的品牌有艾尔、歌莉娅、淑女屋、Elady、Momo、Westwood、McQueen、美族鱼、浪漫一身、哥弟等。请你再按下列表格细分：

	古典风格	流行风格	前卫风格
高 档			
中 档			
低 档			

从以上两个列表情况来看,请你分析一下目前的服装市场,如果你作为企业老板,你会从中发现什么?有没有市场空当和机会呢?

四、案例题

奇瑞现象探析

奇瑞是被誉为中国汽车行业的"黑马",有车坛"潜力股"之称。奇瑞汽车公司于1997年投资建成,2001年1月获得轿车生产许可证,当年实现销售近3万辆。2002年,奇瑞全年实现产量50 398辆,销量50 155辆,比2001年同比增长78.11%,市场占有率达4.7%,以单一车型跻身中国轿车行业前八强。作为一个后来者,奇瑞神奇的推进速度和巨大的成功被业内人士称为"奇瑞现象"。

那奇瑞公司是怎么做的呢?在车型比较少的时候,很多企业的产品定位通常不清晰,在宣传上强调产品既适合公务用车又适合私人用车,还适合出租。而奇瑞虽然只有一种车型,但定位非常明确:奇瑞车不是商务车,也不是给特别有钱的人用的车,而是最接近老百姓的车。

最接近老百姓的车,但并不是价格最便宜的车,奇瑞迎合了大多数购车者的消费心理:既要价格容易接受,又要车子像那么回事。在美国,5米的长度、3升的排量大致是一款标准轿车的概念。而在中国,奇瑞的出现使当前家用轿车的标准变得更加明确:4.3米的长度、1.6升的排量、8.8万—12.8万元的价格。

在2003年4月结束的上海国际汽车展上,《汽车杂志》主办的"2003年度车型评选活动"中,"奇瑞风云"轿车荣获"2003年最佳性价比轿车"的称号,这是奇瑞轿车第三次获得类似荣誉。

奇瑞车不同款式的市场售价在8万—10万元之间,为国内同档次产品售价12万—16万元的63%—67%。国外与奇瑞轿车同档次产品在其本国市场售价为1.6万—1.9万美元,剔除国外有关税费,其进口到岸价为1.1万—1.3万美元,按现行关税税率计算,在中国市场的销售价格为23.9万—28.4万元。即使关税降到25%,进口同档次产品的汽车并在国内销售,售价也在13.3万—15.8万元之间,因此,奇瑞车与国内外同档次产品相比,无论是现在还是将来与国际接轨在性价比上都具有竞争优势。

奇瑞走的是一条滚动式发展的道路,前期投资只有17.52亿元,与投资几百上千亿元的合资企业相比,奇瑞的财务成本无疑低了很多。

中国汽车业普遍采取集团内部采购的方式,使许多厂家的采购成本居高不下。而"轻装上阵"的奇瑞通过开拓独立采购渠道,实行招标采购,坚持"货比三家",既保证了配套产品的质量,又最大限度地降低了成本;此外,公司实施阳光工程,采购人员必须与客户签订"阳光协议",实行"廉洁采购",不得有任何损公肥私的行为,从而降低了采购成本。

奇瑞生产基地在安徽芜湖,劳动力成本也相对很低:与合资企业相比,奇瑞避免了支付高昂的外籍员工费用从而使得人力成本只占其总成本的1.5%,而在国外这个比例通常高达20%。

思考问题：

1. 奇瑞为什么能成功？其成功的因素有哪些？
2. 奇瑞的弱点是什么？以后应该注意哪些问题？
3. 针对老百姓，你觉得奇瑞产品定位策略应该是什么，如何更能打动消费者。为什么？

第四章 产品命名

 **学习目标**

学完本章,你应该能够:
1. 了解命名的一些原则;
2. 掌握命名的一些策略;
3. 熟悉命名的程序。

一听到"仟佰惠"这个名字的化妆品,你会有什么感觉? 你也许会说:"好像听说过,也好像在哪里见过,是日本的产品吧? 属于名牌吧?"这些话不仅仅是你说的,其实好多消费者也这么认为。看到这三个字,他们马上就接受了,就连经销商看到这个品牌,也马上同意代理和销售了。其实这个品牌的产品是中国厦门的一家民营企业生产的,根本不是什么日本的品牌,更不是日本的企业。只是根据消费者一看到这个名字,就联想到日本企业和日本的某一明星的心理,再加上包装上写了一些日语,后面打了个中日合资有限公司而已。

这种产品未上市以前好多消费者都说自己听说过,更有甚者说见过这种产品,说是名牌。其实这个化妆品根本没打过广告,更不是什么名牌,可消费者却这样认为。一个好的名称,不仅仅带来产品的销售,而且在传播上会带来事半功倍的效果。因此,产品的命名也就是决定你企业成败的第一步。

在令人眼花缭乱的商品大潮中,产品与产品之间需要名字来区别,它就像我们的身份证一样,如果没有这种类似身份证一样的识别,人们就不知道产品与产品之间的差异,也搞不清楚产品与产品之间的好坏,哪个公司产品更具有可靠性,哪些是劣质产品,等等。市场就混乱不堪,不能正常运转。因此,每个产品所独有的名称和标志等识别元素就是区别各产品之间的差异。产品一经诞生,产品的监护人便会给产品取一个好名字。只不过这个名字不像人名那样可以相同,并且这个名字还需要通过工商部门的核准,即产品名不能与产品所在地同一行业的其他产品名称相同或类似。因此,即使在一个地方,也会出现许多同名同姓的人,而产品名字不行。当然,我们这里说的公司名称,主要代指公司的字号,不是全名。因为国家工商管理总局规定,每个公司必须有自己的名字,公司的名称应该由四个部分组成: 行政区划+字号+行业+组织形式,缺一不可。比如武汉市开创管理咨询有限公司,武汉为行政区划,开创为字号,管理咨询为组织形式。其中主要起识别作用的是字号,即开创,其他的行政区划、行业、组织形式都是固定的,只能区分出地方和行业。对于同一地方和同一行业的公司区分不出来,只有靠字号来区别公司。我们通常说某某公司,主要就指字号。

好的名称是产品畅销的前提。

日本学者山上定曾经说过:"现在畅销商品的条件是什么呢?一是命名,二是宣传,三是经营,四是技术。"他把命名作为畅销商品的第一条件。可见,命名是何等重要!麦迪摩也认为:"给产品起一个好名称,犹如为它安装了腾飞的翅膀,是不可等闲视之的大事。"

在现代建立品牌的过程中,最重要的决定同样就是为产品或服务起一个好听的名称。一件好的商品、一家优良的公司、一间旺铺,一定有一个好的名称,这个好的名称能给人好感,并具有吸引人的条件。只有让消费者记得住、叫得响、传得快,又能适应消费者心理的名称,才能赢得顾客。

有一个好名字,就是企业的一笔宝贵财富。营销大师赖兹说:"品牌名称不对,一切行销都免谈!"品牌名称的好坏,对产品营销有着直接的影响。正如美国著名的广告专家艾尔-里斯所言:"名称是把品牌吊在潜在顾客心智中产品阶梯的挂钩。在定位时代中,你要做的最重要的行销决策,便是为产品起个好名字。"巴黎的诺曼公司也认为:"一个好命名也许不能为一件烂产品促销,但一个烂命名却肯定能使一件好产品滞销。"

第一节 命名原则

一、合法

合法是指能够在法律上得到保护,这是产品命名的首要前提,再好的名字,如果不能注册,得不到法律保护,就不是真正属于自己的产品。

在 2000 年的保暖内衣大战中,"南极人"产品就是由于缺乏保护,而被数十个厂家共用,一个厂家所投放的广告费成为大家的公共费用,非常可惜。大量厂家对同一个产品开始了掠夺性的开发使用,使得消费者不明就里、难分彼此,面对同一个产品,却是完全不同的价格、完全不同的品质,最后消费者把账都算到了"南极人"这个产品上,逐渐对其失去了信任。

修正药业公司,现在是有名的大公司,在前些年,修正药业公司不叫"修正",而叫康达药业公司。当时修正的"脑舒通"正卖得刚火时,市场上只要有"康达"二字的产品,经销商和消费者就接受,结果市场上出现了许多有"康达"二字的医药产品,市

场开始混乱。修正公司后来才意识到名称的重要性,去注册"康达"商标,最后发现有一家医药企业早已经注册了。修正药业想花 1 亿元的高价希望转让这个品牌名称,却遭到拒绝。修正药业公司后来不得不重新花大力气改名,更名为"修正",也就是今天的修正药业公司。

米勒公司(Miller)推出一种淡啤酒,取名为 Lite,即淡字的英文 light 的变异,生意兴旺,其他啤酒厂纷纷仿效,也推出以 Lite 命名的淡啤酒,由于 Lite 是直接描绘某类特定产品的普通词汇,法院判决不予保护,因此,米勒公司失去了对 Lite 的商标专用权。

由此可见,一个产品是否合法即能否受到法律保护是多么重要。

二、尊重文化与跨越地理限制

由于世界各国、各地区消费者,其历史文化、风俗习惯、价值观念等存在一定差异,使得他们对同一产品的看法也会有所不同。在这一个国家是非常美好的意思,可是到了另一个国家其含义可能会完全相反。比如蝙蝠在我国,因蝠与福同音,被认为有美好的联想,因此,在我国有"蝙蝠"牌电扇,而在西方国家中,蝙蝠却会引起"吸血鬼"等不好的联想。

我国的绝大多数产品,由于只以汉字命名,在走出国门时,便让当地人感到莫名其妙,有一些产品采用汉语拼音作为变通措施,被证明也是行不通的,因为外国人并不懂拼音所代表的含义。例如长虹,以其汉语拼音 CHANGHONG 作为附注商标,但 CHANGHONG 在外国人眼里却没有任何含义。而海信,则具备了全球战略眼光,注册了"Hi, Sense"的英文商标,它来自 high sense,是"高灵敏、高清晰"的意思,这非常符合其产品特性。同时,high sense 又可译为"高远的见识",体现了产品的远大理想。

可以说,产品名称已成为国内产品全球化的一道门槛,在中国产品的国际化命名中,由于对国外文化的不了解,使得一些产品出了洋相。"芳芳"牌化妆品在国外的商标被翻译为"FangFang",而 fang 在英文中是指"有毒的蛇牙",如此一来,还有谁敢把有毒的东西往身上抹,芳芳化妆品的受挫也就是情理之中的事情了。

当然,除了国内产品,国际产品在进入不同的国家和地区时,也有犯错的时候。whisky 是世界知名的酒类产品,进入香港和大陆,被译成"威士忌",被认为是"威严的绅士忌讳喝的",所以绅士们自然对它有所顾忌。而 Brandy 译成"白兰地",被认为是"洁白如雪的兰花盛开在大地上",意境优美之极,自然绅士们更愿意喝它。

三、简单易记忆

为产品取名,也要遵循简洁的原则。今天,我们耳熟能详的一些品牌,莫不如此,娃哈哈、青岛、999、顺爽、白沙、小天鹅、方太、圣象等等，都非常简单好记。营销专家史玉柱曾在《赢在中国》一书中对创业者说过这样的话："你在做品牌的时候，首先必须有一个非常简单的并且容易记住的名字，在向消费者宣传的时候，广告中的品牌名称必须让消费者听一下就记住，如果听 15 下记住，那么换句话说，你的广告要比别人多花 15 倍。

　　IBM 是全球十大企业之一，身为世界上最大的电脑制造商，它被誉为"蓝色巨人"。它的全称是"国际商用机器公司"（International Business Machines），这样的名称不但难记忆，而且不易读写，在传播上首先就自己给自己制造了障碍，于是，国际商用机器公司设计出了简单的 IBM 的字体造型，对外传播，终于造就了其高科技领域的领导者形象。

四、上口易传播

　　2002 年新年时，好多人收到了一条这样的新年祝福信息，"愿您新年新气象，百事可乐，万事七喜，心情雪碧，工作红牛，生活茹梦，爱情鲜橙多，天天娃哈哈，月月乐百事，年年高乐高，永远都醒目。"收到这条信息，我们一般只念几遍，就一字不差地记了下来，感觉朗朗上口，好认好记，甚至把记它当成了一种乐趣，好的产品名就是这样，不但不让你躲避，还让你自己去记。

　　梅赛得斯奔驰公司的产品"奔驰"这个名字容易上口，是人们比喻汽车快的一个动词，它在传播上给人简单易记，因此得到了很好的传播效果。

五、正面联想

　　公司名称不应该有消极影响。公司的命名应本着乐观向上、积极进取的原则。名称的立意和所借喻的事物更应如此，如"天马"、"前景"、"巨人"等等；而必须避免使用一些消极阴暗的字词和表征，尤其不要为了哗众取宠而把公司的名字与恐怖、绝望、悔恨、痛苦等情绪联系在一起。一个故作深沉的人在现实生活中是不会为众人所欢迎的。

　　傻子瓜子年广久发财以后，想仗义疏财换取社会对他的尊重。儿子在上中学的时候，经班主任介绍，想给学校捐一笔奖学金，当学校就此讨论的时候，许多老师提出了异议：给优秀的学生颁发"傻子"奖学金，这不是往学校脸上抹黑吗？

　　大家想想，假如您是优秀学生，给您颁一"傻子"奖学金，您怎么跟家人说，家人又怎么跟邻居炫耀呀？喔，难道这么说，我们家孩子成绩好，今得了一"傻子"奖学金了……

　　婴儿用品有一个品牌叫"好孩子"，这个名字不错，如果你起名叫"坏孩子"，肯定没人要你的产品，因为每个家长就过不了这个心里门槛。用"坏孩子"，潜移意默化就让邻居家认为自己孩子坏。

一听"澳优"奶粉,你会想到什么?好多人想到澳大利亚优质奶粉。澳大利亚被称为"羊背上的国家",再加上"优"当然让消费者认为是最好的奶粉。其实,澳优奶粉是湖南的一个公司生产的,是属于纯正的中国企业,根本不是洋奶粉,但消费者不那么认为,澳优的企业标志是袋鼠,加上中央电视台的澳优广告都用袋鼠做广告,这使消费者更认为它是洋奶粉。

在三鹿奶粉事件以后,中国的家长更不相信国产奶粉的时候,崇洋的这种心理使澳优奶粉受到了市场的欢迎。所有的这一切都源于"澳优"这个名字给人以美好的遐想。

中英人寿保险和中欧商学院也同出一辙,中英人寿保险强调的是英,给人感觉就是中国和英国合资的保险公司。中欧商学院强调的是欧,即欧洲、欧盟。这样的名字也使中欧商学院成为中国老板进修的首选。

六、暗示产品属性

有一些产品,人们可以从它的名字一眼就看出它是什么类型的产品,例如脑白金、五粮液、雪碧、高露洁、创可贴等。劲量用于电池,恰当地表达了产品持久强劲的特点;飘柔形象地表现了头发既飘逸,又柔和;背背佳准确地表现产品在人体作用的位置,体现了产品的功能。它们中的一些产品,甚至已经成为同类产品的代名词,让后来者难以下手。商务通的命名,使得它几乎成为掌上电脑的代名词,消费者去购买掌上电脑时,大多数人会直接指名购买商务通;甚至以为商务通即掌上电脑,掌上电脑即商务通。

恒基伟业把他们新开发的产品定位为"为广大工商界人士、企业管理人员、政府工作人员,需要大量信息、需要记录和查找的人士设计",并且看准"商务工具"这一特定市场的巨大潜力,于是把产品命名为"商务通"。

一般与产品属性联系比较紧密的这类产品名,大多实施专业化策略。如果一个产品需要实施多元化战略,则其产品名与产品属性联系越紧,则对其今后的发展越不利。

七、预埋发展管线

产品在命名时就要考虑到,即使产品发展到一定阶段时也要能够适应,对于一个多元化的产品,如果产品名称和某类产品联系太紧,就不利于产品今后扩展到其他产品类型。通常,一个无具体意义而又不带任何负面效应的产品名,比较适合于今后的产品延伸。

例如索尼(SONY),不论是中文名还是英文名,都没有具体的内涵,仅从名称上,不会联想到任何类型的产品,这样,产品可以扩展到任何产品领域而不致作茧自缚。这样的名字还有海尔(Haier)、通用(GE)等。

第二节 命名策略

哪种命名策略,不打广告,消费者照样感觉比较熟悉,可以节省许多广告费?

一、以产品带给消费者的不同利益层面来命名

(一) 功效性产品

这类产品以产品的某一功能效果作为产品命名的依据,如奔驰(汽车)、飘柔(洗发水)、波音(飞机)、佳能(相机)、美洲豹(汽车)、背背佳(矫姿器材)、美加净(香皂)、舒肤佳(香皂)、立白(洗衣粉)、护舒宝(卫生巾)、锐步(运动鞋)、快捷(相纸)、好吃点(饼干)、舒脑宁(药品)、康泰克(药品)等。一般医药产品多用此策略。

(二) 情感性产品

这类产品以产品带给消费者的精神感受作为产品命名的依据,如登喜路(服装)、金利来(服装)、贺喜(巧克力)、美的(家电)、百威(啤酒)、家乐氏(食品)、七喜(饮料)、富豪(汽车)、吉列(刀片)、好又多(超市)、美媛春(化妆品)、雅倩(化妆品)、美尔雅(西服)、宜家(家居)、百安居(家居)、香水之约(房地产)、北国春城(房地产)、福满楼(饭店)等。

(三) 中性产品

这类产品无具体意义,呈中性。如海尔(家电)、索尼(电器)、埃克森(石油)等。

(四) 以产品特征命名

这类产品的命名尽量靠近产品的性质特点,如和路雪(雪糕)、汇源(饮料)、力神(咖啡)、绿之源(饮料)、劲王(饮料)、醒目(饮料)、雪碧(饮料)、雪凝(酸奶)、新面孔(化妆品)、清凉屋(脆皮)、鲜橙多(饮料)、冰红茶(饮料)、冰茉莉(饮料)、碧绿液(法国矿泉水)、四个圈(伊利雪糕)、联通(电信)等。

二、以产品本身的来源渠道命名

(一) 以姓氏人名命名

以姓氏人名作为产品名的多为传统型商品,如汽车、服装、啤酒、食品、医药等。

广州陈李济药厂创建于明朝万历二十七年,即公元1599年,至今已有400年的历史,它是由广东南海县的陈体全、李昇佐二人联合创办的。名称取陈李两人姓氏,以示永久合作,同时含"同舟共济"之意。与陈李济同一时期创立的马应龙眼药,也是以其创始人马应龙的名字命名。

洗发水产品西安莹朴,也是以其创始人的名字命名的。还有郑明明化妆品企业、永林地板,设计性公司以及一些餐馆用得也比较多。

在国外,以姓氏人名作为产品名的做法也非常盛行。例如戴尔(DALL)、福特(Ford)、百威(Budweiser)、飞利浦(Philips)、爱立信(Ericsson)、凯迪拉克(Cadillac)等。

以姓氏人名做产品名,也可以虚拟的姓氏或人名,例如神话故事或文学作品中的人物,如孔乙己、太阳神、八戒、楚留香、阿净嫂、穆桂英、花木兰等。

以创始人的姓氏或人名命名的品牌,给人以历史悠久的感觉,但是,这类名称不具有显著的特征,且受到商标法的一定限制,因此,现在以姓氏人名来命名的品牌已经不多。

(二)以地名命名

以地名来命名也是过去盛行的做法,但一般来说,以地名来命名的产品受到地域的局限。在烟酒等产品中,这种以地名命名的现象非常普遍,如青岛、燕京、茅台等,在每个省及下属的各个地区,几乎都会拥有以自己地方命名的品牌,如哈尔滨啤酒、天津啤酒等。像这些地方的产品除本地外,其他地方很少会有人消费,因为它的名称首先就让其他地方的人在购买时产生心理障碍。

世界著名化妆品产品 LANCOM(兰蔻)之名源于法国中部卢瓦卡河畔的兰可思幕城堡(LANCOSME),为发音之便,用一个典型的法国式长音符号代替了城堡名中的"S"字母。

香格里拉原本只是美国作家詹姆斯·希尔顿创作的小说《失落的地平线》中一个虚构的地名,风景宜人,犹如世外桃源,后来被用作饭店名。香格里拉背后蕴藏的旅游价值被逐渐发现,云南和四川为了争夺香格里拉的地名展开了大规模的宣传战,最后以云南取胜。香格里拉·藏秘干酒则十分贴切地用了这一笔无法估价的资源,其发展前景十分看好。

各国目前对于以地名作为产品名的做法,都有不同程度的限制,根据我国《商标法》规定,县级以上行政区的地名或公众知晓的外国地名,不得作为商标,但是具有其他含义的除外。

(三)以动物或植物名命名

以物名命名主要指以动植物名称命名的方式,如海鸥、凤凰、熊猫、猎豹、骆驼、小天鹅、大红鹰、七匹狼、袋鼠、飞龙、红牛、芙蓉、荷花、苹果、菊花、雪莲等,以动植物命名可以将人们对动植物的喜好转嫁到产品身上,如熊猫的珍贵可爱对应极品香烟,猎豹的勇猛对应越野汽车,小天鹅的美丽纯洁对应洗衣机等。

(四)以人们的日常用语命名

以人们的日常用语命名的产品如好吃点(饼干)、随变(雪糕)、太太(药业)、小雨点

(灵芝饮料)、光明(牛奶)、露露(饮料)、牵手(饮料)、好劲道(方便面)、思念(食品)、好娃娃(儿童药品)、无所谓(啤酒)、酷儿(饮料)、的确凉(冷饮)、我能(饮料)等。

(五) 以吉祥语命名

用中国传统的吉祥词语来命名的产品如金六福(白酒)、福星(白酒)、贵府(白酒)、吉祥国际(房地产)、旭日升(饮料)、富康(汽车)、吉利(刀片)、福满多(方便面)、喜佳宾(香烟)等。

(六) 以文化名人命名

以文化名人命名的产品如阿净嫂(防霉剂)、祥林嫂(家政)、诗仙太白(酒)等。

(七) 以当前炒热的词语,媒体上经常出现的名词或者东西命名

奇瑞QQ汽车、万人迷(酷酷吧)、媚媚(靓眼贴)等是这种命名法的典型代表。

在2008年汶川大地震中有只猪,被埋废墟下36天,被救援战士刨出来时,还坚强地活着。这是一种奇迹,于是许多市民、网友呼吁,不要把这头猪变成人们餐桌上的美味,并为其取名"猪坚强",后来"猪坚强"这个名字迅速蹿红起来,"猪坚强"因此成名。9月22日,在成都交大路的"猪坚强"卤菜店开张,开张两天就吸引了众多市民前来看稀奇。借着此猪威名,不仅省去了广告费,而且还寓意着店铺像"猪坚强"一样不屈不挠,在竞争激烈的市场中存活下来。

(八) 借付谐音搭便车

用人们比较熟悉的一些名称的音调,运用不同的字来代替,但音调还是原来名称的调,这种是借付谐音搭便车。

如仟佰惠(化妆品)、卤半鲜(卤制品)、毕家锁(房地产)等。

茜茜贝儿的"美塑馆",利用了和"美术馆"的相似发音,从名字上就强化了是为女性塑造美丽、让每个女人都成为艺术品的地方,让爱美的女性从名字上就产生出强烈的归属感。

蒸功夫快餐连锁。蒸功夫原名"双种子",新命名天衣无缝地将李小龙的形象与"真功夫"结合在一起,既便于记忆,又含义深刻,所以被消费者广泛认同。

(九) 傍名牌

利用名牌傍名牌,加以模仿,从而实现了新品的销售。我们把这种做法叫傍名牌。如你有七匹狼,我有希比狼。富贵鸟出了名,于是富裕鸟、富贵人……就接踵而来。你有飘柔,我有飘影。美尔雅成为名牌,马上又出来美而雅。在2004年武汉万科一楼盘取名"香港路8号",2008年一楼盘取名"中南路88号"。其实这些楼盘并不在香港路和中南路上,取这样人们熟悉的名字,完全是为了傍名牌,为了传播上吸引人。香港路和中南路是武汉非常有名的路,都属于商业街。取这样名字,给人一种时尚感,并且与他们把楼盘定位于中青年群体的理念很相符,而且8也是中国人喜欢的吉利数字。这起到吸引眼球、宣传楼盘的作用。

家电行业本来已经竞争者林立,不管是彩电、冰箱,还是空调,都是挤满了大企业,什么海尔,什么美的,什么春兰,什么格力,还是长虹,每一个都是销售几百亿元的大象,就算小一点的科龙也应该有几十亿元的销售额。家电行业已经非常成熟,市场竞争达到白热化,价格战不断,没有实力的企业根本不敢进去,就算进去,也就像蚂蚁一样,被这几只大象踩死,有点自知之明的企业是根本不敢碰这个行业,毕竟这个行业已经被大品牌把持,基本上没有机会了。可是,有家小企业却进去了,而且现在活得还蛮好。这家企业叫奔腾电器。这家企业为什么能在竞争激烈的环境中生存下来呢?这家公司先做的是美的销售代理,学会销售的技巧;后来成了家电企业的供应商,给大品牌做配套,学会了做,并且完成了资本的积累,最后阶段做自己的品牌。这些是它成功的必要因素,但还不是它成功的关键因素,成功的关键因素就是"奔腾"这个名字。看到"奔腾"这两个字,你有什么感觉,大部分人会联想到 Intel 公司的 CPU,奔腾Ⅲ、奔腾Ⅳ,如果是"奔腾"家电呢?大部分人认为肯定与 Intel 公司有关,给人感觉科技、领先、快速、质量稳定……因为有这样的感觉,使奔腾电器很容易被消费者接受,并且在竞争激烈的家电行业中进入前三名。

(十) 自创命名

有些产品名是词典里没有的,它是经过创造后为产品量身定做的新词。这些新词一方面具备了独特性,使得产品容易识别,也比较容易注册;另一方面也具备了较强的转换性,可以包容更多的产品种类。自创命名体现了产品命名的发展方向,是今后最常用的产品命名方式。

在今天,这类产品最为常见。如全聚德,整个名字并无特别意义,但拆开看单个的字,都有很好的解释,周总理曾解释为"全而无缺、聚而不散、仁德至上"。

SONY 创业之初有一个不太吸引人的名称"东京通信工业",创办人盛田昭夫与井深有感于 RCA 与 AT&T 这样的名字简短有力,决定将公司名字改成四五个英文字母拼成的名字。经过长期的研究,盛田与井深觉得拉丁文 SOUNDS(表示声音之意)还不错,与公司产品性质相符合,于是将它英语化,受到盛田先生最喜欢的歌《阳光男孩》(Sunnyboy)影响,改成 Sonny,其中也有可爱之意。但是日文发音的 Sonny 意思是"赔钱",为了适合日本文化,索性把第二个"n"去掉,于是有了今天的 SONY。

三、以产品的文字类型命名

(一) 以汉字命名

以汉字命名的产品名即中文产品,这类产品不仅是国内企业最主要的命名方式,而且也是一些国际产品进入中国后实施本地化策略的命名方式。如惠而浦(Whirlpool)、黛安芬(Triumph)、桑塔纳(Santana)、劳斯莱斯(Rolls-Royce)、奥林巴斯(Olympus)、欧宝(Opel)、康柏(Compaq)等。

(二) 以拼音命名

以拼音为产品命名是国内企业的独特做法,如 CHANGHONG(长虹)、KEJIAN(科健)等,拼音产品一般与汉字产品组合使用。

(三) 以数字命名

因容易出现雷同,这类产品比较少,我们常见的有 999(药业)、555(香烟)等。

(四) 以外语命名

这是国外产品的常见命名方式,我们常见的大多是以英文命名的,如 Intel、Kodak、Dell、Dove 等,国内产品进入国际市场,通常也会选择一个外文名,如 Mexin(美心)、Youngol(雅戈尔)、KELON(科龙)、TCL 等。

(五) 以英译汉命名

波罗(POLO)、宝来(Bora)、沃尔玛(Walmart)、普尔斯马特(Pricesmart)等。

第三节 命名程序

为产品取名,需要一套行之有效的命名程序,以指导我们迅速、正确地获得客户以及我们想要的那个名字。

一、前期调查

在取名之前,应该先对目前的市场情况、未来国内市场及国际市场的发展趋势、企业的战略思路、产品的构成成分与功效以及人们使用后的感觉、竞争者的命名等情况进行摸底,并且以消费者的身份去使用这种产品,获得切身感受,这非常有助于灵感的降临。

二、选择合适的命名策略

前期调查工作结束后,便要针对产品的具体情况,选择适合自己的命名策略。一般情况下,功效性的命名适合于具体的产品名;情感性的命名适合于包括多个产品的产品名;无意义的命名适合产品众多的家族式企业名。人名适合于传统行业,有历史感;地名适合于以产地闻名的产品;动植物名给人以亲切感;新创名则适用于各类产品尤其是时尚、科技品牌……当然,在未正式定名之前,也可以各种策略进行尝试。

三、"头脑风暴"会议

在确定策略后,可以召开"头脑风暴"会议,火花碰撞。在"头脑风暴"会议上,任何怪异的名称都不应得到责难,而应该记下来,一次"头脑风暴"会议也许得不到一个满意的结果,但可以帮助我们寻找到一些关键的词根,这些词根则是命名的大致方向。

四、名称发散

由一个字联想到 100 个词语,由一个词语,发展出无数个新的词语,在这个阶段,是名称大爆发的阶段,发动公司所有的人,甚至向社会征集,名称越多越好。

五、法律审查

由法律顾问对所有名称从法律的角度进行审查,去掉不合法的名称,对无法确定而又非常好的名称,应先予保留。

六、语言审查

由文字高手对所有名称进行审核,去除有语言障碍的名称。

七、目标人群测试

将筛选出的名称,对目标人群进行测试,根据测试结果,选择并作出比较。

阿净嫂命名

1. 专例背景

深圳永鲜精细化工有限公司是深圳一家以生产家用化工产品为主的公司,公司的产品主要有冰箱杀菌除臭剂、衣服防霉剂、卫生间除臭剂等,以前公司产品品牌是"冰箱宝"、"衣饰宝"、"洁室宝"等。销路一般。

2. 企划调查

经过调查市场中同类产品的状况,策划组得出如下结论:(1)这类产品没有强势产品,销量都很低,效果差;(2)大部分人对此类产品不是很在意,品牌个性不明显;(3)同类产品很少作广告与促销,包装粗糙,漫不经心;(4)公司原产品名"冰箱宝"、"衣饰宝"、"洁室宝"太一般、没有新意;(5)消费者担心的是效果、安全性、方便性三点;(6)消费者对此类产品存在许多认识误区。

由此得出结论:此类产品不是走势不旺,也并非是产品不符合市场需求,更不是没有市场潜力,关键是商家应该引导人们去认识一种新的清洁革命,若能打响一个个性鲜明的品牌,一定可冲击人们传统的消费习惯与观念。

因此首先要塑造一个个性鲜明、具有亲和感和现代感的产品品牌形象,无论在标志、颜色、造型及包装设计上都要统一形象、统一风格,易于识别和记忆。

3. 重新命名

策划组认为该公司的产品命名没有个性,不能给人留下深刻的印象,必须重新命名。于是"头脑风暴法"会议开始,创意出200多个名字。第一轮选出6个,最后有两个名字受到了一致好评,一个是"爱家";一个是"阿净嫂"。客户决定将两个名字都去注册。经过反复比较,认为用"阿净嫂"比较好,一是"阿净嫂"出自著名京剧《沙家浜》中的阿庆嫂,27—40岁的家庭主妇,应该都熟悉她——聪明、利落、能干。二是阿净嫂个性鲜明、易记、易联想,符合产品的定位。三是阿净嫂作为家庭健康文化的代言人非常具有亲和力,也非常合适。

命名好了,又参考许多明星扮演的家庭主妇的形象,主要是为了增强熟悉感,既符合现代人的审美意识,又具有传统的"阿净嫂"形象——她发梢扎一块手绢,头上系一条蓝丝带,给人干练、利落的感觉。阿净嫂形象一出,大家一片叫好声。这一形象后来在包装上、宣传品上都进行了展示,配上一句广告语:"阿净嫂——家庭健康一把手。"确实非常醒目,给人以耳目一新的感觉。

 学习重点和小结

  命名原则
  命名策略
  命名程序

练习与思考

一、分析题

以前粮食局发粮票,后来国家改革,让粮食局下属的一些单位改成公司,结果北京东城区成立一个公司叫"粮食发";而北京西城区成立一个公司叫"好邻居"。同样是卖粮食的公司,(1)你觉得哪个名字更好听,为什么?(2)这两个名字属于哪种命名策略?

二、案例题

中国市场的成功品牌,如内衣品牌"曼妮芬"、"戴安娜",乍看这些名字,肯定会觉得是国外的品牌,但仔细看产地,都是广东某企业。就算国产品牌中最重量级的"雅戈尔",在起步时,消费者初识名字也会觉得洋味十足。"波司登"的名字怎么看也不像咱中国的本土产品:"杉杉"的名字算是最国产的,可它旗下的"意丹奴"、"法函诗"、"梵尚"等品牌名称无一不是洋味强劲。

这仅仅是名称,再来看看模特。中国服装业界是流行请洋模特来拍摄广告的,极力表现产品的欧化风格。随便拿几个企业的画册摆到一起,就能组成一支"八国联军"。

思考问题:

  1. 为什么要这样?
  2. 你觉得这些命名策略可取吗。
  3. 以上案例中的名字用了哪种命名策略?

第五章

寻找产品的卖点

 学习目标

学完本章,你应该能够:
1. 掌握产品卖点的每一种类,会运用每一种类;
2. 掌握 USP 独特的销售卖点概念和含义;
3. 理解核心卖点;
4. 了解概念的定义,熟悉设计概念的注意点;
5. 掌握围绕概念,广告诉求的五种手法;
6. 知道如何寻找卖点,从哪方面着手。

 基本概念

USP 独特的销售卖点　概念

面对琳琅满目的商品,消费者会无所适从,甚至迷失自己。但消费者的头脑还是清醒的,知道买东西要付钱。当消费者无法决定购买什么产品时,如果你的产品的利益点正好能满足他的需求,他就很可能买你的产品。因此,你要找个说服消费者的理由。我们看过很多企业写的可行性报告,说全国有两三亿青少年,每个孩子喝我一瓶,我一年就是两三个亿的销售额。这个跟没说一样,全是废话。为什么要喝呢?为什么是喝你的呢?你要找到理由。

因为人需要情感做决定,但需要理由合理化。因为人不希望显得他自己很冲动,因此需要理由合理化。她看到服装很漂亮,试穿也很漂亮,那只是一种情感,你要让她买,需要给她一个理由。今天的营销不仅仅是在推销商品,而是在向顾客陈述某种理由,当顾客接受了这种理由,头脑中形成了概念,同时与自己的某种需求联系起来时,购买动机就会产生。就好比痔疮药的广告:"快快给我们寄钱来吧,让我们马上治好您的痔疮;当然您也可以留守着您的宝贵的钱,同时永久地保留着您的痔疮。"这个理由就是我们所说的独特的卖点,也是产品独特的价值。

USP 指独特的销售主张,也称为卖点。就是每一则广告必须向消费者说一个主张,必须让消费者明白,购买广告中产品获得什么具体的利益;并且所强调的主张是竞争对手做不到或者无法提供的;必须说到独到之处,在品牌和说辞方面独一无二,所强调的主张必须强有力,必须集中在一个点上,集中打动、感动和吸引消费者来购买产品。说通俗一点就是你的产品有什么特点,或者用什么方法吸引消费者;换句话说别人是因为你产品的某个特点和功能来找你,并且你的产品吸引消费者的方法只有你有,其他产品没有,其他企业没办法模仿,你是唯一的,就算仿制也是后来者。

这一广告策略包含着三个相互之间存在有机联系的思想。

(1)每一个广告都一定要对消费者提供一个说辞。这个说辞不仅仅是语言表白,不仅仅是对产品的自我吹嘘,也不仅仅是虚张声势的巨幅招贴,而是要在每一则广告中向每一位读者说:"只要你购买本产品,你就将得到广告所许诺的利益。"

(2)这一说辞必须是你的竞争者未曾提出过的,或者即便想要提出也无法承诺和实现的。它一定要具有品牌上的独特性,或者广告主张上的独特性。

(3)这一说辞必须是强有力的。它既能有效地招徕千百万消费大众,又能使你的品牌吸引到无数新的消费者。

卖点是引发消费者购买欲望的一种手段或技巧,具体地说是为展示自己的特点和优点,而提炼的语言和演示。简单地说,卖点就是给消费者一个购买的理由,就是优于竞争品而满足了目标受众的需求点:一是引起消费者的注意点;二是对消费者进行说服。

这里面有两层含义:唯一性、独特性、差异性,就是你用的方法别人没有,并且不能仿制,只有你有;创先法则,你和别人方法一样,但是你先用的,你先提出的,这就是创先法则。

(1)唯一性、独特性、差异性。

> 如前面讲过三得利广告,刚开始广告是"采用天然矿泉水酿制",后来三得利又改成:"三得利用现代化酿酒工艺,采取全面质量管理体系(TQM)"。这两个是卖点,但不是独特卖点。因为没有差异和区隔,哪个卖啤酒的不是在诉求矿泉水酿制。都不是在说自己工艺和设备先进,运用TQM。
>
> 后来又改成"选用加拿大进口麦芽,德国原产啤酒花,日本空运的新鲜酵母"。谁有?中国有那么多啤酒厂,哪个是这样做的,哪个是加拿大进口麦芽,德国原产啤酒花,日本空运的新鲜酵母呢?这就是独特销售卖点。

当然现在各类产品同质化现象非常严重,产品的优点特点早已被广告人挖掘一空,怎么办?这里有一条暗藏机锋、铤而走险的路——找别人没有说过的点。广告界的"科学派"鼻祖霍普金斯为喜立滋啤酒提炼的广告语竟然是"喜立滋啤酒是经过蒸汽消毒的!"看过啤酒生产的人都知道,其实所有的啤酒品牌的啤酒瓶都是经过蒸汽消毒的。事实是次要的,重要的是别人从来没这样说过!现在喜立滋抢先说出来了,效果不同凡响。弦外之音是,其他厂家的啤酒瓶没有经过蒸汽消毒!为此,喜立滋啤酒由原来的酒类产品排行第五位跃升为第一品牌。

还有一个啤酒厂做广告说:我们的啤酒瓶回收以后要洗三次,第一次冲洗,第二次消毒,第三次加工处理。还把整个处理设备呈现在广告上,这么打出来后,在这个城市里它的啤酒销量很快就上去了。消费者认为:这个啤酒厂对我们多负责任!这个啤酒瓶回收以后要洗三次。别的啤酒厂都不知道洗没洗。它的这个举措让它的竞争对手很生气,因为啤酒瓶回收以后洗三次那是国家规定的,每个啤酒厂都要这么做,但是它首先把这"正常"的做法拿出来做广告,它第一个这样说,完成对消费者的心理暗示,于是这个效果就属于它的了。

(2) 创先法则。

1910年德国习性学家海因·罗特在实验中发现一个有趣的现象:刚刚破壳而出的小鹅,会本能地跟随在它第一眼看到的母鹅身后。同时,他又发现,倘若小鹅第一眼见到的不是自己的母亲,而是其他活体动物,它依然会跟随其后。尤为重要的是,一旦小鹅形成对某个物体的跟随反应,就不可再对其他物体产生类似的反应了,即只认第一、无视第二的不可逆转反应,此现象被另一位德国习性学家洛伦兹称为"印刻效应"。

印刻效应不但存在于低等动物中,在人类也普遍存在。比如,人类对"第一"的事物或人都具有天生的兴趣和印象,在市场上,第一品牌的市场占有率和利润率往往是第二的倍数。

第一个登上月球的人是阿姆斯特朗,那第二个呢? 不知道了吧;第一个飞上太空的是苏联人加加林,那第二个呢;第一个造汽车的是美国人福特,第二个呢;第一个把方便面引进中国大陆的是康师傅,那第二个呢。根据营销学的法则就是,消费者对第一记忆影响深刻,因此你要塑造第一观念。

美国营销协会曾经做过一个调研:在消费者心智中,消费者能够记住的品牌有7个,而且7个当中,最重要的是第一领导品牌,在这个行业第一品牌在消费者心智资源中占据了40%的空间;第二品牌呢? 消费者还会想起,在消费者心智占据20%空间;如果到了第三第四,那消费者就很难回忆起来了。消费者最关心的是谁是行业的第一,而且消费者绝对会给第一品牌机会,所以,一旦你在这个行业成为第一品牌,那你就获得很高的附加价值。

中国有那么多去屑洗发水,可是宝洁公司的"海飞丝",市场份额占到60%以上,其余那么多家分40%,为什么? 因为宝洁公司的"海飞丝"是第一个把"去屑"这个概念提出的,因此,消费者对它印象深刻。

一、产品卖点的几种类型

在生活中,大家看过很多广告,会发现不同的产品卖点不同,如我们看到更多药品卖的是功能,而宾馆更多的是说服务怎么好,而平常日化更多的是说促销价格,冰箱则是售后服务和保修等。同样,同类产品有时卖点也不相同,如汽车奔驰卖尊贵,夏利卖价格,宝来卖动力,卡迪拉克卖服务……

当然,同样一件产品,价格不一样,给人感觉也就不同,卖点也就不同。比如一张桌子,分别卖100元,1 000元,10 000元和100 000元,你怎么卖?

当你把桌子卖100元时,估计你需要这样卖:这个桌子原价200元,今天是节日搞促销打五折,卖100元,此时卖的就是价格。当你卖1 000元时,估计你需要这样卖:这张桌子采用芬兰原始森林的木料,经过30多次的层层打磨,然后聘请意大利家具设计大师丹尼尔设计,再经过长途跋涉来到我们中国,因此需要卖1 000元,此时卖的就是理由。

当你卖10 000元时,也许你需要这样卖:这张桌子是"爱情见证桌",桌子采用澳大利亚土著原始森林的一种被当地人称为"爱情之树"加工而成。据说这种树必须经过100年的生长,才能长到半米粗,这种树有个特点:也和动物一样分为公母,并且两棵树种植必须公母搭配,之间距离不能超过10米,超过10米,树的成活率就很低,并且当其中一棵死掉后,另一棵会流出乳白色液体,这种液体被当地人称为"情人眼泪",并且随后另一棵也会死掉,当地人为了纪念这种行为,因此称之为"爱情之树",用它做的当然叫"爱情见证桌",此时桌子已经超越了物质,更多的是一种精神,因此卖的是核心——爱情。可是,当你想卖100 000元时,估计你就需要加一些文化内涵在里面了。因此市场上,同类产品,卖点是各不相同的,现在根据多年的经验,总结如下。

1. 卖理由

消费者买东西,都是为了满足自己的某些需要,然后达到心理的满足,因此,必须有一个购买的理由,以达到他心理的满足。

喝了"娃哈哈"吃饭就是香,"鲜橙多"多喝多漂亮,"农夫山泉"有点甜,"乐百氏"27层净化水都是卖理由。当你不想吃饭,感觉到自己吃饭不香的时候,请喝娃哈哈;当你想多一点漂亮,请喝鲜橙多。这就是理由。

2. 卖核心(核心卖点)

卖核心也叫核心卖点,它是消费者最关心的利益点和价值的核心,是消费者真正愿意去购买的东西。广告宣传首先要以此为出发点。消费者买一个东西,嘴巴上叫出来的名词其实是产品的名称,心里真正想的却不是这样的,他买此产品更多的是满足心理的另一方面的需要。只要找到产品的核心利益,也就找到了核心卖点。

婷美内衣的"深度塑身",倾倒了众多追求完美的女性;大印象减肥茶的"保持更重要",使本来就苗条的女性,把它当作生活的必需品。减肥市场里,很多产品利益需求是把粗线条的、多余的脂肪减掉。而婷美和大印象减肥茶从消费者的核心利益来做卖点。因为他们发现减肥的最终目的就是为了美丽漂亮,而美丽漂亮不仅仅是身材苗条而已,身材苗条仅仅是其中一项,并且减肥这个提法,很明显目标消费群是肥胖者,这样把目标消费者定得很窄。再加上哪个女人喜欢听别人说自己胖呢?同时,女性身体美丽的核心条件是"身材苗条",这才是一个女人美丽的全部条件。因此,这两家企业把减肥从简单的减肥利益点提高到"苗条"这样的核心利益上来,使本来并不肥胖的女性也成为产品的目标消费群。

铁板牛排的核心价值,就是那个"吱吱吱吱"声。如果你去吃铁板牛排,看到端出来的牛排是用瓷盆、木盆、脸盆,连一点"吱吱"声都没有,安安静静摆上来的时候,你会不会大失所望呢?这就证明你没有买到它的核心产品。

3. 卖概念

市场经济越往深层次发展，人们购买的动机往往与产品相背离。这个时候，人们往往与某个概念相关联，此时，你更多的是买一种概念。比如说"金利来，男人的世界"这个卖的就是一个概念。市场上有种项链的项坠，要说是玛瑙宝石做的项链，估计女孩子没人要，因为很平常。最后起名为"情人的眼泪"。销路马上打开。为什么？因为年轻人失恋了，都想留个纪念。这个时候卖的也是一个概念。

我们骑自行车是为了上班。到了欧洲就不骑自行车了，家家都有小轿车。在公共汽车上，也没有站着的人，全是坐着的，很舒服。但最近几年在德国、瑞典、荷兰这些国家，自行车又开始供不应求。为什么？他们提出一个概念就是"生命在于运动，最好的运动就在于骑车"。有了新的理由、新的概念，当然就销售起来。

购买概念理由是在满足了温饱之后产生的，是一种非物质的满足。就好比有了可口可乐，又出来一个百事可乐。你说可口可乐好喝，别人就喝吗？你得说出一个非物质的理由来。于是百事就提出一个口号"如果你老了，请喝可口可乐，如果你年轻，就喝百事可乐。"每个人都喜欢年轻，于是百事给你一个概念"新一代的可乐，新一代的选择"。

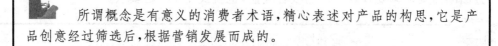

所谓概念是有意义的消费者术语，精心表述对产品的构思，它是产品创意经过筛选后，根据营销发展而成的。

脑白金的"脑白金学说"、排毒养颜胶囊的"排毒理论"、婷美的"美体修形—穿就变"、赛尼克减肥药的"阻油机理"都可以认为是成功的产品概念。成功的概念设计是支持产品营销的核心基础。

概念设计要注意以下两点。
（1）概念必须独特，具有差异化特点，是其他企业没用过的。
（2）概念设计要有实际的创新基础。

婷美减肥美容胶囊"阻糖减肥"概念，源于婷美集团、全国减肥医学专家和北大生命科学院三家单位共同研究出的减肥新模式，即采用先进的中药活性分子提取技术，抑制糖类物质在人体的吸收和转化，从而达到减肥的目的；中科精工纺保暖内衣的"暖卡"概念则来自中国科学院的重大科研成果；排毒养颜胶囊的"排毒"概念来源于中国传统的中医文化和一个中医博士的排毒养生理论。有了科技的创新为保障，概念才能支持产品成为营销的核心基础。

(3)概念必须用消费者易于理解的方式去概括表达,即概念具有传播性和沟通性。

　　脑白金就是一个易于联想和传播的好名字,"大脑的核心是脑白金体,其分泌的脑白金掌管人体衰老",诉求很容易让人明白。其实脑白金的主要成分是"松果体素",如果史玉柱按其原名叫"年轻态的松果体素",恐怕消费者都会糊涂。其实四川有个企业,曾先于史玉柱投巨资推出"××牌松果体素",而没有把深奥的技术术语进行提炼和转化,最后花大量巨资却没有成功。

围绕概念,广告诉求产生五种广告表现手法。
(1)唤醒。
消费者脑子里没有这个概念,我用一个广告概念唤醒它,让消费者重新认识,然后有消费需求。

　　深圳海王药业生产的金牡蛎。给你首先传递一种概念,一般人认为没有病,就等于健康。他认为人没病,但是你感到浑身疼痛,全身无力,心情非常沮丧,神智比较恍惚,那你属于第三状态;这种第三状态时间长了,病就来了,这时候你再吃药,就有点晚了。你应当在第三状态时候,就要积极加以治疗,治疗时,千万不要吃药,药对身体的某些方面有损坏作用,一定要吃金牡蛎。这样一个概念就推出来:"第三状态金牡蛎"。

　　海王为了卖牛初乳,推出一个概念叫"原生免疫力"。因为策划人员发现,小孩在3—6岁刚进幼儿园的时候,家长最怕孩子得病,可这个年龄段的人呢,抵抗病的能力差,而且自我保护意识差,小朋友之间接触频繁,就互相传染感冒等疾病,再加上孩子消化系统发育不完善,更容易导致疾病的传播。"原生免疫力"就是让家长知道,让孩子少得病,免除细菌的感染,最好的办法就是提高孩子自身免疫力。能够提高"原生免疫力"的天然产品就是两种:一种是人初乳;另一种是牛初乳。牛初乳就是母牛分娩后三天内的乳汁,极其珍贵,比普通的牛奶除了有更丰富的营养外,还有更重要的活性成分——免疫球蛋白,被医学界称为"天然免疫王"。

(2)提示。
这种概念一般不被重视,于是常常被厂家用来提醒消费者。

有这么一个广告,一个男人光着膀子正在擦车,记者看到以后问他:"你干什么呢?""多赚钱娶媳妇。"然后又切换成另外一个镜头,一个小伙子,戴着很大眼镜正在看书。这时候走过来一个人问:"干嘛呢?""好好念书,当博士。"又一个镜头,一个小姑娘正在那里发呆,问她干嘛,"我想上珠穆朗玛峰"。于是切换一个画面,提出一个概念:"有健康才有愿望。"告诉你有了很好的健康,才能去实现这些愿望,这就是"维加钙"的提示在广告中的应用。

(3) 比喻。

有些概念难以表达且很难一下子说得清楚,于是厂家会在广告中打个简单的比喻来告知消费者。

海王银杏叶片,主要功能是改善心脑血液循环。在其广告中 30 岁的人,60 岁的心脏,60 岁的人,30 岁的心脏,健康就在于选择。并且用没有气干瘪的篮球和气很足的篮球之间的弹性作比,暗示心脏的弹性和血液循环。这个比喻非常明确直观,一下子就让消费者明白。

中国现在是生产冰箱的王国,冰箱在中国市场上竞争非常激烈,但在这么激烈竞争下,国外一家冰箱企业却杀入进来,它进来的杀手锏是"静音冰箱"。当我们国内冰箱企业正围绕着"环保冰箱"这种概念争斗不休的时候,伊莱克斯却从冰箱启动时噪声很大出发,推出"静音冰箱"。并且用比喻手法诉求:为了体现噪声低,它用一张撕开纸的声音作比,让消费者一目了然。后来国产冰箱企业也开始打"静音"这张牌,竟然用 27 分贝来作比,27 分贝是什么概念,到底多高,不能使消费者一目了然。

飞利浦剃须刀电视广告中,将一个剥了皮的鸡蛋涂上剃须膏,剃刀刮过以后干干净净,鸡蛋分毫不损,它运用比喻的手法传达出竞争优势:飞利浦刀片锋利、舒适、安全,所有的戏剧化效果都集中在鸡蛋与刀片的关系上。某化妆品广告也同样使用剥了皮的鸡蛋比喻使用该化妆品后人的脸部就像鸡蛋一样光滑。

(4) 确定。

确定就是让事实说话,让你看得见,不是厂家卖瓜自卖自夸,让你眼见为实。

一天,人们从火车站出来以后,看到红色的地毯从火车的站台一直铺到出口的门外。旅客以为有什么贵宾过来了,于是大家都不敢走,竞相围过来看是什么贵宾,后来没什么反应,于是大家就陆续从地毯上走过。结果第二天,报纸上、电视、电台报道,沈阳平纹地毯厂昨天在火车站铺上红色的地毯,据统计,昨天一天有70 000人从地毯上踏过,但是这个时候,地毯上纹路还是非常清晰,绒毛没有倒下。以此事实来证明地毯的质量很好,消息传得很快,于是大家都来订货,产品一下子供不应求。

2005年5月某天,济南福瑞达玻璃安全科技公司在槐苑广场摆下擂台,声称哪位市民能够一锤砸穿贴有福瑞达安全车膜的普通玻璃,就可以获得5万元奖金。挑战告示贴出后,众多市民跃跃欲试,抢起大锤砸向贴有安全膜的车玻璃,但是遗憾的是直到最后,也没有人能够拿走这5万元奖金。

(5)创造。

创造表明当时还没有这个概念和产品,是你创新性地最先提出来某种概念,这就是创造。

星巴克创造出第三空间理论,并强调人有两个空间:第一个是办公室;第二个是家里。如果你厌倦了办公室,烦透了家,那么请到我们第三空间星巴克。如果一个人不在办公室,又不在家,那就去星巴克。当然星巴克不仅仅是这个卖点吸引人。还有很多其他方法,包括星巴克文化。它告诉你"星巴克在微笑"。如果你在星巴克,"我会为你亲自挑选咖啡豆,从那个最稀少的蓝山咖啡、喔卡咖啡、巴西咖啡、维也纳咖啡,我都在那里努力地为你挑选咖啡豆"。这就是星巴克文化。

4. 卖文化品位

我们这个时代是商业和文化交融的时代。作为一个文化工作者,不能太清高了,你要跟商业靠拢;作为一个商业工作者,你又要提高点文化味,这两个交融起来是最好的。当产品提高了文化品位,对消费者就有很大吸引力。现在的产品在原料、工艺、技术上的优势,对于一般行业相差不大,就算有,这种优势也会很快被对手赶上,只有形成自己的文化优势,才是最持久的竞争力。

怎样提高文化品位,主要有以下几点:

(1)赋予产品一个象征意义。当赋予一种象征意义后,就产生一种购买的动力,就是我们所说的动机。如我们花几百块钱买一个背心,因为背心后面有一个数字——23,背心又不值多少钱,值的是23号,为什么?因为23号象征乔丹。

（2）产品里有个故事。在商品的背后有一个故事,故事的价值就在于文化色彩。企业给人们留下了许多津津乐道的小故事,这些小故事使他们得以流传,也成为我们对这些产品的联想之一。很可能一想到这个故事时,你就会想起这个产品和企业。创造故事,是为产品和品牌建立联想的有效方式。故事,可以最大限度地传播产品和品牌的理念,让产品和品牌润物细无声般地走进消费者心中,使他们在不知不觉中接受这种产品和品牌。

"诗仙太白"是万州的一家白酒企业。相传唐代诗人李白流放夜郎,滞于万县西岩,把酒吟诗下棋,尤其钟情于万县塘坊酒店的大曲美酒,有"大醉西岩一局棋"的逸闻,据说李白当时和万县的一个高人下棋,大败几局,后来"咕咚咕咚"豪饮塘坊酒店的大曲美酒后大醉,棋兴大作,马上扭转败局。"诗仙太白"酒因此得名。

洛阳饭店有一道菜名为"洛阳水席",它是这个饭店的卖点。食客就是冲这道菜而来。正吃饭的时候,有个小姑娘讲了个故事:传说在唐朝武则天当皇帝的时候,特别重视农业,郊区有个农民,种出了一个特大号的萝卜,象征着丰收,就献给武则天。武则天一看这么大的萝卜,很高兴,就告诉厨子,把这个萝卜烧道菜。厨师想,皇帝每天吃山珍海味,萝卜怎么做呀?想了半天,想出来一个主意:就用刀把萝卜切成细丝,用开水浇上,再蘸上绿豆淀粉,然后这么一余,把汤汤水水搁到大瓷碗里,就献给武则天。武则天一尝,感觉味道挺好,大悦,就问厨子,这道菜叫什么名字。厨子说:"还没名字,还需要武皇起个名字。"武则天说:这个味道有点像燕窝,就叫"燕菜"吧! 因此最后有了"水席燕菜"的名称。

爱力昂矿泉水,在五星级宾馆,60块钱一瓶。为什么卖60块,它背面有这样一句话"3 500年前的雨水,落到地面上渗透了3 500年,又返回地面。"就是告诉你,你现在喝的是3 500年前的水。最后售货员又说:当年彼得大帝胃不好,就喝这个;伊丽莎白访问世界,就喝这个;还有里根身体不好,叶利钦身体不好,也都喝这个。歌德有一次出去,忘记了带这个矿泉水,感觉身体不舒服,就回家取这种矿泉水。不管这个故事是假的还是真的,最起码别人能说得出来,消费者喝了也不会后悔,还有一个自我安慰的理由:这是伊丽莎白喝过的水,我也和她一样喝过了。这就是非物质消费。

5. 卖服务

卖服务就是靠服务水平来吸引人,让服务达到客户满意,使客户变成忠诚客户。根据营销专家得出的结论,80％的利润来源于老客户,这就告诉我们一个道理,抓住老客户,让老客户变成忠诚客户是企业最重要的任务。而变成忠诚的客户最好的方法莫过于服务。

"你在夜间、周末及假日最需要就地服务。如果需要这种服务时,电话顾问会派一名凯迪拉克经销商技师,开着一部特别装备的车,车上载有特殊的工具和通用汽车 GM 原厂零件;如果需要额外服务的话,这名技师还可以提供交通工具,送你和你的乘客到家,或到饭店或其他地方。"这是凯迪拉克的服务广告。

有一对老夫妇焦急地冲到饭店,问服务员,还有没有房间。"先生,订过房间了吗?""太着急,没订啊。""今天是周末,情况不大好,不过我看看还有没有。"电脑一查。"哎呀!保留的房间都住满了,真遗憾。""先生太太,我们附近还有几家喜来登,很不错的饭店,跟我们档次一样,你要吗?我帮你试试看。"老先生说:"当然要了。"服务员拿了卡片,填了字,然后递给老先生和太太每人一杯咖啡,让他们坐在那边去喝他们给的免费咖啡。自己跑出去。过了一会,柜台职员过来说:"好消息,我们宾馆后边过两条街喜来登宾馆还有两个房间,跟我们一样档次的,还便宜 20 美元,要不要?"那老先生站起来说:"为什么不要呢?""你慢慢喝,我去叫他们过来。"说着又冲出去了。没过多久,柜台职员说:"他们来了。"老先生一听一下子就喝完咖啡,冲出去。希尔顿两个服务员把箱子送上车,老太太也送上车,老先生两只手把着车门,脚一迈,回头讲了一句话:"下次,我们再来还是住希尔顿。"希尔顿员工还在给老先生和老太太挥手再见……

做到这个样子,客户还会不来吗?所以卖服务也是一种非常有效果的策略。

6. 卖衍生

当你很便宜地买到家用打印机时,是否知道后续的各种打印材料费用更多更贵呢?企业用成本价或者低于成本价的价格推广这个产品时,目的就是为卖衍生性的产品,并且衍生的产品价格很高。当你买了打印机,你要使用它,就必须买企业的配套材料——墨盒和纸张等,如果不买这些产品,你的打印机就是个废品,没有价值。

美国芭比娃娃很早就开始这样操作了,并且用死物活卖的策略。如果你光买一个芭比娃娃,价格并不贵,但你一旦把这个娃娃买回家后,情况就不同了,因为芭比公司非常"负责任"地告诉你：你不是买了一个"死娃娃"，而是养了一个充满灵性的"活娃娃"。既然是活娃娃就要穿衣、换衣、要有玩具、要谈恋爱、要结婚、要生小孩……要面对所有这些"衍生性"的需求，作为这个娃娃的"养父母"，你只好乖乖地继续去芭比公司买这些产品，并且还是循环往复、乐此不疲的，直到有一天才会突然发现你后续消费支出早已超过了你最初的"领养"这个娃娃时的"本金"价钱。

7. 卖价格

快乐牌香水的广告语为"世界上最贵的香水"。高价战术是提高产品获得信任的方法。梅塞德斯奔驰汽车、阿布索鲁特伏特酒也是高价策略的运用者。

2004年，武汉"吉祥国际"楼盘，打出"花2万块钱就把房子买回家"，就是运用一般工薪阶层对价格敏感的这种心理，来使用价格当作卖点吸引人气，策略非常成功。

8. 卖专家

产品是由国内外某一行业有名的专家研制或者推荐的。通过"提出问题—分析问题—解决问题"三大步骤来让消费者信服。一般来讲"专家法"是这样的：首先会指出你面临的一个问题来吸引你的注意；接着，便有一个权威的专家来告诉你，有个解决的方案，那就是用××产品；最后，你听从专家的建议后，你的问题就得到了解决。其中，这个专家一般都是属于某个特定的、虽然不是政府部门但却拥有不容置疑的权威的专业组织。在中国，拿牙膏来说，最闻名的恐怕就是"全国牙防组"了，专家的白色医护服装、鲜红的红色公章，在电视画面上让人过目难忘。如新疆的颐养堂雪莲红花补酒是新疆著名的3位中医专家和知名酿酒专家研制的。"张大宁"补肾产品乃中医名家张大宁研制，因此产品也被称为补肾专家。

9. 卖快乐

有一些商品，是能给人带来快乐的，人们买这种产品的使用功能就是为了给自己带来快乐。如美国迪斯尼就是这一类。孩子在它里面看白雪公主、看小矮人，去鬼屋寻求刺激……台湾现在有一种商店叫"快乐派对商店"，它里面卖的就是快乐。他们接到客户订单，首先了解客户需求，然后每天开会到深夜为客户寻找一个好环境、好玩法。

麦当劳广告画面总是小孩子快乐吃麦当劳的情景。麦当劳总裁说："我们是快乐产业，不是食品产业。"从这句话就感觉出麦当劳确实卖的是快乐。不管从它的广告，还是店里面的儿童玩具以及一些吸引人的道具，都是以给人带来快乐为目的的。

二、寻找卖点——消费者最关心的利益点

寻找卖点,其实就是我们第二章里面讲到的,消费者的关心点和产品的利益点相吻合的那一点,也就是消费者最关心的利益点。因为对于消费者来说,产品有好多利益点,如乳酪有形式、形状、浓度、外观、成分、有效期等,口腔清洁剂有颜色、效果、杀菌能力、价格、味道和香味等,不可能产品的所有方面我们都进行诉求,那样的话,广告就不简洁,该诉求的就诉求,不该诉求的就不诉求,这样广告在消费者心中效果会大大增强。同样一个产品要提高,也不可能所有方面都提高,该提高的提高,不该提高的就不提高。同样是牛奶,卖给小孩子广告打的是"营养"这一点,对于爱美的女人估计就不能打这一点,因为她们更注重自己的身材,营养会使人胖;而对于老人,就要强调健康。

海尔"大地瓜"洗衣机的故事流传很广,至今仍有启发意义。四川农村用户用洗衣机洗地瓜,洗下的泥沙堵塞了洗衣机的下口,造成故障。海尔洗衣机的技术部门专门为他们设计了一款能洗地瓜的"洗衣机",海尔还为许多用户设计了削土豆的洗衣机,打酥油的洗衣机,宽电压洗衣机等,海尔这种"专为您设计"的个性化服务,就是从消费者的行为习惯来设计的,使海尔不仅赢得了用户的满意,而且在国内市场上,海尔的洗衣机产销量也居行业之首,产品已遍及全球100余个国家和地区。

山东有个农用汽车厂销售非常火暴。农民坐在厂门口排队提货,车刚出来就被提走,据说这种车还有一些缺点:那就是车开起来慢,并且还有噪声。可为什么还这么受欢迎呢?原来车虽然慢,但特别结实。在农村全是土路,路面不平、坑坑洼洼,再好的车也开不快,在农民心中,只要车结实,别被坑坑洼洼的路面震散了架就可以了;其次,这种车虽然噪声大,但载重量比较大,农民更在乎载重量,很少关注噪声。这个产品的缺点对于他来说是微不足道的。何况这些缺点克服了,成本也会大幅上升,那农民也就买不起了。

 学习重点和小结

产品卖点种类
USP 独特的销售卖点
概念的基本定义和含义
概念的五种表现手法
寻找卖点从什么地方开始

练习与思考

一、名词解释
1. USP 独特的销售卖点
2. 概念
3. 唤醒

二、分析题
海王金樽广告中诉求的是身体"第二天舒服一点",潘婷在广告中诉求头发"健康亮泽",海飞丝诉求"头屑去无踪"。
1. 请你分别说出它们的卖点类型。
2. 目标消费群是谁?目标消费群的关心点什么?
3. 产品的支持点是什么?

三、案例题
夏士莲洗发水有这样一则广告:女孩购物回家,室友告诉她男朋友突然来访,正在房间里的女孩想起自己的头发很油,来不及洗头了怎么办(发现问题)?急中生智将一杯水倒在头上然后进屋跟男友说外面在下雨,淋湿了头发。男友拨开百叶窗却发现外面阳光刺眼,于是一脸疑惑。此时夏士莲产品信息出现(出现救星),第二天女孩用过夏士莲绿茶洗发露,再不担心头发油腻的问题(解决问题),同男友约会回来后在家门口打了个喷嚏,男友调侃地问她:"昨天淋雨着凉了?"

从这则广告中,
1. 你认为夏士莲绿茶洗发水的卖点是什么?卖点的类型又是什么?
2. 目标消费群是谁?
3. 消费者关心的利益点是什么?

第六章

企业战略和广告战略

 学习目标

学完本章,你应该能够:
1. 了解战略和企业战略的基本概念,战略与战术的区别;
2. 掌握产品生命周期的营销战略和广告策略;
3. 了解广告战略概念;
4. 掌握不同的角度不同的广告战略的制定。

 基本概念

战略　企业战略　广告战略

"战略"(strategy)一词源于希腊语,意为"将军的艺术",原指军事管理方面事关全局的重大部署。现已广泛应用于社会、经济、政治、管理等各个领域。

> 从管理学的角度看,企业战略是指企业为了实现其预定目标所作的全盘考虑和统筹安排。战略需要大量的内部组织工作。

战略和战术的区别:战略是整体框架,是宏观的;战术是手段方法,是微观的、细节的。如乔布斯曾问摩托罗拉时任总裁:"如果只能随身带三件东西,你会带什么?"后者回答:"钥匙、钱包和手机,没有 iPod。"乔布斯自此发力,准备把苹果公司带入手机行业,并且承诺 2007 年推出智能手机,把智能手机锁定在世界第一,时间定在 2012 年,这是战略。

接下来如何做,需要什么样的技术,要请什么样的人,需要哪些材料,需要解决什么样的市场问题……这些全属于战术。

> 在世界化妆品行业里,美国的化妆品一直站在世界的前面,欧莱雅被定位在二流的产品。它们只能摆在大卖场、百货商场和超市里卖。欧莱雅请来一个英国人当总裁,他首先利用超市、便利店、大卖场增加销售渠道。接着,他并购其他国家的化

妆品,然后重新包装,组合加入欧莱雅集团,利用它们的市场优势,重新奠定它们的品牌地位,销售量很快达到了世界第一,最后就是提高自己的档次,这些是他大的战略。为了提高它的档次,欧莱雅买下法国的兰蔻。自从买下兰蔻后,欧莱雅的档次就提高了;但是世界上最大的化妆品市场不在法国,而是美国,于是欧莱雅又开始想,如何把市场做到美国去?欧莱雅要在美国立足,他首先就要进入美国的大商场,而且要使自己的产品"美国化",于是欧莱雅开始在美国"混血",这种策略用得非常成功。

　　十几年前还默默无闻的三星,这几年来突飞猛进,三星手机何以能在短短的十几年之内就能位居世界前三名呢?韩国三星能有今天这样一个规模和格局,基本上源于他们的战略。

　　三星最早是替别人打工,做些微波炉的加工,后来做电子产品,现在它们定位很清楚,必须在亚洲成为一颗新星,做一家创新型的企业,所以,韩国三星毅然决然地投向了高科技。

　　不过十几年前他们还不是这种情形,刚刚崭露头角时,它们就在韩国总部开了一个会,决定了公司的战略:① 三星数字世界,一切都是数字化;② 它把自己定位为高科技;③ 把这种高科技实用化、商业化在它的商品上。这是它的大战略框架,这个战略框架一经确定,整个三星就朝这条路上不断地向前飞速发展。三星最近的口号就是既然把自己叫做数字化,就把数字化当做一个重要的战略来指导它的电子发展,它在电子科技方面投入了很多的人力、物力和财力,尤其是不断地创新,终于把三星手机做出来了,在电子业里一直站在前列。

第一节　营销战略和广告策略

　　如果企业想进入某个行业生产某类产品,从这类产品的生命周期来看,选择在哪个周期进入最好呢?为什么?

　　在新产品推出之后,企业总是希望该产品的生命越长越好,永远畅销,但是,这种想法是不切实际的,因为产品的生命是有限的。产品的销售经过不同的阶段,在不同生命周期的阶段,产品的利润有高有低,所以,每一阶段都对销售者提出了不同的挑战,需要不同的营销、财务、制造、购买和人事战略。产品生命周期一般包括四个阶段,即导入期、成长期、成熟期、衰退期,产品所处生命周期的阶段不同,企业的营销战略目标也随之发生变化。下面我们将分别讨论在这四个不同的阶段上我们应该采取什么样的有针对性的营销战略。

一、导入期的营销战略

新产品研制出来以后就要把它推向市场,这就开始了产品的导入阶段。产品处于导入阶段时知名度很低,消费者对这种产品完全不了解或了解得很少,因此,市场占有率非常低。生产企业的技术还没有达到完全熟练,生产的规模比较小,成本很高,市场增长率非常缓慢。在这一阶段,由于销售量少和分销、促销费用高,公司要亏本或利润很低。企业要支付巨额的广告和促销费用,用来告诉潜在的消费者新的或他们所不知道的产品。引导他们试用该产品,使产品通过零售点获得分销。

新产品进入市场导入期,以提高产品占有率为目标。主要是要介绍新产品的质量、功能、用途和利益点。

(一)确立产品概念

创造新的产品概念,迎合消费者潜在的需求或引导消费者新的需求,让这种需求合理化,变成一种习惯性的基本需求。

CBD 是 Central Business District 的缩写,肯定是一个标准的舶来品,最早见诸北京媒体的 CBD 可以考证到《北京房地产》杂志 1994 年第 5 期,一篇名为《王府井地区宜发展世界级的中央商务区》的文章明确提出了 CBD 的概念,文中提到:若纽约没有曼哈顿,伦敦没有道克兰,这两个城市将会什么样?然后点出王府井地区恰恰拥有了 CBD 所有的特征。这是一篇极为隐含的软文章,作者阳雪实为某公司策划部经理杨磊,其考查过诸多专著后提出北京的 CBD 区应该在其正在推广的项目所在地王府井地区,并证明说:传统商务区的价值很高,二战后如伦敦等许多城市因为拆迁传统商业区代价高,就实施所谓"大伦敦规划",但最后的结果依然是失败,不得不重新回头来规划老商业区。

此文当时影响还比较大,所以,后来有很多区域都将自己说成是 CBD,但最后还是被建国门外地区抓到了先机。1998 年,在媒体一通乱炒 CBD 后,我们终于等来了首规委关于 CBD 的定义,以国贸为中心方圆 2 平方千米的土地,然后又变成 4 平方千米的土地。

1999 年,CBD 正式成为许多项目的宣传卖点。2000 年,随着朝阳区政府对 CBD 的炒作,CBD 的知名度越来越高,最后终于成了家喻户晓的大概念。其炒作之火导致了地价上扬,房价上涨,以至于各个城市许多商业地产都冠以 CBD。

(二)确立目标市场

根据产品定位细分消费市场,找到接受该产品概念的消费群体。说白了就是信息准备传播给哪些人,让哪些人看,哪些人是消费群。

广州新境界广告公司因为太阳神的 CI 设计而一举成名。慕名来找它做广告和

CI设计的客户剧增,新境界广告公司根本就忙不过来,于是它把自己的客户定位于高端客户,广告费在100万元以下的客户不接。这样一来,大部分客户都因价格门槛太高而不得不遗憾地离开。但是很快,在新境界广告公司的旁边就出现了几家小广告公司,专门接广告费在100万元以下的客户,并且其业务也做得非常好。因为它很明白,它的客户就是新境界广告公司不接的客户。

瑞尔齿科这家牙科医院刚开始没搞好定位,后来他们发现它不可能拔全部人的牙,于是把自己定位为专门针对高端的金领,只拔高端金领的牙。它的客户年收入定位在人民币20万以上,20万以下收入者不是其客户,请去其他牙科诊所。因此,它主要接这些微软、戴尔、惠普等世界500强高管的单。

(三)确立广告主题

企业预测未来的目标消费者可能会从什么产品中得到满足,就必须启动一个先期运行的交流过程,使其潜在意识变成明确的需求愿望。面对广告信息,消费者并不是来者不拒,而只是对其中一部分有兴趣,其余的信息大多是随风而去。所以,要结合消费者的消费心态和产品的概念定位来确立广告主题,确立广告所要传达的主题内容。这一主题必须以产品概念为原点,使广告信息能获得目标消费群体的青睐。

比如王老吉,明确了在"饮料"中的定位——"预防上火的饮料"后,接下来的重要工作,就是要推广品牌,让它真正地深入人心,从而持久、有力地影响消费者的购买决策。接着王老吉制定了推广广告主题是"怕上火,喝王老吉",在传播上尽量凸显王老吉作为饮料的性质。

为了让伊利在北京奥运会促进伊利品牌的不断提升,伊利在2007年11月,推出了奥运2.0战略,在这一战略中,伊利推出了潘刚和刘翔"联合出镜"的奥运广告,主题是"有我中国强,国强同乐康"。并且在全国开展了"有我中国强,寻找我的奥运坐标"的主题活动等。

(四)确立广告诉求

广告诉求就是针对目标消费群体,以怎样的广告语言来表达所要传递的广告信息。因此,设计一种最能将产品概念表现得淋漓尽致,而且最容易被目标消费群体接受与认同的说法是非常关键的。在产品的导入期,广告诉求应偏重理性,强调新的产品概念给消费者功效需求上的满足。

香雪抗病毒口服液的功效主要为清热、解毒,对感冒初期的上火、喉咙疼等症状疗效显著……策划人员将香雪从以前建立的降火功能利益点,提升到预防上火及治疗上火两个层次,也意味着香雪就是帮助人体降火的首选的中成药。

体内降火,如何表现出最关键的核心——"体内"和"降火"?降火后应该有什么反应和效果呢?冰凉的、舒适的、美妙的、自然的、清真的……

怎样才能把这些核心字眼表现出来又不落俗套呢?设计人员巧妙地把人体和自然结合起来,而且大胆地选用了"裸体"这个敏感的元素,通过特殊处理成X光效果,透视到人体的内部,男女体内各自看到一片充满生机的瀑布和丛林,青葱中带着清凉,和谐中体现自然……既与香雪抗病毒的中成药品牌特性相符,又能直观地表现出"体内降火"的概念,更重要的是在OTC广告市场里,这些元素是创新的、大胆的,而且具有强烈的差异性。

二、成长阶段的营销战略

在成长阶段产品的销量迅速扩大,市场占有率和市场增长率都在大大地提高。企业生产规模扩大,成本降低,利润迅速增长。企业和产品的知名度都迅速提高。由于有大规模的生产和利润的机会的吸引,新的竞争者进入市场。他们引入新的产品,因而进一步扩大了市场。竞争者日益增加,导致分销网点增加。在需求迅速增长的同时,产品价格不变或略有下降。广告和促销费用对销售额的比率不断下降。

鉴于产品在成长阶段的这些特点,公司为了尽可能长地维持市场成长而采取下列战略:公司改进产品质量和增加新产品的特色和式样;公司进入新的细分市场;公司进入新的分销渠道;公司广告在目标上从产品知名度的建立转移到消费者接受和购买产品上;公司在适当的时候降低价格,以吸引要求低价供应的另一层次对价格敏感的购买者。

(一)确立产品概念

这一阶段,经过导入期告知过程,消费者对产品已具有一定的了解和认识。由于营销战略从切入市场转入拓展市场阶段,产品概念的定位必须从最初的创造性和功能性定位转为品牌塑造阶段,也就是进入深化阶段,强化产品市场定位与确立产品品牌的个性以及在目标消费者心目中的心理定位成为产品概念的核心。

(二)确立目标市场

此时应该将广告重点逐渐转移到品牌创建轨道上来,广告诉求必须具有说服力,突出本产品同其他同类品牌产品的差异性和优越性,巩固企业和产品的声誉,加深消费者对企业和产品的印象——广告对象这次则成为广大消费者。

(三)确立广告主题

在继续深化培育市场的同时,开始品牌形象的创建,将产品广告与品牌广告相结合。以产品功能诉求为基础,以品牌概念为导向,巩固深化产品概念,强调品牌潜在价值。如福建柒牌男装的广告主题是"关键时刻,我要穿中华立领"。

以"驾驶极品车"这个广告主题及定位于宝马车,取得了巨大成功,因为它与其他强调"坐车享受"的豪华轿车完全区分开来,突出了宝马汽车的差异和优势。强调了宝马汽车独一无二的卖点,即一辆真正的豪华轿车必须具备优异的驾驶性能。

(四) 确立广告诉求

　　这一阶段,由于广告的任务主要是建立品牌概念,因此,诉求核心转向有关品牌价值的内容,同时诉求融入感性成分,以获得消费者的广泛认同。

　　创办于1993年的《精品购物指南》是一份信息服务类报纸,它依照"分层理论"将读者定位于"现代意识强,有高等教育背景,收入较丰厚的城市中青年群体",并且在信息选择、版面设计甚至广告对象的选择上都注意切合这一群体的需求。同时,在自己的广告宣传上也以这一群体为诉求重点,树立该报在这一群体中的品牌形象。因此,尽管不是大众化报纸,其广告收入却十分可观。《南方周末》曾如此描述其读者群:1/3的读者学历在大学本科以上,90%的读者认为"我们每个人都有责任让社会变得更美好",价值观上突出表现为有社会责任感、对社会问题关注度高的群体。而该报在定位消费群体价值的同时,也将宣传的重点放在关注社会大众、对社会有高度责任心上。通过消费者的定位,确定了产品和品牌的价值定位。

三、成熟期的营销战略

　　一个产品的销售成长率在到达某一点后将放慢步伐,并进入相对的成熟阶段。这个阶段的持续期一般长于前两个阶段。产品在成熟阶段销售量达到最大,市场占有率也达到最大,市场增长率非常小。产品的知名度处于最大化。由于利润的驱使,很多竞争者进入市场使得竞争非常激烈。这一阶段在众多竞争者之间往往会发生广告战和价格战。

　　成熟阶段仍可分为三个期间:

　　第一期间是成长中的成熟。此时由于分销饱和而造成销售成长率开始下降。虽然一些落后的企业还会进入市场,但是已经没有新的分销渠道可以开辟了。

　　第二期间是稳定中的成熟。由于市场已经饱和,销售量增长与人口增长呈同一水平。大多数潜在的消费者都已试用过该产品。而未来的销售正受人口增长和重置需求的抑制。

　　第三期间是衰退中的成熟。此时销售的绝对水平开始下降,顾客也开始向其他产品和替代品转移。

　　对于处于成熟期的产品有这样几个营销战略。

(一) 市场改进战略

　　其计算公式可以表示为

销售量＝品牌使用人数量×每个使用人的使用次数

公司应该从组成销售量的两个因素来考虑,并从这两方面来为它的品牌扩大市场寻找机会。

一个公司可以通过以下几种具体方法来努力扩大产品使用人的数量。

(1) 寻找新的消费群

公司通过努力把不使用产品的人转变为该类产品的使用人。如飞机货运服务成长的关键是不断寻找新用户,说服它们相信空运比陆地运输有更多的好处。

(2) 进入新的细分市场

如"强生"产品公司曾经把它的婴儿洗发剂成功地推销给成年人使用。

(3) 争取竞争对手的顾客

公司可以通过努力,吸引竞争对手的顾客试用或采用它的产品。例如,百事可乐曾经说服可口可乐的饮用人改喝百事可乐。

能够让使用者提高使用率的策略有以下几种。

(1) 增加使用次数。公司可以努力使顾客频繁使用该产品。如"高乐高"的广告努力劝说除了在早餐时间饮用外,还可在一般场合饮用。"统一鲜橙多"广告十分明确地告诉消费者,多喝多漂亮。

(2) 增加每个场合的使用量。公司可以努力使用户在每次使用时增加该产品的使用量。如牙膏制造商可以把牙膏的开口设计得大点,这样,每次挤出来的量就多。

(3) 新的和更多种类的用途。公司应努力发现该产品的新的用途,并且使人们相信还有更多种类的用途。如酱油生产商告知消费者,该产品有多种用途。不仅可以炒菜时用,还可以在凉拌菜里用,在各种菜肴里都可以用。

(4) 使淡季不淡。公司在淡季的时候想办法改进使用方法,增加淡季的使用量。如承德"露露"杏仁饮料,在冬天广告诉求为"冬天喝热露露"宣传口号,改变了饮料的喝法,使淡季不淡。非常可乐在北方的冬天,营销人员告诉消费者把生姜放在可乐里加热喝,具有预防感冒的功能。"统一好劲道"告诉人们方便面不但可以煮着吃,还可以随时随地打开包装干吃,一下子增加了销量。

(二) 产品改进战略

企业还可以通过努力改进产品的特性,来吸引新用户和增加现行用户的使用量,保持产品旺盛的生命力。产品改进战略有以下几种具体的形式。

(1) 质量改进战略。质量改进战略的目的是注重于增加功能特性——它的耐用性、可靠性、速度、口味等等。每一代新产品都有它独到功能的特点,不断吸引消费者。如"碧浪"第二代洗衣粉,强调它比第一代洗衣粉洗得更干净。这种战略有效的范围是:质量确能改进,买方相信质量改进的说法和要求较高质量的用户有一个足够的数量。

(2) 特点改进战略。其目的是注重于增加产品的新特点(如尺寸、重量、材料、添加物、附件等),扩大产品的多功能性、安全性和便利性。例如海尔滚筒洗衣机推出超薄设计,体积更小质量更高,"超薄一小步,科技一大步"。这就是吸引消费者的新特点。但是,这种战略有一个缺点就是很容易被模仿。

(3) 式样改进战略。其目的在于增加对产品的美学诉求。定期引进新的汽车模型是式样竞争,而并非是质量或特点竞争。在包装食品和家庭用品上,一些公司注重颜色和结构的变化,以及对包装式样不断更新,把包装作为该产品质量的一个延伸。式样策略的优点是每个厂商可以获得一个独特的市场个性,以召集忠诚的追随者。

(4) 品牌调整战略。该策略就是在市场竞争非常激烈,原有产品已经被打压得没有利润和生存空间时,强调品牌名称和质量改进战略,广告告诉消费者后面推出的新产品比前面的好。

用过"丽花丝宝"和"舒蕾"这两个产品的人,都会感觉这两个产品差距不大,这个事件在企划行业里,是个著名的案例。1996年,宝洁和联合利华公司在中国打价格战,丽花丝宝一看,受不了,不能跟着它们打价格战了,怎么办?丽花丝宝老总叫梁胜亮,回去一琢磨,把丽花丝宝一改,收回"丽花丝宝",推出新产品,叫"舒蕾",也是丽花丝宝公司荣誉出品。广告传递的信息是"舒蕾"比"丽花丝宝"好。按照常人来想,"丽花丝宝"品牌号召力没有"飘柔"强,所以"舒蕾"价格应该比"飘柔"便宜。但是"舒蕾"不比"飘柔"便宜,甚至比"飘柔"还贵,结果发生奇迹,"舒蕾"价格比"飘柔"贵,但是"舒蕾"在2001年、2002年卖得却比"飘柔"还好,尤其是地级市。

成熟期对企业的产品定位来说就是要向消费者提供产品的新价值。对进入成熟期的产品通过各种广告手段,为品牌扩大市场寻找机会。可以通过努力将产品推向未使用者,可以进入新的细分市场,可以争取竞争对手的顾客;对于已经使用本产品的消费者,可以促使其增加使用次数,增加每个场合的使用量,也可以将产品延伸到更多的使用途径。广告用语上采用"更大"、"更加"或"更好"等来进行宣传。当然,这种战略应确实是建立在质量改进的基础上,不然可能事与愿违。

在稳定原有消费群体基础上,通过广告引导其增加消费量,同时寻找新的消费群体,劝说其消费本企业产品,延长产品的生命周期。如宝洁公司准备进入一个竞争对手非常强大的固有市场时,并不是供应一种细分市场产品,而是针对不同的市场连续引进一些产品,并进行大量的广告宣传,每次进入都产生忠诚的消费群,并且从竞争者的手中争得了市场。所以,产品的成熟期与企业的营销战略目标是密切相关的。

在宣传产品已有价值的同时,突出产品的新价值。既要配合企业促销的目的,更要重视企业品牌的长远性。广告的重点还是通过对已有产品价值的再延伸来扩大消费层次和市场份额,尽量通过广告劝说消费者维持对本品牌的忠诚度。如劝说未使用过本产品的消费者尝试本产品,推出新的包装并进行广告宣传,在新的市场区域中进行新的产品推广和广告宣传,提高既有消费者的使用频率等。总之,广告主题仍然以维持原有产品的生命线为基准。

确立广告诉求。首先,这一阶段广告的任务是延伸原有产品的价值,维持消费者的忠诚度,所以诉求以提醒式为主,主要是加深消费者的印象,促进消费者的重复购买和使用。如可口可乐打出的"真正的可乐"旗号,就是对竞争者进行堵截,以保持市场地位。

其次，通过电视等媒体广告，利用竞争性广告内容劝说竞争者的顾客使用自己的品牌，增加品牌价值，向新的细分市场发动新一轮广告攻势。并且这一阶段，广告以保牌为目标，巩固已有的市场和挖掘市场潜力，展开竞争性广告宣传引导消费者认牌购买。如雀巢咖啡在许多妇女杂志上刊登全页彩色广告，画面以棕色的咖啡作背景，主题则是一杯冒着热气的咖啡，广告词所强调的是"百分之百纯咖啡豆精炼而成，带给你无上的满足"。

四、衰退期营销广告战略

大多数的产品形式和品牌销售最终会衰退。这种衰退也许是缓慢的，也许是迅速的，销量可能下降到零，或者僵持在一个低水平上很多年。

处于衰退阶段的产品，市场占有率急剧缩小，越来越多的消费者退出该市场转移到其他的产品市场上，只有很少的消费者仍然保持着品牌忠实。企业的利润在这一阶段随着销售额的下降而大幅度下降，许多竞争者见无利可图纷纷退出市场。销售衰退的原因很多，包括技术进步、消费者口味的改变、国内外竞争的加剧等。如20世纪90年代的传呼机，现在已不见踪迹了，因为更好的产品手机的出现。

广告诉求表现策略。其主要做法是运用广告提醒消费者，如长期、间隔、定时发布广告的方法，及时唤起注意，巩固习惯性购买。诉求重点应突出产品的销前和售后服务，保持企业荣誉，稳定产品的晚期使用者及保守者。如果企业正致力于推出新一代产品，应当利用它与老产品进行关联；如果新产品与老产品的功用毫无关系，或企业希望塑造全新的品牌个性，则应彻底放弃老产品的风格，以免顾客存有不利于新产品的偏见。

第二节 广 告 战 略

> 你的企业是个小企业，如果现在做广告战略，做什么样的广告战略比较现实、可行呢？

> 广告战略是指企业为了实现一定的经营目标，通过企业内部条件与外部条件的调查分析，在把握广告活动规律的基础上，制定出对广告活动具有全局性较长时期指导意义的决策。

广告战略以企业长远利益和目标为出发点，是在一定时期内指导广告活动的具有全局性、长远性、抗衡性和指导性宏观谋略，而不是眼前局部的、单项的广告活动，短期的广告行为或眼前利益所做的具体安排。其核心内容是广告策略。

一、从地理范围的角度来制定广告战略

地理范围广告战略主要是从地理细分的角度来针对不同的地方、不同人群进行广告

设计。由于处在不同地理位置的消费者对企业的产品各有不同的偏好和需求,对企业所采取的营销战略、产品价格、分销渠道、广告宣传等措施反映不一,因此,广告战略也就相应地发生变化。

(一) 特定区域广告战略

特定区域广告战略是根据某一地区或区域所设计的广告战略。特定区域广告战略主要是针对该区域内的目标消费群体的消费偏好来设计广告战略。当企业决定进入某一区域市场时,广告战略在设计和制定时必须考虑当地消费者的消费水平、消费文化、消费观念、消费行为等因素,设计符合本地区消费者口味的广告。如电视机广告,在经济发达地区,可宣传其功能齐全、款式新颖等信息;而在经济不发达地区,则应当突出价廉物美、经久耐用等信息。

(二) 全国广告战略

全国广告战略是从全国范围来考虑广告战略设计的一种方法。企业的目标是针对全国市场进行全方位的广告宣传和引导。在面对全国市场时,广告战略设计必须依据企业的资源状况,对全国市场进行仔细筛选,选择能覆盖全国的强势媒体进行产品宣传,建立品牌知名度和美誉度,为产品进入区域市场打下基础。针对各区域市场,制定相应的区域市场广告战略,直接针对目标消费者进行集中宣传。如脑白金在产品上市时主打中央电视台的黄金广告时间,进行强力品牌塑造,在各区域市场则对目标消费者进行软硬广告配合的广告战略,取得良好的广告效果。

(三) 全球广告战略

全球广告是指以国际市场作为目标市场的广告。全球广告战略是以世界市场为目标,对广告活动所作的世界范围内的广告。这种战略要考虑广告战略在全球的适用性。在衡量企业资源的基础上,既要考虑广告战略的全面性,注重广告风格、广告口号、广告表现手法的一致性,在全球范围内,树立企业统一的形象,如美国的麦当劳、柯达、可口可乐和日本的丰田等,都在世界范围内以同样的形象广告塑造企业统一的品牌形象;也要注重产品进入不同国家后,在市场推广时采用与进入国文化习俗、消费习惯、消费行为等相符合的产品广告战略。如美国百事可乐公司生产的"百事可乐",统一配方、统一口味、统一规格瓶装。在广告宣传上,强调"新一代的选择",以统一的主题在世界各地与可口可乐相抗衡。同时,在广告宣传中还统一标识、统一色调、统一门号,形成了一个统一的品牌形象,表现出广告战略的宏观性和深远性。

二、根据时间制定广告战略

根据广告时间的长短,可选择长期广告战略、中期广告战略和短期广告战略。

(一) 长期广告战略

长期广告战略是指对广告内容所作的 2 年以上的广告宣传战略。采用长期广告战略,着眼点不是眼前,而是未来。比如伊利在 2005 年开始就给北京奥运会赞助,对推销"伊利"产品不会产生近期效果,但从长远看来,对提高"伊利"的知名度、树立企业和产品形象具有长远的意义,有利于企业的生存和发展。这就是立足于未来的长期广告战略。一般说来,长期广告战略不但着眼于开拓市场,打开产品销路,而且还着眼于提高产品的知名度,树立企业的良好形象。因而,长期广告战略要注重全局性、系统性和深远性,强调广告目标的长期性和连贯性。

(二) 中期广告战略

中期广告,也称年度广告,是指为期1年的时间所实施的广告。中期广告战略是指对广告内容作为期1年的广告宣传的广告战略。采用这种广告战略,要在规定时间之内反复对目标市场传递广告信息,持续地加深消费者对商品或企业的印象,保持消费者头脑中的记忆度,努力发掘潜在市场,提高商品知名度,促使消费者重复购买,一般说来,中期广告战略通常作用于时间性、季节性不强的产品。采用中期广告战略,要注意产品的实际销售效果,同时也应兼及品牌的知名度,还要考虑到1年时间内广告频度的安排,力求适当有变化,疏密有致。

(三) 短期广告战略

短期广告是1年以内的广告战略,是可根据季度、月份所实施的广告。短期广告战略是指在有限的市场上,较短的时间内推销某产品的广告战略。一般短期广告战略适用于新产品或时令性较强的产品。新产品刚投入市场时,要对准目标市场进行短期突击性的广告宣传。它有利于集中优势抢占上风,在短期内迅速造成浩大声势,扩大广告影响,收到迅速提高商品销售额的效果。一些季节性、节假日性强的商品也适合采用短期广告战略。如季节性较强的电风扇、羽绒服、取暖器等商品就要根据商品随季节变化的规律,适时开展短期广告宣传活动。过早会造成广告费用浪费,过迟会延误时机而直接影响商品的销售。最好在销售旺季来临之前就逐步推出广告,为旺季销售作好信息准备和心理准备。一旦销售旺季到来,广告宣传就迅速推向高潮。旺季一过,广告活动就可以结束。

三、根据消费者心理制定广告战略

根据消费心理学原理,消费者对事物从接触到采取行动往往要经过注意、兴趣、记忆、行动等心理反应过程。所以,广告战略设计首先要从消费者的知觉、兴趣、记忆、欲求方面来考虑,在广告的大小、形状、色彩等方面设计能打动人心的广告吸引消费者;其次,要从媒体的特性上考虑消费者的视听觉因素,设计合理的广播和电视广告。

从心理角度设计广告战略,就是要以符合消费者心理特点的广告诉求来引起消费者的注意,使其对自己的广告感兴趣,并有深刻的记忆,刺激其购买欲望,产生购买行为。根据以上心理需求,可以选择以下三种战略。

(一) 广告诱导心理战略

广告诱导心理战略,是抓住消费者潜在的心理需求,通过某种承诺,使消费者肯接受广告宣传的观念,自然地诱发出一种强烈购买欲望的广告战略。以舒肤佳香皂为例,孩子在外面接触东西,容易被细菌感染,于是广告直接就将杀灭细菌和母亲的爱联系起来。电视上用一个穿白大褂的专家告诉你"舒肤佳"可以祛除细菌感染。妈妈给孩子用了"舒肤佳"后免除了细菌感染,并一语双关称"舒肤佳"为爱心妈妈。广告从侧面告诉你:"如果不能让孩子避免细菌的侵害,你就不算是非常好的母亲。"广告每天给妈妈们洗脑,使中国的妈妈都认为舒肤佳香皂是细菌天敌、孩子的保护神,不买舒肤佳香皂就等于自己不是爱心妈妈。

(二) 广告迎合心理战略

广告迎合心理战略,是根据消费者不同性别、年龄、文化程度、收入水平、工作性质,在广告中迎合不同消费者需求的广告战略。如果消费者关心产品质量,那么就可以突出宣传产品的质量可靠;如果消费者关心产品的售后服务,那么就应该突出宣传企业配套的服务设施。例如,服装销售广告,在经济发达地区,消费者比较注重服装的质地、款式、个性。广告宣传就要迎合消费者的这种需求心理。在经济发展落后地区,消费者比较注重服装的价格低廉、保暖或凉爽、结实耐穿。广告宣传就要从便宜、保暖等做文章。说白了,就是消费者关心什么,我们就从他关心的方面着手,喜欢吃鱼,我们就给他做鱼。消费者最关心的是产品的哪方面的内容,广告就突出宣传产品在这方面的特点和相关的信息。

(三) 广告猎奇心理战略

广告猎奇心理战略,是在广告中采用新奇的媒体,新颖的形式,独具特点的内容等特殊的手法,使消费者产生强烈的好奇心,从而引起购买欲望的广告心理战略。有一只公交车广告:公交车的排气管正好和一个男人头像衔接,把人嘴巴当作排气管,排气管排出的污染,让此男子表情很难受,这种荒诞而幽默的场景,看了让人捧腹大笑,同时也发人深思。

还有一家新开张的理发店门口放着这样的一个广告牌,上面写道:"先生们,我要你们的脑袋!"香港有家化妆品公司的广告是:"趁早下'斑',请勿'痘'留。"这些都是利用猎奇心理战略。

 学习重点和小结

战略和企业战略基本概念
战略与战术区别
产品的生命周期的战略和策略
广告战略

练习与思考

一、名词解释
1. 战略
2. 企业战略

二、分析题
分析以下产品的生命周期,并阐述理由。
1. 手机
2. 方便面
3. 洗衣机

三、案例题

格兰仕是怎样把"鸡蛋"放在微波炉里

在1991年以前格兰仕是做鸡毛掸子和羽绒服的企业,在当时产值最高峰时达到1.8个亿。但到了20世纪90年代初国内国际羽绒服市场饱和,企业发展速度明显放缓。于是格兰仕看中微波炉行业发展,想进入微波炉行业,这在当时是具有战略目光的:

(1) 20世纪60年代微波炉行业在美国等发达国家兴起,20世纪90年代进入普及期(1990年世界微波炉产量为2 254万台),产品生产技术成熟。

(2) 微波炉在中国却是曙光初现的行业,随着大家电的普及和市民生活水平的提高及对便利生活的追求,微波炉市场将是一个基数小、增长速度快、潜力巨大的市场。

(3) 1990年全国微波炉产量为100万台,进口量为几万台,虽有竞争,但并不激烈。

尽管宏观情况有利,格兰仕决定进入与原服装行业毫无关联的微波炉行业还是大胆和有魄力的。与多元化经营有很大不同,格兰仕走的是一条战略转移之路:1991—1993年,格兰仕一方面逐步关闭收入可观的羽绒服生产线,从服装行业撤出;另一方面从日本、美国、意大利引进全套具有20世纪90年代先进水平的微波炉生产设备和技术,进入微波炉行业,1993年,格兰仕将生产的1万台微波炉正式投放市场,当时国内最大的微波炉生产企业是蚬华,进口产品最大的是日本松下。格兰仕奉行专业化战略,没有采取"两面作战"的多元化方针,而是集中全部资源,朝认定的方向以规模化为重点发展单一的微波炉行业。对此,格兰仕副总经理俞尧昌先生说:"就格兰仕的实力而言,什么都干,就什么都完了,所以我们集中优势兵力于一点。"

1994年格兰仕微波炉产量为10万台,1995年达到20万台,市场占有率为25.1%;1996年产量上升到65万台,市场占有率达到34.85%;1997年产量接近200万台,市场占有率为47.6%,高居全国国内外品牌榜首。

1997年10月18日,格兰仕宣布其13个产品品种全面降价,降价幅度在29%—40%之间。其结果是格兰仕市场占有率已接近了50%,占有国内市场的半壁江山,而外国品牌的市场占有率已下降到40%左右,国内其他品牌则不到10%,行业元老上海的"飞跃"、"亚美"已跌至1%以下。

在市场占有率超过国际通用的垄断点41%的基础上,格兰仕并没有满足,而是继续扩大规模,1998年设计生产能力为450万台。该目标实现后,格兰仕将跃居全世界最大规模的微波炉生产企业。

思考问题:

1. 格兰仕进行战略转移的依据是什么?
2. 格兰仕是怎样成为微波炉大王的?
3. 格兰仕进入微波炉行业,在当时,微波炉处于什么样的生命周期?现在微波炉又是什么样的周期?如果你是格兰仕领导,你会采取什么样的营销战略和广告策略?

第七章

渠道诊断与定位

 学习目标

学完本章,你应该能够:
1. 了解营销渠道的概念和渠道的作用;
2. 了解渠道的类型;
3. 掌握渠道的模式;
4. 掌握渠道的定位。

 基本概念

营销渠道　直销　特许经营

在现代经济体系中,大部分生产者不直接向最终消费者出售产品,而是通过一定的营销渠道,将产品送至最终消费者手中。渠道已成为生产者实现产品或劳务销售的关键。因此,对于企业来讲,合理选择、设计、利用销售渠道,是营销策划的重要内容,同时,也关系到项目操作的成败,营销和广告该怎么做和传播,与渠道也有直接的关系。

渠道在整个市场营销策略中占有极为重要的地位,它犹如市场的血液循环系统。若渠道不通畅或阻塞,企业的再生产过程也就不能流畅地进行。现在国际上流行的"先建营销渠道,再建生产企业"的逆向经营做法就深刻地表明了渠道的重要地位。

成功的企业无不拥有长期稳定的销售渠道,他们将渠道视为企业的无形资产。著名的国内企业——无锡小天鹅股份有限公司与德国西门子谈判合资生产滚筒洗衣机时,提出渠道也应作为资本入股。当时小天鹅公司与全国 58 家大商场建立了牢固的业务关系,另一方面积极开发二三级市场,使销售网点扩展到 917 个。从而在全国形成了一个以大型卖场为龙头的"小天鹅"销售渠道。这样使全自动洗衣机的市场占有率连续 10 年保持在 40% 以上。为建立营销渠道,公司付出了巨大的人力、财力和物力。按合资总额 8 亿多元人民币计算,"小天鹅"的销售渠道被折股 20%,即折抵 1.6 亿元人民币。

现在的企业都十分注重企业销售渠道的建立,加拿大籍华人丁堡、丁谓兄弟的善美集团现已成为一个国际性商业集团,在全球 130 多个国家设立了自己的生产或销售企业,年销售额达 50 多亿美元。他们的成功来源于一个很特别的经营观念:先建立销售渠道,再建生产企业。20 世纪 80 年代,丁家兄弟俩自己设计并销售手提式电脑,尽管生意做得不错,但销售渠道还存在问题。"我们能不能先建立起销售渠道,再根据市场需要生产产品呢"。丁家兄弟俩琢磨开了:创立一个名牌产品需要几十年,甚至几代人的努力,而购买已在国际市场有了名气,但出了问题的企业要简单而且便宜得多。于是他们决定用2.5亿美元买下濒临倒闭的老牌跨国公司——胜家集团及其所属的3.7万家销售点。遍布全球的销售渠道,对于一个企业的发展壮大是何等重要。难怪海尔总裁张瑞敏说:"一只手抓住用户需求,另一只手抓住可以满足用户需求的全球供应链。"这里的供应链就是指渠道和物流。

21世纪是物流的时代,谁掌握通路,谁就享有市场,世界上已经发生了变化,消费者买东西以后只会去两个地方:24小时都会用的东西,就会去便利店;家里用的东西就会去家乐福、沃尔玛这样的大卖场。和人血管一样,你的血再多,如果没有血管,你往哪里流啊!我控制血管,你的血统统要借助于我的血管送你的产品到周围客户手中。

营销渠道又叫营销网络,营销渠道是指产品从生产者到达最终用户所经历的各个环节和途径。

说得简单一点就是这种产品一般在哪里卖。企业的营销渠道所要解决的问题,是如何将企业产品在适当的时间,以适当的方式转移到适当的地点,从而便于顾客的购买,扩大企业产品的销售。它就如同灌溉时用的水道。

这一定义包括下列三个要点:
(1)营销渠道的企业和个人是由生产者、批发商、零售商等不同类型的企业和个人组成。他们被称为"渠道"成员。
(2)营销渠道是指一种产品的流通过程,起点是该产品的生产者,终点是该产品的消费者和用户。
(3)渠道成员相互联系、相互制约,各自承担着营销职能,起着便利交换、提高营销效率的重要作用。

第一节 渠道的类型

刚上市的新产品,选择长渠道好,还是短渠道好?为什么?

按流通环节的多少,可以将营销渠道划分为直接渠道和间接渠道、短渠道和长渠道;按流通环节中间商数目的多少,将营销渠道又可划分为宽渠道和窄渠道两大类型。

一、直接渠道和间接渠道

(一)直接渠道

直接渠道又称零价渠道,意指没有中间商参与,产品由制造商直接售给消费者的渠道类型。直接渠道是工业品渠道的主要类型。大型设备、专用工具以及技术复杂要提供专门服务的产品,几乎都采用直接渠道分销。在消费品市场,直接渠道也有扩大趋势。鲜活商品,一般也采用直接渠道。随着电子技术的不断发展,直接营销方式也在消费者生活中的范围内的使用日渐拓宽。

直接渠道的主要方式有登门推销、邮售、电话、电视、计算机联网销售,以及生产者设店销售。现在世界上直销最成功的当属美国戴尔电脑。

(二) 间接渠道

间接渠道指有一级或多级中间商参与,产品经由一个或多个商业环节销售给消费者的营销渠道。这主要通过经销商分销能获得更多利益,借助于经销商的渠道、资金和其他资源,达到快速销售。间接渠道,能够发挥经销商的销售渠道、业务经验、专业化和规模经济优势,通常会使生产者获得高于自营销售所能取得的利润。此外,利用中间商能减少交易次数,达到节约成本,提高效益的目的。间接渠道是快速消费品分销的主要类型,许多工业品也采用间接渠道分销。现在的联想电脑、娃哈哈饮料、宝洁公司的日化产品都采用独家代理制,属于间接渠道。

二、长渠道与短渠道

营销渠道的长短通常按经过的流通环节或层次的多少划分。显然,其长短只是相对而言。因此,为更准确地描述此划分方式,"长度不同的渠道"。将消费品营销渠道划分如下。

(1) 零阶渠道:制造商—消费者。
(2) 一阶渠道:制造商—零售商—消费者。
(3) 二阶渠道:制造商—代理商或批发商—零售商—消费者。
(4) 三阶渠道:制造商—代理商—批发商—零售商—消费者。

> 所谓批发阶次就是经销商把货拿到手里,经过一级批发,卖给二级批发,最后卖给零售店,这就批发阶次。

经销商把货拿到手里,直接卖给零售店,这种批发阶次短,是短渠道;如果经销商还要卖给一批二批,最后才到零售店,这样的批发阶次长,叫长渠道。其中零阶段最短,三阶渠道最长。

长渠道和短渠道都有各自的优点:

长渠道能够把做起来的老产品起销量(就是卖的多),但是它推不了新产品。为什么?因为它不能直接掌握到终端,它只是在批发商里搬库存,他把货搬到批发商的库房,批发商能否搬到零售店,那就很难说了。因此长渠道用于起量,短渠道用于做市场,直接面对零售终端,推新产品。所以,要求批发阶次长还是短,要看你做的区域多大。假如你让一个经销商代理一个省,就希望他用长渠道,你希望他在各个地市、县市找到下线客户,把货物迅速分销出去。如果你让他代理一个县,这个县只有200个店,你就希望他用短网络,就不用经过二批了,直接把产品卖给零售店,把终端做起来。

三、宽渠道与窄渠道

(一)宽渠道

这是指生产者在同一流通环节较多利用中间商的数目,形成的渠道宽度大,因此被称为宽渠道。一般来说,消费品中的日用品和工业品中的标准化产品适合于宽渠道营销。

(二)窄渠道

这是指生产者在同一流通环节上只利用一家中间商从事产品的专门销售,通常也被称为独家销售。

营销渠道的宽度同制造商的分销战略是相关联的。制造商的分销战略通常有下列三种。

1. 密集式渠道

密集式渠道是尽可能通过许多批发商、零售商销售其产品。这一策略的重心是扩大市场覆盖或快速进入一个新市场,使众多消费者和用户随时随地买到这些产品。消费品中的便利品和工业生产用品中的物料,通常采用密集式分销。通常快速消费品采用这种模式。

2. 选择式渠道

选择式渠道是在同一目标市场选择一个以上的中间商销售产品,而不是所有愿意经销本企业产品的中间商都可为之。这一策略的重心是维护本企业产品的良好信誉,建立稳固的市场竞争地位。相对而言,消费品中的选购品和特殊品,工业品中的零配件,更适宜采用选择性分销策略。

3. 独家式渠道

独家式渠道是制造商在某一地区仅选择一家批发商或零售商经销其产品。通常要由双方协商签订独家经销合同,规定在该地区市场内经销商不得经营竞争者的产品,制造商则只对选定的经销商供货。这一策略的重心是控制市场,彼此希望得到对方更积极的营销努力和配合。独家分销在许多情况下是由于产品和市场的特异性而采用的,通常可以强化产品形象并获得较高毛利。一般家电采用这种模式。

了解营销渠道的类型与特点,在实际策划中应多角度考虑,根据产品与企业特点选择最佳的渠道。

在北京纯净水行业中有一个被称为"顺水建网,借网生财"的公司。在纯净水概念被炒得火热的时候,水商们面对的难题是如何在很短的时间内,将水送到客户手中。在激烈的竞争中谁解决了这个难题,谁就能抓住市场的主动权,立于不败之地。

在众多水商中,大方基业科贸集团下属的"大方水业"的直销方法格外引人注目。他们建立了一个由1个导购中心和12个中转站供水服务组组成的大方供水渠道。大方的用户资料实行会员制管理,用户事先登记,按一机一户办理供水证。导购中心安装 32 通录音电话,十几台电脑终端用于咨询和调度。用户只需拨打订水电话,报出供水证号或用户名,说清楚订什么水,订几桶和送达时间等项内容即可,无须每次报上地址、电话、行车路线、联系人等内容,供水站在接到总部的调度后即送水上门。交换也非常方便,一张水票一只空桶换一桶水。正是靠着这张十分科学的营销渠道网,大方水业在众多同行中迅速崛起。在这个对成本控制斤斤计较的时代,连锁经营也好,设立分支机构也罢,都要建立渠道化的模式,否则成本会居高不下。

第二节　渠道的模式

一个企业所处的行业、所销售的产品不同,所设计的营销渠道也有所不同。而且随着企业的发展,传统的营销渠道也要经过改造以适应现代营销的发展。这主要原因是传统营销渠道彼此之间缺乏有效的联系和沟通,使企业的营销渠道处于松散状态,当企业和渠道成员出现利益冲突时,就有可能使企业的渠道管理失控,从而导致企业的营销危机。所以,在实际的渠道建设中,企业要通过一定的控制方式使营销渠道成为企业的有效商品传递通道。而且在实际的运作中,企业要根据自己的实际情况,如资产、产品、管理水平与渠道的关系等来选择什么样的控制方式。从近年来营销渠道的发展看,比较常见的营销渠道的选择模式主要有以下几种。

一、经销商模式

选用经销商模式是在营销渠道中一种最为常见的渠道方案。经销商模式主要由生产商、经销商、批发商、零售商构成。在国外比较大的生产企业,其选用的渠道方案大多是这种经销商模式。宝洁公司在进入中国市场后,通过在全国各地选择经销商,从而利用经销商渠道迅速实现产品销售。经销模式的优点是生产企业利用经销商现有的渠道,组织渠道批发系统和零售系统,将商品从生产企业传递到消费者手中。在这一传递过程中,生产企业通过建立与经销商良好的合作关系,形成与经销商共存共荣的联合体。经销商的优势在于有健全的渠道,能够完成生产企业在目标市场的销售目标。生产企业的优势在于能够为渠道成员提供多方面的营销支持和优惠。

日本的松下公司,对经销商的支持主要表现在两个方面:一方面是对批发零售店职工提供培训机会,如在近 20 年,松下电器公司组织零售店主参加营业研修班达到 6 万人次,并吸收零售店职工到松下学院进行维修技术和商品推销知识的培训等等;另一方面,松下电器公司还实行家电产品必须通过批发、零售店卖给消费者的制度,从而保证批发零售店的销售业务。

很显然,这种共存共荣的营销网络对于发展销售渠道与市场开发,扩大销售能力和增强信息能力都具有重要的意义。因为采用经销商模式后,生产企业负责市场开发,销售渠道负责商品销售。生产企业为打开销路,通常采用减价政策、研制新产品、广泛传授保护维修技术等办法,以满足社会需求。而销售渠道则在销售过程中,通过店员通信、电话征求顾客意见,或到顾客家中访问等多种形式,进行极为广泛的市场调查,并将顾客的要求和信息及时地反馈给生产厂商,以推动产品的开发和改良。这对提高生产企业的市场开发能力,扩大销售网络的销售能力都有非常大的帮助。比较大的经销商网络也成为企业最广泛的市场信息来源渠道。但是,我们不能不看到,经销商模式的弱点就在于企业对经销商难以控制,如果发生利益冲突,就非常有可能使企业建立起来的网络瘫痪。所以,利用一定的经销商政策加以管理与控制是保证经销商模式顺利发挥作用的关键。

二、代理商模式

代理商模式是国际上通行的分销方式,主要内容是通过合同契约形式,取得生产企业产品的代理销售权或用户的代理采购权,交易完成后收取佣金。对于代理商的选用,一般出现在新的区域市场和专业产品的营销上,因为专业产品在营销过程中,需要专业的营销知识和技术知识,而这不是一般的经销商所完成的,同时对于新产品,由于新的目标市场还不容易测定,因此,生产企业采用代理的方式,就容易获得中间商。尤其是生产企业在一个不熟悉的市场,利用代理商可以迅速打开市场。

代理商在市场中按照是否有独家代理权,可以分为独家代理与多家代理。独家代理是指在某一市场(可能以地域、产品、消费者群等划分)独家权利,厂商的某种特定的商品全部由该代理商代理销售。多家代理是指不授予代理商在某一地区、产品上的独家代理,代理商之间并无代理区域划分,都为厂家搜集订单,无所谓"越区代理",厂家也可在各地直销、批发商品。按照是否有权授予代理权可以划分为总代理和分代理。总代理是指该代理商统一代理某一厂家某产品在某地区的销售事务,同时它有权指定分代理商,有权代表厂商处理其他事务。因此,总代理商必须是独家代理商。在总代理制度下,代理层次比较复杂,在某一市场中总代理为一级代理,分代理商可以是二级代理或三级代理。按照与厂家的交易方式有佣金代理和买断代理。最为常见的是佣金代理,是一种纯粹的代理关系。

代理商模式是对于节省厂家的财力,提高销售效率具有重要的意义。生产企业选用何种代理方式取决于产品的销售潜力、企业的营销基础设施、企业对代理商的管理水平等多方面的因素,所以,要灵活应用独家代理和多家代理,买断代理和佣金代理以及总代理,力求使企业能够达到促进产品销售,占有市场的目的。目前,销售代理制一般适用于进出口贸易、机械电子、汽车行业。另外,一些无力自主开发市场的中小型消费品类公司也运用此种模式。

三、直销模式

直销是指生产厂家直接将产品销售给消费者,如戴尔电脑公司等,这种销售的方式主要有上门推销、邮购、制造商自设商店以及现代的互联网销售等。在直销网络的建设主要是依靠现代的营销媒介,如邮政系统、电信系统、互联网来获取顾客。在这方面做得最好的是戴尔公司,所以直销模式又成为戴尔模式。

> 所谓戴尔直销方式就是由戴尔公司建立的一套与客户联系的渠道,由客户直接向戴尔发订单,订单中可以详细列出所需的配置,然后由戴尔"按单生产"。这种销售渠道模式实质是简化,消灭中间商,从而节省销售成本和储存成本,通过与顾客直接沟通达到销售产品的目的。直销模式与传统的分销模式相比具有比较明显的优势。因为直销关注的是与顾客建立一种直接的关系,顾客能够直接与厂家互动,通过这种互动,不管是通过互联网,还是通过电话,或者与销售员面对面互动,顾客都可以十分方便地找到他们需要的产品,并能够得到十分专业的服务;对厂家可以准确了解顾客的信息,很好地跟踪顾客服务。现在越来越多的人愿意接受直销。之所以这样说,是因为直销不仅仅指面对面的销售。它可以通过其他途径,与顾客建立互动关系。所有的大众化标准产品,都有机会实现直销模式,而且可节省很多用于销售渠道、代理商、展厅等方面的开支,把这些钱转送给顾客,这样产品更便宜,或者为用户提供更有成本效益的产品。但是,建立直销模式需要一定的条件。资产条件是最大的约束,首先是在广告上的投入。

由于缺少面对面与顾客交流的机会和诸多的销售网点,直销厂商必须加大其他方面的宣传力度。其次,从表面上看,直销越过了分吃利润的中间商,节省了可观的销售成本。但事实是,公司首先得拥有一个日益庞大和复杂的全球信息和通信网络,包括免费的电话和传真支持,如戴尔平均每天要处理 5 万个以上的电话。同时,还要自己建立一支优秀的销售服务队伍。戴尔为弥补市场覆盖面和服务队伍精力上的缺陷,专门建立增值服务渠道 VAR,需要耗费较大的费用。与一般的 PC 厂商相比,需要更强大的计划、培训、投资和管理能力,而这一切确实是一笔不小的投资。当然,适合直销的高端产品也是一个重要的条件。

四、直营体系(设分公司、办事处或者营销中心)

直营体系渠道也属于直销的一种模式。在我国应用直营体系渠道最为成功的武汉红桃 K 公司,其通过自己组建销售队伍,达到营销的目的。其渠道的建立是依照经销商的区位布局,自己设立办事处或分公司,这样就有了省级公司、地市级公司、县级甚至是乡镇办事处等渠道。这样设立渠道,优点在于能够按照公司要求管理渠道,建立与消费者面对面沟通关系,有利于产品推广。三株也是运用直营销售体系。直营体系的优点是全面掌握市场,彻底掌握终端用户,全面提升市场铺货率等;其缺点主要是耗资巨大,运营成本过高,若产品达不到一定程度,开展直营得不偿失,并且管理难度大,容易失控。虽然在理论上讲,直营是大公司的渠道发展趋势,但是鉴于我国顾客消费能力低,购买地点过于分散,开展直营体系销售费用过高。

运用直营体系,企业必须具备三大要素:(1)产品市场规模足够大;(2)财力雄厚,不怕前期亏损;(3)分级管理体系完善。

五、直接开办专卖店

企业为了自己直接控制终端,直接掌握信息,不想在终端销售上受制于人,就自己直接开专卖店。现在越来越多的大企业倾向于这种模式,因为他们发现未来的销售是终端和渠道制胜,一个企业没有自己的控制的终端和渠道,将会被淘汰出市场,因此,好多企业越来越重视渠道终端,因为没有渠道通路,你的产品再好也永远待在仓库里。海尔就是这种模式最成功的企业。但是,这种模式耗资大,投入周期长。这种模式用得最多的是时尚行业,如服装、皮带和手表的行业。但如果监控不好,就会被主管这个店的厂家派的业务员利用,成为自己赚钱的形象店。(怎么这样说呢?卖服装的、卖表的、卖皮带的业务员,一个月工资只有500元,却戴的是劳力士手表,为什么?哪个业务员背后都有四五个专卖柜,厂家出钱,在当地开专卖店,价格抬得很高,形象走得很好,紧跟着业务员自己开四个专柜,卖假货,高价走形象,低价走销量。)目前市场上的谭木匠、良品铺子、好想您"枣"、周黑鸭等都是这样的渠道形式。

六、特许经营

特许经营是指由拥有品牌的公司总部与加盟商签订合同,特别授权使其在一定区域和一定时间内拥有自己的商标、商号和其他总部独有的经营技术,在同样的模式下进行商品的销售及劳务服务的经营模式。这一模式的最大特征是:低成本、高速度的扩张和知识化、科学化的企业经营管理运作方式,在中国正方兴未艾。特许人与受许人共同借助同一个品牌,在相同模式的约束下实现品牌的扩张,达到双赢或多赢。特许人向受许人提供统一的品牌、技术、管理、营销等模式;受许人向特许人支付一定费用。受许人就像是一盏灯,特许人像一把火,用我的火,点你的灯,燃你的油,照亮我。品牌特许经营战略可以实现品牌的快速扩张,由于借助他人的资金,相对低风险、低成本。它侧重于组织模式的创新,虽然特许经营利用其他公司现有财务及人力资源优点,但适用范围有限,一般适用于品牌服装业、快餐业、零售连锁业及其他服务性连锁企业。

第三节 渠 道 定 位

 如果你是做酒的企业,哪些地点可能成为你的渠道呢?

产品放不同的渠道,就给人不同的心理感觉,只要在消费者心理有不同感觉,就会出现同样的商品,不同的价位和档次。

有这样一个故事：有一个老和尚在海边捡了块石头，回来后，给了小和尚，让他把石头放在菜市场的地摊上卖掉。小和尚摆了一天，都无人问津。小和尚回来后告诉老和尚当天情况。老和尚让他第二天把石头摆在卖金银店的门外，第二天当他把石头摆在金店门口，不多时，就有人，愿意出100两银子买他这块石头，小和尚嘀咕，感觉这块石头肯定不是一块普通石头，就没有卖；然后拿回去告诉老和尚这件事情。老和尚没说什么，让他第三天再去卖珠宝钻石店门口摆摆看。第三天，他刚摆出来，就有人愿意开出10 000两银子买他这块石头，小和尚更不敢卖这块石头，感觉这块石头肯定是无价之宝；回来后告诉老和尚当天情况，并问老和尚这到底是什么样的宝贝。老和尚告诉他：这是一块普通的石头。同一块石头，它本身没变，只是把它放在不同的位置上，它的身价就不同了。

小故事，大道理。在当今竞争激烈的商品时代，各个产品之间差异越来越小，产品的价值不仅仅取决于产品本身，还在于产品放在什么样的附加渠道。最明显的例子就是枸杞。枸杞在菜市场卖2元，到了茶市场竟然卖5元，到了药店竟然卖10多元。

还有如在碳酸饮料行业中的可口可乐和百事可乐，有食品店、饭店、自动售货机等子系统。它们的饮料价格分别是：超市每瓶2元，饭店每瓶3元，宾馆的自动售货机6元。啤酒在超市一般2元左右，饭店8元左右，酒吧15元左右。为了让消费者更容易接受这样一种分层次价格，厂家会根据不同的销售场所换不同的包装。比如雪花啤酒在酒楼饭店都是销售的8元的金装，这样避免与超市2元的啤酒竞争。他给酒吧提供的是15元的超白金装，其实这些普通和金装仅仅是包装上的不同而已，内容是差不多的。

渠道不同，产品的感觉和档次就不同，你的产品要找你合适的渠道，尤其不能找与产品互相错位的渠道。如果渠道和产品不在一个档次或者相反的行业，就会使产品滞销。如当你卖的是400元一瓶的化妆品，估计你的渠道就是在大商场专柜做形象；如果你放在超市或者便利店卖，消费者会认为是假货；如果你卖的是十几元一瓶的化妆品，估计你在超市这个渠道就会比较好，这样走销量，如果在大商场卖，估计没有多少消费者来钟爱你这种低档次的东西，因为来大商场购物消费群，顾客一般是中高档次人士，他们更在乎产品的品牌和档次。如果你是卖矿泉水的企业，把矿泉水放在药店这个渠道卖，消费者会认为你的矿泉水是苦的。

当然，企业选择渠道，只要不与产品冲突，根据企业某些优势，在不同的地域特点，会选择不同的渠道，也可能是几种渠道共用。

在15年前，中国的零售之王是谁？"百货商场"，它是15年前，我们理想的购物广场，它环境好，并且有自动扶梯。第二是谁？"批发市场"，批发市场品种多、价格低、质量差、售后服务差、购物环境差；商场呢？价格高、质量好、售后服务好、购物环境好。在20世纪90年代后期，超市以很快的速度在中国大地铺开。超市价格低、质量好、售后服务好、购物环境好，它是百货商场和批发市场的杂交产生的优势，超市从一诞生，就已经从业态上具有优势了。（现在你买洗发水、饮料等一些快速消费品还会去百货商场吗？不会了,为什么? 不便宜,并且购物没超市方便。那你买家电、买床上用品、买洁具、买钻石还会去百货商场吗? 不会,那去哪里? 去专卖店。现在百货商场就能卖动衣服了,因此现在商场已是明日黄花了,它的老大位置已经被超市斩下马来了。)现在这三个渠道还是我们一般商品的渠道。

一般商品都有它的固定渠道(如药品在药店销售,化妆品在商场和超市销售),现在由于产品在常规渠道竞争激烈,产品不走这些常规渠道,开创另外的新渠道。如有的化妆品在药店销售,卖洗发水的在宾馆销售,这些就属于创新渠道。渠道不同,市场空间也就不同。

化妆品的常规渠道是商场和超市。"可采"面贴的公司本来是一家资产几十万元的小公司,几十万元对于化妆品行业来说,只是杯水车薪,企业策划者知道按正常的企业操作肯定是没有什么希望。最后把"可采"销售渠道一改商场和超市,而选择在药店里销售,短短两三年就做到全国市场。"可采"的成功得益于创新渠道的成功。当然,现在化妆品在药店销售已不算什么创新,但是,在前些年就属于创新渠道。还有杨森企业治头皮屑的"采乐"在国外是洗发水,到了中国却在药店卖。

卖牛奶的常规渠道是:零售店、超市、酒店、火车站、银行、网吧、酒吧、蛋糕店、学校等。深圳晨光牛奶在饭店销量比超市还大,深圳的超市最发达,但深圳人吃饭时候喜欢喝牛奶,这就是深圳饭店牛奶销量比超市大的原因。还有一个渠道是换面点。换面点是北方在农闲的时候,有一批农民开着机动三轮,三轮上拉着方便面、汽水、牛奶、洗发水、酱油、醋等,去每家每户敲门,问你要不要,1斤苞谷换1包方便面,1斤玉米换1斤油,一物换一物,换到的粮食拿到粮店去卖。华龙集团有两个低价的面叫"六丁目",就是用这个渠道来销售的,它在换面店的销量是个天文数字,竟然达到几亿元。

因此,看市场,走市场,策划是走出来的,在一线市场给你思路、给你信息、给你方法、给你业绩、给你自信心。一个人想拥有的,一线市场都会给你,会给你销售广告策划的源泉。

 学习重点和小结

营销渠道概念
营销渠道作用
营销渠道类型
营销渠道模式
营销渠道定位

练习与思考

一、名词解释
1. 营销渠道
2. 密集式渠道
3. 独家式渠道
4. 直销
5. 特许经营

二、分析题
1. 如果你是做服装的中小企业,你选择哪种渠道模式会风险比较小一点,比较稳妥。为什么?
2. 请你列出一个生产汽车电话的公司的几个分销渠道。

三、案例题
一家生产测试设备公司,发明了一种可探出有移动零件的机器联结不良的音频探测器。这家公司的经理们认为,这种产品在使用或者制造电机、内燃机和汽轮机的行业里都有市场。这就意味着对于诸如飞机制造业、汽车、铁路、食品罐头、建筑以及石油等行业都有市场。但该公司的推销力量很小,因此,问题是如何有效地进入以上各种行业。

思考问题:

1. 这家公司的渠道点应该有哪些?
2. 请你提出方案以供选择。
3. 按目前情况,这家公司选择什么样的渠道模式比较合适?说出理由。

第八章

打造知名度的方法

 学习目标

学完本章,你应该能够:

1. 掌握打造知名度的一些手法,这里面有创先、塑造第一、造势、出奇制胜、用悬念吊人胃口、运用独特的事件、非传统的方式宣传、共生、比附、煽情、鉴定;
2. 善于把缺点转化为特色;
3. 掌握造势的方法;
4. 理解共生、煽情和鉴定。

 基本概念

共生　比附

　中小企业有没有实力造势,为什么?

蒙牛在1999年7月成立,到2002年,短短3年,全国乳制品行业中排名由1 116位上升到第4位,3年平均速度是365%,销售额是20亿元,到2006年规模估计达到100个亿元左右。一般长成这样大的规模,需要用上百年的时间才达到。而它却用几年时间做到,是什么方法让蒙牛发展成为神话,一直是一个秘密,但是,有一点是可以肯定:那就是蒙牛从一生下来就不安分,不断地制造新闻,创造事件,来提升自己知名度。2003年,利用中国载人航天飞船事件,在打出"蒙牛为中国人喝彩,蒙牛强壮中国人"的呐喊中,让人记住了"神舟5号",记住了"蒙牛牛奶"。2005年利用超级女声把蒙牛的酸奶炒得火爆。

一、创先,塑造"第一"

首先请回答我的几个问题:

第一个登上月球的人是谁?"阿姆斯特朗",那第二个呢?第一个飞上太空的是加加林,那第二个呢?世界上最高峰是珠穆朗玛峰,第二高峰呢?第一个造汽车的是美国福特,第二个呢?第一个把方便面引进中国大陆的是康师傅,那第二个呢?这就是先入为主,这种先入为主的印象,往往会一直存在于人的脑海之中,因此,根据营销学上法则:消费者对第一记忆印象深刻。在人们的日常生活中,也往往总是看重"第一印象、第一感觉"。人们往往评价别人也总是这样说:"我认得他以前不怎么样。"不管男人还是女人,总是对他的初恋难以忘怀,这就是第一给人的印象。只承认第一,不承认第二,因此,你要创自己的第一来。

市场领先法则说明:"第一"要胜过"更好"。创造一种新产品,按照一般的经验,最先进入人们脑海的产品,平均而言,比第二的同类市场占有率要多一倍,而第二位比第三位又要多一倍。如中国有那么多去屑洗发水,可是宝洁公司的海飞丝,市场份额占到60%以上,为什么?因为宝洁海飞丝是第一个提出去屑这个概念的,因此,消费者对它的印象比较深刻。

对于产品知名度而言,创造与众不同非常重要。如果我们分析一下会发现,在许多产品中,最知名的总是那些最先进入人们心目中的产品。如啤酒中的青岛、葡萄酒中的张裕以及瓶装水中的娃哈哈。当然,并不是所有的"第一"都取得成功。这里,时机也非常重要,你的"第一"也可能出现得太早了。例如万燕,是第一家生产 VCD 的企业,但是今天,我们早就听不到关于它的声音了。

海尔第一个做出抽屉式冰箱,新飞第一个做无氟冰箱,作为企业,你也要找自己的第一,不是谁超过谁第一,是要在空白地方,我先创造出一个第一,先占领这个地方为第一。其实营销学中的重要原理定位,就是找自己的第一。可是毕竟能成为每个行业的第一是少数,后来者就更没机会成为第一了,这又该如何操作呢?

你可以采用"领先法则"。假如你成不了作家里的第一,那你可以争取成为女作家里的第一;如果女作家也成不了第一,你可以争取美女作家里第一;如果还不行,那你就争取美少女作家里取得第一;再不行,那就来一个最小的作家里第一。只要你是全中国第一个这样做的,这就叫"领先法则"。如果你不是中国第一,只要是这个省内第一就好了;如果你不是这个省内第一,那就操作成这个市的第一;如果你不是这个市的第一,那就在这个县的第一;如果也不是这个县的第一,就说是这个乡镇的第一。只要你是当地第一个,那就叫"领先法则"。"领先法则"最容易帮别人记住你。

　　七喜汽水,在美国上市时候,市场无人问津,当时市场上可口可乐、百事可乐、皇冠可乐三大饮料占据着饮料的大部分市场,怎么办呢?七喜没有急着跟进,最后发现可口可乐广告打出"只有可口可乐才是真正的可乐"。结果抓住这句话,也做了个广告,它说"饮料分为两类:一类是可乐型,一类是非可乐型,在可乐饮料中承认可口可乐领先,但非可乐中,我七喜领先"。他把市场分为两半,一半可乐型归你可口可乐、百事可乐和皇冠可乐三家,另一半非可乐归我七喜,一下子从不存在的市场中,创造出一个第一来。

(一) 能否把缺点看成特色

世界上有许多事情本来没有绝对的对错之分,同样一个人在不同人眼里就有不同感觉,有人认为他丑,可在某一些人却认为他美,因此,从某种意义上来说:缺点就是特色。

第八章 打造知名度的方法

古井贡酒想出口欧洲和美国,经过调查发现,外国人喝酒喜欢加水加冰,搀着喝。而中国的好酒是不能加水的,只要加水,一般属于低档酒,好酒不能加水,只要一加水,酒就会变浑。茅台、五粮液、汾酒等酒也一样。能不能让科技人员研究加水后不变浑,这样出口国外,才会消除外国人认为此酒质量有问题,就会减少不必要的麻烦。这个课题摆在古井面前,后来公司想出一个办法:在标贴底下加了一句"请注意,这种酒有个特点,加水加冰后,会显得浑浊成奶油状"。这样反倒让外国消费者形成这种酒好就在于能成奶油状,不成奶油状反倒不好的消费心理。

美国高原生产苹果,这种苹果让冰雹打了,苹果上面留下瘢痕,不好卖掉,于是就在包装箱注明:"请注意,这是高原产的苹果,吃起来别有味道,但是不无遗憾的是,高原多冰雹,因此苹果上不可避免有冰雹打的瘢痕,而这种瘢痕正是高原苹果所特有的标志,你咬一口就知道香脆可口。"后来顾客打开一看,果然有瘢痕,一吃果然香脆可口,结果从那以后,没有瘢痕的高原苹果反倒消费者不要。

因此在买卖过程中,不要解释缺点,而是要主动解释特点。

在2002年世界杯期间,联通CDMA和移动争夺移动电话市场。联通CDMA做了个广告,广告中介绍CDMA有一个功能:就是把现场的噪声过滤掉。从侧面打击移动电话不能过滤噪声。结果没过几天,移动也登了一则广告,广告主题是"高保真",就是告诉消费者这个手机最大特点就是把现场声音全部逼真的反映出来,到了世界杯,这样的手机可以连背景的欢呼声都一块传递回来。从另一个角度回击联通CDMA过滤掉的正是现场气氛热烈的欢呼声。这个案例说明移动没有回避缺点,而是解释特点。

维克制药公司的研究人员发现一种能够治疗感冒的糖浆,不但能清除喉咙的痰,也能止泪水,不过它的副作用是服用后昏昏欲睡,假如服用后必须工作或驾车,那就是问题产品了。维克制药公司的人不但没有将这个结果废弃不用,倒想出一个绝妙的方法,他们认为,假如糖浆会让你昏昏欲睡,那么何不将这种感冒药定位为夜间使用的感冒药?广告只要强调它是"第一种夜间使用的感冒药"就可以了。因为在市场上,这种糖浆是史无前例的新产品。公司为这种产品取了一个能对传达定位概念有特别联想的名字"夜宁"。果然不出所料,夜宁成为维克公司最成功的产品,名列感冒药的销售榜首。沟通创造了定位,创造了产品概念,从而领导了公司的营销战略——推出新型夜宁感冒药。

(二)着眼于未来

创先要着眼于未来,不要老从现有的特点和东西中考虑。记者问球王贝利:"请问你哪个球进得最好。"贝利总是说:"下一个。"

二、造势

名牌就如企业的名片,充分地展示了该企业的地位、身份、价值。但这些"名片"又是怎样来的呢?可以说,很大程度上是靠铺天盖地的广告宣传造就的。如今,商品广告宣传几乎与商品生产同等重要,人们把它叫做"包装",与"人靠衣装、佛靠金装"中的"装"是同一个意义。"包装"的手法各式各样,众人也各施其法。为什么强调造势,因为消费者有一种从众的行为。这就是说:消费者绝大多数是外行,他总是在跟随别人,那么,这个时候就容易形成从众的心理。

张家界在过去作为旅游景点并不出名,也不是中国人出行的首选。可自从叶文智承包经营张家界某一景区后,张家界成为旅游的名点。张家界成为名牌景点与叶文智的造势脱不了关系。事情是这样的:1998年,叶文智为自己承包经营的张家界著名景区的一块名为黄龙洞"定海神针"的石头投保1亿元人民币,引起全国轰动。新华社、中央电视台、美国新闻周刊、俄罗斯塔斯社都对这条消息进行了报道,事后统计,国内外报道这条消息的媒体超过了2700家。有人为叶文智算了一笔账,他为黄龙洞"定海神针"付出的保险费不过2600万元人民币,平均到每一家为其刊载过消息做过变相宣传的媒体,一家不到1万元,可以说是一本万利。黄龙洞和叶文智的投资公司一下子便在全国出了名。同年,叶文智又搞了另一次活动。他花了2600万元,请了来自世界9个国家的11位顶级特技飞行员穿越张家界天门洞,很多朋友至今记得这热闹的一幕,当时中央电视台对此进行了现场直播。据说这一活动为张家界带来的收入迄今已超过25亿元,叶本人自然也从中得到不少好处。2002年,叶又承包了著名文学家沈从文的老家湖南凤凰县的数个重要风景点,为了宣传这些风景点,2003年,他在凤凰县南长城脚下用红石砂岩和青石板做了一块面积达1000多平方米的世界第一大围棋盘,然后邀请是年最走红的两名中韩围棋选手——中国国手常昊和韩国国手曹薰铉——以真人作棋子进行比赛,据说这场比赛刷新了世界围棋转播赛的收视纪录。为了达到出人意表的效果,他宣布向所有前来调查本次比赛的新闻媒体收费,又创造了一项全国纪录,一些本来对此次围棋比赛没有兴趣的媒体因为叶文智的反常收费而趋之若鹜。

现在游客去张家界必去这几个景点,今天能有这样的效果,主要得益于叶文智当初的造势策略。

造势方法有以下几点。
(一) 要抓一个事件来造,投入要效果好

美国总统大选,无疑是2004年全美国乃至全世界高度关注的一件大事。上至政府高官、下到黎民百姓,无不时刻注视着大选的进程。

作为具有极高新闻价值的重大事件,全世界的广播、电视、互联网等各种媒体对其进行了大量的报道。而2004年度的美国总统大选,其激烈程度也是历届所少有的,在大选过程中充满了各种各样的悬念,更加激起了社会对其的高度注意。

新闻事件就是社会上新近发生或正在发生的有社会意义的,并且能引起公众兴趣的重要事实。马特尔公司认准了新闻事件是一种投入产出效益非常可观的营销手段这一点,借新闻生新闻,把真正的新闻事件打造为营销的"载体"。

于是在2004年8月,在近乎白热化的2004年美国总统大选之战中,美国总统小布什和民主党总统竞选人克里如今又多了一个意想不到的"竞选对手"——芭比娃娃。美国玩具制造商马特尔公司在纽约时代广场的大型玩具商店中发布声明:芭比娃娃将作为美国"女孩党"的代表参加美国总统竞选!让玩具参加总统大选,这无疑是一个让人既大吃一惊又令人发笑的举措,绝对是竞选历史上的一个惊人的创举。然而,在人们感到吃惊和好笑的同时,芭比这一可爱的形象更加为人所知,也更加深入了人心。

于是在2004美国总统大选末期,马特尔玩具公司将正式推出"芭比娃娃竞选总统"系列的洋娃娃玩具,每个售价20美元。据报道,当日有数十名3到12岁的美国小女孩身穿印有特别"竞选标记"的服装参加了芭比娃娃的"总统竞选新闻发布会",她们大多身着印着"女孩们去投票,去竞选,去领导"宣传口号的T恤衫。

"竞选"的组织者同时宣布,美国小女孩们都可以通过芭比娃娃网站为芭比娃娃投上"郑重的一票"。当然,作为一个以营利为主要目标的经济实体,马特尔公司此次别出心裁的"总统运动"也是具有其市场方面的目的。出于对芭比娃娃形象全新宣传的考虑,他们希望将芭比娃娃的未来设计成一位美貌与才华并重的女强人形象,以符合当今女性地位不断提高的趋势,并重新夺回失去的市场份额。这无疑是又一吸引人们眼球的手段。

(二) 没有事件，自己创造事件

　　没事件，自己制造事件，这方面做得最好的是 IBM 公司，IBM 公司策划了当年世界棋王卡斯帕罗夫和"深蓝"电子计算机的国际象棋比赛。世界上最聪明的棋手和世界上最先进的计算机比赛。比赛那天，全世界的人都在看，比赛成为全世界焦点。当时整个策划奖金才 100 万美元，这么少的钱，却吸引了全世界的眼光，策划当天，在纽约股市 IBM 一股就升了 6 美元。

(三) 依托一个事件，引发一个事件

　　2000 年 10 月 8 日，《北京晚报》打出这样一则广告：10 月 10 日上午，富亚涂料公司在北京市建筑展览馆门前开展"真猫真狗喝涂料"活动，以证明该公司生产的涂料无毒无害。

　　这一新奇的活动，加上近年来大力宣传"动物保护"意识已深入人心，因此，广告一登出，即在社会上引起轩然大波。

　　听到这个消息，动物保护协会成员在 10 月 10 日上午，北京建筑展览馆门前，在现场举起了标语、漫画，抗议富亚公司的做法，同时散发传单进行呼吁：动物是人类的朋友，人类不应该为了证明某项工业产品无毒，就让动物食用。这是对动物的残害。

　　当涂料准备好，猫狗开始登台之际，动物保护组织的人士不光动嘴了，他们开始群起而攻之，进行了强烈抗议，先是围上来抢狗抢猫，并且警告富亚涂料公司的人：停止，停止，不要玩过火，不要走得太远。

　　在一片纷纷扰扰的争辩声中，富亚公司总经理蒋和平上台发言，与动物保护主义者的冲突全面爆发了。六七个动物保护协会的成员冲上主席台，围住他愤怒地质问："你们搞环保产品，本意是好的，这样残害动物，又何谈环保？"还有人说："涂料虽无毒，也会粘连肠胃，动物不会说话，你怎么知道对它们无害呢？请给予我们一个正面的答复。"面对如此众多的质问，蒋和平只好放弃大会发言，辩解道："我是涂料的发明者，北京许多著名的建筑都用我的产品，我保证我的产品无毒。"

　　人群中有人高喊："谁说涂料无毒谁来喝！"蒋和平无奈地解释："虽说是无毒，但拿人实验也不大好。"但是立刻就有人反驳："动物也是生命，就能随便实验吗？"

　　事态已经发展到骑虎难下的局面了。人群中有人开始起哄。非要叫富亚公司的老总亲自喝。没想到这位总经理说道："我喝也行，我以前也不是没喝过。"大家都以为他在吹牛皮说笑话，有人就趁势起哄："那你就喝吧，还犹豫什么呀！"、"多喝点儿！"好事者把涂料公司事先准备给猫狗喝的一桶涂料放在总经理讲话的桌子上。蒋和平已经被逼到了非喝不可的地步。

第八章 打造知名度的方法

争执了将近半个多小时后,总经理说那就让我来喝吧,今天这里来了这么多人,要是不喝也无法向大家做一交代。说完,蒋和平舀起涂料倒进杯子,脖子一伸,足足喝了大半杯。

人群一时惊呆了!半晌才回过劲儿来的观众们简直不敢相信自己的眼睛。在场记者们也惊讶地说:"不可思议!"

喝涂料事件过后,新华社播发了一篇700字的通稿《为做无毒广告,经理竟喝涂料》,之后各地报纸纷纷转载。如《北京日报》、《北京晚报》、《北京晨报》、《北京青年报》、北京电视台等更是竞相报道,从不同角度进行了全方位分析、评价,实实在在地热闹了一番。据统计,该报道至少吸引了约225家媒体,一起报道这件堪称全球第一例"人喝涂料"的事。

在蒋和平站出来把涂料喝下去的同时,富亚也得到了市场的认可。好多消费者去买涂料的时候点名要"能喝的那个牌子的涂料"。事后证明,富亚涂料当年的销量增加了400%。

(四)要精心策划

2007年的一天,昆士兰州旅游局的管理层以及18个国际办事处的主要人员都聚集在总部的会议室里,希望能找到一个旅游营销点子,让世人牢牢记住大堡礁。唯一的要求是,这些主意必须是放之四海而皆准的全球性创意,同时还要能通过网络力量进行传播,让更多的人参与进来并进行互动。

于是就有了"世界上最好的工作"这个创意,在正式实施前,经过了1年的精心筹划。让我们先来看看这则招聘广告:"澳大利亚大堡礁看护员,每天在有三间卧室的豪华海景房观赏广袤太平洋上的瑰丽的日出和夕阳,在全世界最洁净的海域划船喂鱼、畅游潜水,在大堡礁的碧海蓝天里通过博客、照片和视频记录护岛生活的点点滴滴,并在半年后获得近15万澳元的酬劳。"这肯定是一份让全球上班族羡慕的工作。

当昆士兰旅游局把这则招聘广告通过YouTube、Twitter、MySpye、Facebook、Monsler(招聘网站)等发布出去之后,马上在全球范围内传播开了,各种SNS社区里的讨论更是炸开了锅,电视、报纸、广播等媒体也都竞相报道。

这样一份诱人的工作,赶快开始申请吧!申请条件也非常简单:年满18周岁,英语沟通能力良好,热爱大自然,会游泳,勇于冒险尝试新事物。申请人需登录招聘活动官网填妥申请表,上传自制60秒英文短片,说明自己是该工作的最适合人选的理由。

在2009年1月9日到2月22日接受全球申请的期间,共有来自全球201个国

家和地区的36 648位申请者上传了工作申请视频,其中包括11 565名美国人、2 791名加拿大人、2 262名英国人、2 064名澳大利亚人,503位中国人……一共产生了610小时的有关宣传大堡礁的视频内容,在56天时间里成功吸引了6 849 504人次访问招聘活动的官方网站。

而这还只是开始,接下来还有三轮淘汰。在这个过程中又在YouTube、Twitter、MySpye等SNS社区里开始了新一轮的传播,使活动的影响力不断延伸,有关大堡礁的各种信息不断被扩散。最终,本·绍索尔赢得了"世界上最好的工作",他在后续的工作中,通过博客、照片和视频记录下了护岛生活的点点滴滴,也吸引了全世界的关注。

昆士兰州旅游局仅以170万美元的低成本,收获了价值11亿美元的全球广告效应,成功地让澳大利亚的旅游景点——大堡礁获得全世界的关注。

三、出奇制胜

出奇制胜的思想,其核心在于辩证地看待"奇"与"正"的关系,不要以为一次奇招制胜,便认为此招永远是奇招;也不要认为一些比较常用的方法,就永远不能达到出奇制胜的效果。而要随情况的变化而变换奇正战法。出奇制胜不仅能表现于营销领域里,而且还表现在产品设计领域里的创新发现,它对一个企业的成长、壮大起着不可磨灭的作用。

四、用悬念吊人胃口

这类营销手段主要是制造悬念吸引人的眼球。故意制造神秘,就是要挑动顾客的思维,让顾客自己产生好奇心,觉得产品与众不同。

康健在山西柳林县城开了一家小店。一般开店,人们都是放过鞭炮,再开门迎客,希望客人越多越好,买卖兴隆,生意火爆。康健不然,他开了店,放过炮,又将店门重新关上了,而且是大门紧闭,一关就是一个星期。刚开张就"关门大吉"。这种怪异的事情引起了县城里人们的注意,人们都在猜想这家店到底是干什么的?有一位大爷实在熬不住好奇,天天去看,每天两趟,早上一趟,下午一趟,着急的时候,还趴在窗户上使劲往里瞧。就这样,康健越是不开门,人们的好奇心越重,结果一个星期后,康健重新将大门打开,人们才发现这原来是一家煎饼店。康健利用这种"制造悬念"的办法,一个上午就卖掉了关门一个星期做出来的煎饼。

五、运用独特的事件

人总是对新奇、神秘感、未知的事情、名人的一些话题有求知的心理,根据人的这些心理特征,告诉我们一个道理就是:为了吸引人的眼球,你必须创造一些人们感兴趣的事情,或者与这些事情联系起来,引起人们关注这件事情,而借势关注你。

河南新闻大厦的"和尚买房"在河南新闻大厦的营销实践中,实现3个月楼盘销售一空的奇迹。和尚买房更是让国内房地产营销界津津乐道,正是和尚买房吸引了大多数买房者浓厚的兴趣。一段时间河南房地产业内曾盛传关于河南新闻大厦的风水地产说。其实这本来是一个寺庙的基金会在郑州市内租房办公的事情,后来策划者加以包装策划,就成了人们比较感兴趣的话题了,因此操作得很成功。

六、非传统方式宣传

一些产品在展销会和订货会上不卖货,这一招一下子就把不少人给打懵了。展销会的目的是不是把货卖出去?当然是。货在经销商手中算不算卖出去了?当然不算。但是,仔细想一想就会发现展销会应有更长远的打算。这样做法先给自己抬高身价,给经销商建立一种信心,好像在告诉他:"我们的产品不愁卖。"这样更容易激发起人们的购买欲望,因为根据心理学研究发现:人们比较容易得到的东西,他们一般不会珍惜,得不到的东西,他们也不会去幻想,而就在好像能得到,又不那么容易得到的时候,此时的购买欲最强。

四川死海旅游公司为了宣传公司,吸引人们的注意力,组织人在水中打麻将,这样的一种形式一下子吸引了人们的关注。

七、共生

共生是一种自然现象,鳄鱼张大嘴巴的时候,牙签鸟飞进嘴里,鳄鱼一闭嘴巴,牙签鸟给它剔牙,鳄鱼特别舒服,小鸟吃饱后,鳄鱼张开嘴巴,牙签鸟飞了出来。这就是一种共生现象。企业竞争到最后,各有各的利益,但他们仍然可以合作。

小天鹅洗衣机原来想生产不用洗衣粉的洗衣机,碧浪又想生产不要洗衣机的洗衣粉,两个开始竞争,最后谁也没生产出来。后来两家公司干脆合作,一起推出了一个小天鹅碧浪洗衣王,一下打进市场。

八、比附

所谓比附(借力),是自己还默默无闻的时候,变着法子往已经大名鼎鼎者身上贴,这样借别人的力量发展自己。有则寓言说:牛,拉着犁,默默耕耘。苍蝇,停在牛角上,向过路人嚷嚷:"看呀,我们在耕田!"细细品味,或许能从苍蝇的嚷嚷中,品出一种广告策略的招数来。这一招,叫做比附,也叫借力。是广告策略中常用的一招。

内蒙古的宁城老窖,在报纸上做广告:"某年某月某日我和茅台酒一起获得金奖。"这个借力很恰当。第一,借茅台国酒值得借;借到什么程度?我没说我跟茅台一样,也没说比它强,让茅台酒也没有理由找麻烦,我只是说我跟茅台一起获得金奖,这是事实。蒙牛企业借力也是非常成功的例子。伊利乳业是中国当时的老大,蒙牛在1999年问世,就把伊利和自己捆绑在一起,他们广告牌上出现"为内蒙古喝彩,千里草原腾起伊利、蒙牛乳业"。一下子就把蒙牛扶上去,在当年销售4 365万,第二年一下子就达到2.94亿,到了2002年就达到21亿,短短3年之内,销售增长48.6倍。这都是借力的效果。

九、鉴定

武汉老通城豆皮,只要一提豆皮许多人就会想到老通城,为什么?因为当年毛主席去老通城吃过,吃完后说:"老通城豆皮最好吃。"普通大众本着一种近乎于"追星"的心理,很容易接受这种信息而进行尝试。

2011年8月18日下午1点30分,美国副总统拜登带着孙女,在新上任的美国驻华大使骆家辉的陪同下,走进北京姚记炒肝店吃饭。吃饭过程中,拜登面带笑容,和大家相谈甚欢。临别之际,拜登和姚家的十余口人,以及服务员乃至后厨的伙计一起合影,姚家把照片放大挂在店的大厅。拜登进姚记炒肝店吃饭这件事当时成为人们茶余饭后的谈资,以至国人都知道了姚记炒肝店。拜登走后,该店食客爆满排起长队。

学习重点和小结

打造知名度的十种手法

练习与思考

一、名词解释

1. 共生

2. 比附

二、分析题

重庆男孩林思思(艺名),原名刘辉,今年25岁,身高1.68米,体重足足有129千克,曾因太胖求职屡次被拒绝,无奈之下,他展露自己的"胖美",反串"杨贵妃"后一举成名,出场费由每场30元飙升至6 000元,还登上了湖南电视台《谁是英雄》的舞台。目前在全国演出场场爆满。

你觉得他这种策略是什么策略?

三、案例题

"平西王府"天价住宿招来天价索赔

据《北京娱乐信报》报道:不久前,北京昌平温都水城的"平西王府"开始试营业。首日开出一宿22万元的天价,花22万元当一宿"王爷"创下全国豪华酒店之最。

"平西王府"位于北京市昌平区,由温都水城经营。这座"王府大院"面积近5 000平方米,能同时容纳20人住宿,完全复制了当年的生活场景,虽然店内的摆设大部分为仿制品。但件件都价值不菲,例如,用红木手工雕刻了999条龙的王爷龙榻价值180万元,已有百年历史的手摇留声机及清朝宫廷如意珠帘也都价值连城。"王府"内的长廊都由穿着绿营军装的士兵守卫,服务人员也都穿着仿清朝宫廷服饰,服务沿用清朝的宫廷礼仪,顾客不仅可以享用到满汉全席,还可以体验到当年"王爷"的待遇。

2007年1月5日,自称"吴三桂第13代孙"的辽宁人吴宇龙全权委托律师写来了律师函,要求温都水城停止使用其祖上"平西王"封号及"平西王府"名称,并支付千万元赔偿。

温都水城副总邢宝柱说,自己原以为将吴三桂与平西王府联系到一起是个"恶搞"的玩笑,万万没想到,要求赔偿千万元的律师函却实实在在地送上门来。"我们将筹备由清史专家参加的座谈会,彻底搞清楚这段历史。"

思考问题:

1. "平西王府"这个名称属于哪种起名策略?
2. 如果你是北京昌平温都水城经营管理者,你会怎么应对?私下协商解决,还是对决公堂呢?为什么?
3. 有人说:"这个事件是北京昌平温都水城故意这样做,是经过精心策划的,目的就是打造知名度。"你觉得呢?如果是,那它属于哪种打造知名度的方法呢?

第九章

品 牌 诊 断

 学习目标

学完本章,你应该能够:
1. 了解品牌的概念和品牌的特征表现;
2. 了解品牌的作用;
3. 理解品牌的核心价值,掌握品牌核心价值的塑造;
4. 熟悉为品牌联想建立的一些方法;
5. 理解品牌的个性;
6. 掌握品牌线路和品牌的运营战略;
7. 掌握品牌延伸原则。

 基本概念

品牌　品牌知名度　品牌美誉度　品牌忠诚度　品牌虚拟经营

品牌一词来源于古挪威文字 brandt,它的中文意思是"烙印"。在当时,西方游牧部落在马背上打上烙印,用此区分不同部落之间的财产,上面写着一句话:"不许动,它是我的。"并附有各部落的标记。这应该是最初的品牌标志和口号。由此我们可以推断最初品牌的含义,首先是区分产品,其次是通过特定的标志在别人心中留下烙印。

那到底品牌是什么呢？

品牌是一种口碑,品牌是一种无形资产。而世界著名广告大师大卫·奥格威认为:"品牌是一种复杂的象征,它是产品、品牌属性、包装、价格、历史声誉、广告方式的无形总和,品牌同时也因消费者对产品使用的印象,以及自身的经验而有所界定。"

综上所述,可从四个层面广泛理解其内涵:

(1) 品牌是一种商品的标志,这是品牌最明显的、最易理解的意义。在如今市场经济的激烈竞争中,品牌代表着一种商品的质量、性能、满足效用的程度以及品牌本身所代表的商品市场定位、文化内涵、消费者对品牌的认识程度等。这时品牌代表的是商品的市场含义。

(2) 品牌是一种无形的资产。因为品牌蕴涵了巨大的价值和竞争优势。

(3) 品牌还是一种文化。它代表着一种口碑,一种品位,一种格调,乃至代表了生活的方式。品牌下蕴涵的巨大文化商机,有待商界进一步挖掘。

（4）品牌到最后会辐射到其他产品上面去,像圣罗兰,做服装的企业,现在延伸到手表上也竟然能够卖掉；娃哈哈做饮料的,现在延伸到儿童衣服上,销售也不错；耐克是做鞋的,现在辐射到化妆品上,居然也很乐观。这就是品牌效益。

厂房再漂亮,消费者不会在买产品之前先去参观工厂,技术再先进,也没有消费者去深入研究,消费者只凭感觉来决定一切,因此,对企业而言,重要的不是你怎么样,而是消费者认为你怎么样。

品牌的特征主要表现为三个方面：品牌知名度、品牌美誉度和品牌忠诚度。

> 品牌知名度一般表现为消费者在想到某一类别的产品时,即在脑海中想起或辨识某一品牌的程度。

如喝酒就想起茅台、五粮液；抽烟就想起红塔山、555……品牌被想起的难易程度不一,就决定了品牌知名度的层次关系。以香烟为例,消费者抽烟有层次之分,首先想起的可能会是红塔山、555、中华,其次可能是云烟或是其他什么牌子的香烟。这样,品牌就有了高低之分：第一提及知名度—未提示知名度—提示知名度—无知名度。

这四个层次是表示品牌知名度高低的四个阶段,当然这种划分也不是绝对的,品牌可以通过不断的广告投入和市场推广获得比较高的知名度,从而使知名度的层次不断提高,就决定了品牌价值的高低。

品牌美誉度是消费者对企业产品满意的程度,很显然,企业品牌的知名度通过大量的广告就可以取得,但是美誉度的取得却不是容易的事,美誉度要通过消费者的试用、满意表示、口碑等多方面的因素共同构成。

品牌的忠诚度表现为消费者对某一品牌持续关心、持续购买的情感与行为。哪怕是面对更好的产品特点、更多的方便、更低廉的价格等诸多诱惑时,对该品牌的坚持度。

第一节　品牌作用

一、品牌给人以心理暗示,满足消费者的情感和精神寄托

有些产品,人们对它们的主观认识就是客观现实。比如,我喝葡萄酒,如果我认为这酒很贵,那么我就是觉得这酒的味道比我认为便宜的酒的味道好；我用香水,如果我认为这香水很贵,那么我就是觉得这香水的香味比我认为便宜的香水的香味好闻；我吃药,如果我认为这药很贵,那么我就是觉得这药的疗效比我认为便宜的药的疗效好。营销专家为品牌作了一个有趣的实验：将 A 啤酒的空瓶里灌上百威啤酒,再在百威的空瓶里灌上 A 啤酒,然后摆在繁华的王府井大街,请过往的行人免费品尝。先请他们品尝用 A 啤酒瓶装的百威啤酒,大多数的人都说不好喝,味道不正宗,其中一个人当场吐了出来,抱怨

说：这是什么味呀，真难喝。然后专家请他们品尝用百威啤酒瓶装的该啤酒，结果清一色的都说：这个好喝，味道正。于是专家问他们喝过百威没有，都说喝过，其中一个还说中午刚喝一瓶，就是这个味。这真令人哭笑不得，消费者就是这样可爱。接下来，专家将瓶子上的标签撕去，再让人品尝，这时品尝者表现得无所适从，一会说这个好喝，一会又说那个好喝。

无独有偶的是，在美国举行的一次啤酒大会上，主办单位将30多种啤酒装在相同的瓶子里，然后将瓶子的标签全部撕去，让30多个啤酒厂的老板一一品尝，找出自己家的啤酒，结果竟没有一个人从中找出，在产品日益同质化的时代，产品的物理属性已经相差无几，唯有品牌给人以心理暗示，满足消费者的情感和精神寄托。竞争对手可以仿制你的产品，改良你的产品，提供更低的价格，做很多广告，提供更好的服务，等等。但是，他是他，你是你，他不是你。一只冒牌的劳力士也许比真的劳力士走时更精准，也许谁也看不出这是只冒牌表，但是它还是只冒牌的劳力士，就算别人都不知道，你自己还是知道的。所以，你可能会买一只冒牌的劳力士玩玩，但是你不会每天都戴着冒牌的劳力士还感觉很好，唯有戴上真劳力士，你的感觉才会好。因为品牌给人以心理暗示，满足消费者的情感和精神寄托。

二、品牌的"果子效应"

对消费者而言，品牌是一种经验。在物质生活日益丰富的今天，同类产品多达数百甚至上千种，消费者根本不可能逐一去了解，只有凭借过去的经验或别人的经验。因为消费者相信，如果在一棵果树上摘下颗果子是甜的，那么他们也相信这棵树上另一颗果子也是甜的，这就是品牌的"果子效应"。2002年，通用汽车做了个品牌调研，给一组客户看了Pontiac-Grand这款车，事先没有告诉他们这是Pontiac-Grand，同时展示给客户看的还有几款日本和欧洲的车，结果通用汽车的这款车获得了有史以来最高分，60%的受访者都说在这几款车中最喜欢通用汽车的这款车。不幸的是，当通用汽车公布这款车的品牌是Pontiac-Grand时，其中1/3的人就不再喜欢它了。换言之，同一辆车，如果打上Pontiac的品牌，要做到同样的销售额，必须降价。这就是负品牌价值的例子。

三、品牌也是一种保证

对于陌生的事物，消费者不会轻易去冒险。对于品牌和非品牌的产品，消费者更愿意选择的是品牌的产品，这时，品牌给消费者信心和保证。很多产品很难判断质量，有的产品甚至买了用了还是不知道好坏。这就是为什么人们会说："我要找城里最贵的律师帮我打官司。"外科医生也是一样，没有人会说："我要找个城里收费最便宜的医生帮我开刀。"葡萄酒、化妆品、药，都是这样。

在信息普遍不对称的环境中，消费者是无法直接判断产品质量的，此时名声响的品牌，降低了人们的决策风险。这时，品牌给消费者信心和保证。比如，一场足球赛，如果有梅西出场，我们就会更愿意看，因为我们相信有梅西的存在，就会使球赛更精彩。在这里梅西就是品牌，就是信心和保证。

四、品牌更是个性展现和身份的象征

穿喜来登和穿雅戈尔，喝茅台和喝二锅头，开凯迪拉克的和开夏利的人肯定不是同一个等级和档次。换句话说他们肯定不是同一类人，"物以类聚、人以群分。"使用什么样的品牌，基本上就表示你是个什么样的人。同样是牛仔，穿万宝路牛仔，表示你是个有男子汉气概的男人，而穿李维斯牛仔，表示你是个自由、叛逆、有性格的人。

同样都是手表，一块普通的手表几十元几百元；一块劳力士、雷达可以高达几千几万元；这十倍的价格差异仅仅是产品间的差距吗？

产品与产品之间的质量、材料、款式的确有差异，但这种物理差异不可能有10倍、100倍，劳力士、雷达价值主要在于品牌，而不是产品。五元钱表戴的是时间，几百块钱表戴的是款式，几万元钱的表戴的是品牌。品牌不仅仅意味着产品的优秀——质量性能款式的全面优秀，心理消费才是真正的重点，同时品牌是身份的象征。

同样的产品贴不贴品牌的标签，对消费者而言意义完全不一样。产品竞争与品牌竞争完全是两个不同层面的竞争，坐奔驰的人与坐夏利的人是两个层面的人，在很多"半被动消费"中，物的享受反而是其次，品牌带给他的意义远远大过产品本身，有品牌的产品和服务相对无品牌的产品和服务，消费者更愿意购买，并愿意付出更多的代价购买品牌的。

五、品牌是一种市场的围墙

在某些领域，市场形势已经尘埃落定，强势品牌已经形成，这时，留给后来者的市场机会将是非常小的。这就像一面很高的围墙制约着其他企业进入这个市场。而在没有形成强势品牌的领域，竞争者将面临大好的市场机会，受到的制约相对较小。

六、品牌就是市场，品牌就是身价

背背佳、耐克等成功品牌的经验告诉我们，产品可以完全实现与生产的分离。耐克委托他人加工一双鞋子只需几元，贴上耐克的标签立即身价数百，而且大受欢迎，而如果没有耐克的标志，几十元市场也许也无人问津。在国内市场上，1 000多元一套的西服已经相当不错了，可是贴上"皮尔·卡丹"的品牌，同样的质量，就变成七八千甚至上万元。河北保定某企业生产的老板杯，自己卖不到10块钱，可经日本一企业贴上自己品牌后，一转手卖40多块，并且还又卖回我们中国。这就是品牌的身价。

2011年全球最有价值十强榜如下：

(1) 苹果（品牌价值：1 530亿美元）；
(2) Google（品牌价值：1 110亿美元）；
(3) IBM（品牌价值：1 000亿美元）；
(4) 麦当劳（品牌价值：810亿美元）；
(5) Microsoft（品牌价值：780亿美元）；
(6) 可口可乐（品牌价值：730亿美元）；
(7) AT&T（品牌价值：700亿美元）；

(8) Marlboro(品牌价值：670亿美元)；

(9) 中国移动(品牌价值：570亿美元)；

(10) GE(品牌价值：500亿美元)。

看了前十大品牌，美国就有九个，说明品牌做得最好的是美国，打个不恰当比喻，就是公司倒闭了，光这个牌子也能卖几百亿美元。可口可乐老板曾经这样自豪地说，就算可口可乐公司被大火烧成为灰烬，可口可乐在第二天便能重新站起来，各大银行都会主动上门来向公司贷款，因为该公司的品牌资产价值高达730亿美元，这是大火无法烧掉的财富。可口可乐卖的不仅仅是一个产品，更多的是一种品牌，一种美国文化，好像给人感觉美国就是可口可乐，可口可乐就是美国，这就是品牌的魅力。

做企业的都知道有这一名言："四流企业杀价格，三流企业搞服务，二流企业拼品牌，一流企业定标准。"可想而知品牌的重要性。

第二节 品牌的核心价值

老爷车这个品牌的核心价值是什么？

品牌是消费者与产品的情感联系，精神的寄托，也就是品牌必须上升到精神层面，必须有自己主张和追求。品牌的核心价值是可以兼容多个具体产品的价值主张，广告诉求可以随着时间的改变而改变，但核心价值则是一个恒定不变的因素，它是品牌的灵魂，它决定了品牌内容并渗透到品牌的各个方面。

品牌的核心价值是品牌的精髓，它代表了一个品牌最中心、且不具时间性的要素。一个品牌最独一无二且最有价值的部分通常会表现在核心价值上。如果把品牌比作车轮，核心价值就是中间的那根轴心，不管车轮如何旋转，轴心是始终不动的。

品牌的核心价值定位是品牌的精神主张，它决不是陈述某个产品的属性，而是挖掘出可以兼容多个具体产品的价值主张。它与产品的定位截然不同，产品的定位是着眼于物理层面，而核心价值则必须是彻底的精神和文化层面的东西，并且随着时间的迁移不会改变。

是否拥有核心价值，是品牌经营是否成功的一个重要标志。海尔的核心价值是"真诚"，品牌核心是"真诚到永远"，海尔的星级服务、产品研发都是对这一理念的诠释和延伸；诺基亚的核心价值是科技、人性化，品牌核心是"科技以人为本"；同样的，诺基亚不断地推出新产品，以人性化的设计来打造其高科技形象；海王的核心价值是"健康"，品牌核心是"健康成就未来"。

劳斯莱斯这个品牌给消费者的核心价值是什么？"帝王般的尊贵"，如果说仅仅

> 是为了行车代步,夏利车完全可以符合消费者要求,那为什么还有那么多人花那么多钱去买高档车呢?他买的是"帝王般的尊贵"。如果你去买"劳斯莱斯",冲进店里说:"哎呀,这辆银狐色的劳斯莱斯多少钱一辆?"业务员会很幽默地说:"买劳斯莱斯的人是不问价钱的。"因此,买这些东西核心是"帝王的感觉"。

品牌核心价值的设定就在第三个层面,即价值主张。

对品牌核心价值的设定,不是要去向消费者解释我们的产品是多么的好,能够满足消费者的生理需求,因为这一点,对手也能做到。如果一种食品的核心价值设定主要还是停留在品尝后的感觉上,比如"味道鲜美、纯正,让人产生快感",这虽然十分贴切地表现了品尝食品后的美妙感受,对产品本身的销售也有较大的促进作用,但缺乏一种感召人内心深处的力度,这只是卖产品的定位,没有达到卖精神与文化的境界,品牌的核心价值缺乏包容性,对长远的发展也极为不利。

所以,品牌核心价值应着重宣传我们的品牌将会是什么,包括精神的快感、心理需求的满足以及品牌独特的价值观。

一、品牌核心价值的塑造

品牌的核心价值应该具备一定的特征,具体从以下三个方面来考虑。

(一) 各个产品的共同点

对品牌下属的所有产品进行清理盘点,找到其共同点。有的品牌可能只有一个产品,也有可能拥有几十上百个产品,品牌的核心价值就是要在它们身上找到共性。

> 福建泉州的柒牌服装厂,它主要是做男装的,它的立领男装很有名,其实它不只做立领,还有休闲服、西服、运动服等。后来柒牌就发现它们的共同点是男装,男人有个共同点就是不喜欢别人说自己很柔,为了体现男人的阳刚,柒牌找了一句很强势很有男人味道的"男人要对自己狠一点"来做自己的品牌广告语。

(二) 同类品牌——寻找差异点

对于每一个行业,其核心价值的归属都会有所侧重,例如食品产业,会侧重于生态、环保等价值;信息产业,会侧重于科技、创新等价值;医药产业,会侧重于关怀、健康等价值。做酒店宾馆的侧重于顾客服务的价值,做贸易的侧重于咨询系统价值,做室内装潢的侧重于设计的价值。

品牌核心价值也要考虑行业今后的发展方向,要与今后的整体趋势一致,否则难以延续。接下来要对同一生存环境下的其他品牌的核心价值作分析,尤其是要分析主要竞争者的核心价值,是否能成为自己品牌的核心驱动力。

品牌的核心价值要与竞争者有所区别,比如英语培训产业蓬勃发展,出国英语、考研英语、考级英语、商务口语培训班满大街都是，其中最成功的品牌是新东方。而在英语入门级别的培训上，却有一个人几乎能以个人品牌抗衡起新东方这个团体，这就是李阳的"疯狂英语"。李阳的商业成功用一句话就能概括：疯狂地打造和营销个人品牌。而其品牌成功的策略只有一条，即差异化。但如果确信竞争者的核心价值并不适合其长远发展，而又与自己非常贴切，则可以取而代之。比如，如果竞争对手已经先于自己提出"创新"的核心价值，而其又并没有雄厚的技术支持其创新，但这一核心价值却非常适合自己，且有持久的技术优势作支撑，在这种情况下，我们仍然可以以"创新"为核心价值，因为这一价值比竞争对手更能获得消费者的认同，最后根植在消费者的心中，这一价值将成为自身所独有的优势。

　　对于汽车而言，规模化是其生产趋势，然而，劳斯莱斯却通过手工制造来打造其高贵的品牌价值。几乎所有的汽车杂志都把劳斯莱斯评为最昂贵也最精致的汽车，在英国，它更被视为皇室特权的象征。很多年轻人都认为劳斯莱斯的款式过于陈旧，根本就跟不上时代的潮流，但这正是劳斯莱斯的独特魅力所在。自创立至今，劳斯莱斯一直坚持沿用手工制作传统。大到车身的锻造，小到坐椅的缝制，甚至是一些小装饰物的雕刻，全靠技艺炉火纯青的工人手工完成，每一个细节都力求完美。直到今天，所有的劳斯莱斯汽车发动机都是完全手工制作的。现在仍在路上行驶的最老的劳斯莱斯是1904年生产的。

　　假如你想买车，把价格因素放在一边不谈，你会买什么车？如果你追求身份不妨去买奔驰；如果你要张扬个性，可以试试法拉利；对于想在碰撞中不受伤害的人来说，沃尔沃应该是不错的选择。这段话说出了"奔驰"、"法拉利"、"沃尔沃"之间的差异点。

（三）各个产品和企业的精神统一

　　品牌的核心价值不是宣传产品，关键是发掘出能兼容具体产品的理念。如果对其所属产品所提炼出来的共同点，仅仅只是体现产品的物理特征，则不能成为品牌的核心价值。例如对于香烟，如果只是停留在烟丝的味道、抽烟的感觉上，就不能深入人心，与大多数香烟品牌相区别，"大红鹰——胜利之鹰"的精神感召力使其在香烟品牌中脱颖而出。

　　企业产品的多样化后，一般都是通过品牌延伸，新老产品共用已打响的品牌。这时，经营品牌核心价值就显得更为重要了。

　　白沙品牌核心价值设定为"鹤舞白沙，我心飞翔"，把飞翔提升为一种憧憬，一种对个人与整个人类美好未来的期盼、一种对成功孜孜不倦的追求。这是人类生生不息、永续存在的支撑点，因此这一理念具有很广泛的适应群体。但是，在白沙品牌之下，产品众多，价格高中低兼具，分别面对不同的人群。白沙软装、硬装以白色为主色,价格在 4—5 元,白沙环保香烟以绿色为主色,价格在 10 元左右,面向有爱心,关心他人的人士;白沙银世界以银色为主色,价格也在 10 元左右,但它面向的是白领人士,它与环保香烟是对同一消费档次人群从心理层面的再细分;白沙金世界以金色为主色,价格高昂,它面向成功人士,在重要场合使用,也可当作礼品烟。

二、确定品牌口号

在找到品牌的核心价值后,接下来就是确定能表达品牌核心价值的口号。品牌的口号不同于产品的口号。产品口号是要卖具体的产品,它的范围可以很窄,甚至可以卖产品的某个细节。如乐百氏的"二十七层净化"。但品牌口号必须很宽泛,它刻画的是品牌的精神,能够包容现有的产品和将来的每一个产品。必须围绕核心价值来设定。比如"鹤舞白沙,我心飞翔",就不仅能包含香烟,还能包含更多的产品线,因为它的精神是"飞翔"。

如七匹狼口号是"与狼共舞,尽显英雄本色"。广告中七匹狼奔放狂野,充满冒险精神及进取的勇气。这说明七匹狼有自己性格,性格层面的品牌形象塑造,还需要相应的品牌表现元素,才能将品牌性格表现到底。

强势品牌大多具有强有力的记忆符号,这个符号可以是标志,也可以是形象物。麦当劳金黄色拱门标志,与其食品行业的温馨气氛协调一致;万宝路的牛仔形象充分体现品牌的阳刚气质;海王的品牌口号是"健康成就未来"。海王的品牌符号是蓝色海浪,这是海王的视觉风格。

没有符号的品牌传播缺乏表现的活力,而没有内涵的符号则没有生命力。如果品牌符号能够与品牌概念很好地结合,并有力地传播,这个符号就不仅仅是视觉上的表达方式,而成为品牌的"代言"元素。

第三节 品 牌 联 想

太阳神这个品牌会给你什么联想呢?看到这个品牌,你会想到哪些词?让你来做这个品牌,你会选择做什么类型产品?针对哪一类消费群呢?

在一次为可口可乐和百事可乐进行的品牌诊断中,获得一些有趣的结果,统计分析后他们的人格化描述分别如下:

(1) 可口可乐,40 岁左右,已婚、乐观进取、积极向上,打扮成熟,热爱生活,关注时事新闻,喜欢跑步和网球等运动;

(2) 百事可乐,20—30 岁,未婚,性格外向、活泼、勇于尝试,打扮新潮、前卫,关注流行时尚,喜欢足球、舞蹈等运动。

同样是可乐,在消费者眼中的形象却各不相同,与可口可乐相比,百事可乐是一个更年轻化的品牌。究其原因,实在是双方的策略差异所致。坐拥百年辉煌的可口可乐被视为是美国精神的象征,深受美国人民的喜爱,但随着时间的推移,由于没有新鲜元素的注入,其形象已经慢慢老化,年轻一代已经慢慢不再把可口可乐看成是"我的可口可乐"。而作为后来者的百事可乐另辟蹊径,从20世纪80年代开始,陆续提出"百事,年轻一代的选择","百事,新一代的选择"等口号,近年,又以健康、活力、动感、前卫的大众偶像作为形象代表,逐步树立其"百事一代、年轻一代"的形象,从而赢得了可乐消费的中坚力量——年轻一代的欢心。这与品牌联想有关。

同样是快餐,肯德基和麦当劳给人的联想并不一样:

肯德基的品牌联想是,山德士上校白色的西装,满头的白发,饶有趣味的山羊胡子、亲和的微笑;还有香辣鸡翅、原味鸡块、鸡腿汉堡,再配以土豆泥、蔬菜色拉或是炸薯条,幽雅、恬静的氛围以及令人"吮指回味"的感觉;而麦当劳给人的联想则是亲切滑稽的"麦当劳叔叔",各种汉堡包、巨无霸、麦香鸡、麦香鱼、双吉士、苹果派、菠萝派,再配上传统的炸薯条和新式的奶品等美味,明亮干净的环境和热烈、奔放甚至是幻想的气氛……

茅台国酒尊贵的品牌形象是其不可多得的宝贵品牌财产。人们买茅台买的是对国酒茅台的感情。买茅台酒的动机是在喝茅台酒时能体现自身价值。茅台不是可口可乐,也不是白开水,如果有一天茅台酒成为街边的可口可乐,成为家家都喝的"白开水",那茅台酒本身所独有的气质就丧失殆尽了,它的自身独有的价值也就不复存在了。

> 品牌联想是指消费者一想到某一品牌就会想到的东西,提到某一品牌而会产生的一系列联想、印象。

如提到海尔便会联想到星级服务、品质、真诚等;一提到皮尔·卡丹就联想到时尚、前卫、时装造型、创新,男装、女装、童装、香水、品质、高档、法国……人们一提到麦氏咖啡,就会想到"好东西要与好朋友分享"这句广告语;一提到丽珠得乐,就会想到"男人更需要关怀"。

创造了品牌联想,也就创造了市场差异,争取到了消费者对品牌的忠诚,并且为品牌作产品品线的延伸打下了基础。由"丽珠得乐"这一核心品牌延伸到"丽珠肠乐"、"丽珠感乐"等。这些延伸品牌市场的成功开拓,就得益于"丽珠得乐"的品牌知名度和品牌联想。

一、品牌联想的价值

品牌是存在于消费者心目中的资产,它是无形的。如果消费者在脑海里根本就联想不到你的品牌,那么,消费者又如何产生购买欲望呢?但没有联想并不是最坏的情况,有时我们想到一个品牌,会觉得这个品牌就像我们生活中的某一个人,感觉非常差,唯恐避之不及。这是品牌联想的最坏情况,通常如果要对这个品牌重建品牌联想,是非常困难的,因为必须得首先消除负面的联想。

一个好的品牌联想会给我们带来有益的价值。

（一）丰富品牌的形象

品牌形象是指消费者怎样看待你的品牌，它反映的是品牌当前给人的感觉。"如果把品牌看作一个人，在你的眼里，他是一个什么样的人？"觉得她美丽、善良、贤惠、勤劳……那么，这个人在我们面前的形象就会变得生动起来，想起她，我们就会有一种信赖感。没有这些联想，这个人在我们的脑子里就会很单调，很苍白。例如迪斯尼的品牌形象是欢乐的、刺激的。

（二）建立正面的情感

消费者对品牌会有理性的联想和感性的联想，理性的联想为消费者提供购买的理由，而感性的联想则牵动着消费者的情感。就像我们所看到的某一则广告，例如乐百氏"27层净化水"理性诉求，使需要没有任何杂质和污染最清洁的水的消费者找到购买的理由，广告片中一滴水珠从出来到过滤，画面中的小水珠在蓝色的背景下，经过了一层一层过滤，画面过滤层总共27层，最后的小水珠晶莹剔透。当消费者购买这些产品的时候，脑海里就可能会重新放映这些镜头。别克"有空间就有可能"的理性诉求使需要大空间的车主找到了购买别克的理由。

（三）提供说服自己的理由

面对琳琅满目的商品，消费者会无所适从，甚至迷失自己的眼睛。但消费者的头脑还是清醒的，知道买东西要付钱。当眼睛无法决定购买时，头脑便飞快地放映有关这些品牌的联想，而这些联想大部分反映品牌的利益点（通常与广告中的画面及语言有关），这些利益点正满足了消费者的需求：我为什么要买这个品牌？你需要找个理由。

二、品牌联想的建立

（一）为品牌制造故事

如果我们研究一些名人，会发现这些名人之所以出名，是因为他们留下了许多让人们津津乐道的小故事，这些小故事使他们得以流传，也成为我们对名人的联想之一。很可能，想到这个名人时，你就会想起那个故事。

一提到海尔质量就会联想到张瑞敏当年抡起大锤，当场砸碎不合格的76台冰箱，这些故事至今让人津津乐道。可口可乐的配方，到今天仍属于该公司的最高机密之一，据说价值数百万美元，这越来越引起了人们的兴趣。

沸腾鱼乡是全国知名的餐饮连锁店。生意非常火爆，它里面的三大招牌菜都有自己的故事。福寿螺讲述的是穷苦的农民阿福，梦中得到道人的指点，捕捉形似寿桃的田螺为母亲庆贺生日，吃完田螺，母亲的病痊愈的故事。麻辣馋嘴蛙是关于喜爱收集菜谱的刘老太爷因为救了一个老叫花子的命，得到这款美食做法的趣闻。而水煮鱼是涉及了沸腾鱼乡创始人与水煮鱼的发明者之间的交往，每个人都在故事中成长。试想吃着美味的菜肴，听着属于这款菜肴的动人的故事，童年的种种趣事顿时浮现于眼前，普通的就餐也平添了几分情趣，一种幸福感油然而生。赋予品牌以生动的故事，重视传扬一种文化。

有一位名叫凯瑟琳的美国公司女老板,做面包的。一年秋天,凯瑟琳所在的州发大水,面包很畅销,到处缺货,而凯瑟琳照样派人把过期3天的面包回收。车到大路上,被饥饿的抢购者团团围住,他们一定要购买过期面包,但押车的运货员说什么也不肯卖。并解释:"不是我不肯卖,公司有关规定实在太严了,如果有人把过期的面包卖给顾客就会被开除。"但饥饿的人们却并非几句话就能打发的。这时正巧碰到几位记者,知道情况后,又代表群众提出抗议:"现在是非常时期,总不能让人看着满车的面包忍饥挨饿吧?"无奈中运货员灵机一动,凑到记者耳边说:"我倒有个办法,卖,我是无论如何也不肯的,但是抢,我就没有责任了,反正公司也不会可惜一车过期的面包。"话一经点透,一车面包很快就被买光了。运货员还特意让记者拍了一张阻止群众拿面包的照片,以证明这件事不是他的责任。这件真实的故事经记者渲染,在各报刊登载,凯瑟琳的面包质量给消费者留下了深刻印象。这样用了短短的十几年时间,把一个家庭式的小面包店发展成为一家现代化公司,营业额从两三万美元猛增到4 000万美元。

　　对于这件事,与其说是真实的故事,不如说是一个经过周密策划的故事。
　　现在为了更好地制造故事,一些企业成立了专门的故事制造部门,即新闻中心。在有的企业,故事是这样制造出来的,新闻中心在每个月会给各个区域下达一定的指标,每月上缴一定数量的有关服务、产品质量、品牌形象等方面的故事素材,当然这些素材必须是完全真实的。然后由新闻中心进行整理,寻找出其中有价值的文章,写成新闻稿或信息稿,联系各媒体发布。通过真实感人的故事,可以最大限度地传播品牌的理念,让品牌润物细无声地走进消费者心中,使他们在不知不觉中接受品牌。

(二)培养有影响力的顾客

　　一些最佳的传播机会往往会来自有影响力的顾客,借助他们进行传播,可以建立品牌的联想。2002年5月22日,一代武侠宗师金庸在中信银行杭州分行开立账号。行长王利亚亲自把中信卡送到金庸手里。此消息通过浙江发行量最大的报纸《钱江晚报》头版以彩色图片的形式广泛传播。此举大大提高了中信卡知名度,这就是名人效应。

　　在威尔士亲王出席东京1970年国际展览会之际,索尼公司在英国大使馆威尔士亲王的住处安装了索尼电视。这样,索尼与威尔士亲王建立了某种关系。于是在后来的一次招待酒会上,亲王向索尼表示了感谢,并邀请索尼公司去英联邦投资设厂。从那以后,由威尔士商务发展委员会的许多文件可以看到,威尔士与索尼公司的合作一直十分重要。

（三）建立品牌感动

除了具体陈述消费者购买的理由，在传播的过程中更要去塑造一种感染力即品牌感动。就像丽珠得乐胃药"其实，男人更需要关怀"这一句情感话语，说出了多少男人的心声，感动了不少为生活辛苦而奔波的男人。电视等不同的媒体上以一致的理念进行传播，创造出一种品牌感动，拉近了消费者与丽珠得乐的距离。这使得消费者在购买丽珠得乐时，在感觉上获得了一种附加值。

（四）宣传的主题一贯性

在建立品牌联想的过程中，保持品牌形象的一致性非常重要。品牌所有的行为都要始终围绕一条主线展开，始终如一地坚持用一个声音说话。就好比万宝路始终坚持的牛仔形象和美国西部大草原画面，使广告就算不提万宝路产品，也同样使消费者马上联想到万宝路。强势而鲜明的品牌联想决非一朝一夕之功，而是长期投资积累的结果。

坚持品牌形象的统一，应该将所有的人、所有的动作都往同一个方向努力，让每个品牌行为都对品牌资产积累有所贡献，让点点滴滴的传播动作都成为品牌资产的积累和沉淀。

左岸咖啡馆——款款情深的故事

台湾统一企业的乳类食品都是以"统一"牌子出售，在市场上长期以来无法突破二三线商品的形象。究其原因，是"统一"也有其他商品以企业的名字为牌子，不仅包括饮食，还有保险甚至娱乐场。这导致了牌子混淆，给"统一"的乳类食品造成了巨大的障碍，它们需要一个新鲜和专业的清晰形象，实现品牌突围。

为此，"统一"希望它的乳类食品建立一个新品牌，并利用在台湾极具竞争力的冷冻设施及分配系统迅速打开市场。而当时台湾市面上，以 Tetra Pak 包装的饮料，不论是高价的咖啡还是低价的豆奶，价钱总是 10—15 元新台币，罐头包装饮料则卖 20 元。市场竞争非常激烈。

"统一"希望能将同样类别、相同容量的饮料卖到 25 元。为此，他们开发了一种白色塑料杯，它看起来像一般麦当劳外卖咖啡的杯子，差别是快餐店用的是纸杯。这个没有真空密闭的杯子只有在 5℃冷藏柜才能让内容物保存一段短暂的时间。这本应是一个缺点，但反过来看问题，这也是一个机会：保存期短使消费者相信物料新鲜。而一杯新鲜的饮品自然比其他要贵些。

于是，所有的策略思考集中在一个主要目的上：如何让消费者接受 25 元一杯的高价？在这杯子里放进什么商品才能卖到最高价，以确保能创造出一个高级品牌？在考虑过很多商品：葡萄汁、果汁、牛奶等等之后，最后选取了咖啡。因为咖啡不易变质，被认为是高质饮品，并因牛奶成分而得到优惠税率。

但是，从什么地方运来寄售的咖啡最有高级感？策划人员为此组织了八个讨论小组，最后想出以下四个高级场所作为尝试的概念。

(1) 空中厨房：来自空中厨房专门为头等舱准备的咖啡。
(2) 日式高级咖啡馆：来自优雅、精致的日式咖啡馆的咖啡。
(3) 左岸咖啡馆：来自巴黎塞纳河左岸一家充满人文气氛的咖啡馆的咖啡，一个诗人、哲学家喜欢的地方。
(4) 唐宁街10号：来自英国首相官邸厨房的咖啡，平日用来招待贵宾。

经过分析尝试，人们觉得来自左岸咖啡馆的咖啡价值最高，他们愿为此付出最高价钱。但是风险仍然存在，用Tetra Pak包装的咖啡只卖15元，谁会再高出10元买一杯？新饮品在推出三个月内如果达不到高营业额就会被撤走。一些人会出品牌的创意而购买这个新牌子，但仅有好奇心不能形成固定的消费群，还需要赋予品牌以个性和意念，并编造一些动人的故事。

"统一"决定选择17—22岁的年轻女士作为目标对象，她们诚实、多愁善感、喜爱文学艺术，但生活经验不多，不太成熟，她们喜欢跟着感觉走。相对于产品质量而言，她们更寻求产品以外的东西，寻求情感回报、使她们更感成熟的东西，寻求了解、表达内心需求的品牌。

左岸咖啡馆，这个来自法兰西塞纳河边的神秘幽远的艺术圣地，带着咖啡芬芳、成人品味，给她们精神上一种全新的感觉。

对台湾17—22岁的年轻女士进行了调查，她们最欣赏的作家是村上春树。他的作品忧郁、超现实、冷峻，能唤起城市人的感觉。因此，左岸咖啡馆的广告视觉应该非常法国化，但其文本却应是很有日本文学的风格。"让我们忘记是在为包装饮料做广告，假想是在为一家远在法国的咖啡馆做广告！"策划师如此告诉自己。他们从法国收集来许多咖啡馆的资料，包括图片甚至菜单。进一步，策划人员想到：既然我们的品牌是咖啡馆，那么它不仅卖咖啡，它可以延伸到咖啡馆餐单上的所有东西。因此，现在台湾人从便利店的冷藏柜里，还能找到左岸咖啡馆牌子的奶茶、牛奶冻和其他法式甜品。

现在，左岸咖啡馆要推出自己的广告了。广告应促使消费者在脑海里建造一个自己最喜欢的法国咖啡馆、一个理想的咖啡馆、一个历史悠久且文化艺术气息浓厚的咖啡馆。左岸咖啡馆有能力刺激消费者在她们的想象中产生一种真实、强烈的反应，它和消费者的关系，就像一本喜爱的书、一册旅游摘记，在你享受一片独处空间时，它随手可得，带你到想去的地方。就好比你身在台湾，忙碌中偶尔想到欧洲度过浪漫之旅，左岸咖啡馆能够满足你随时可能冒出的一点精神欲望。

于是左岸咖啡馆的电视广告是一位女孩的旅行摘记；平面广告是一系列发生在咖啡馆的短篇故事；电台则在深夜播放着诗般的咖啡馆故事。

为使消费者相信咖啡馆的存在，策划人员又计划了一连串节目让幻想变成现实。在法国咖啡馆摄影展期间，台湾最豪华的书店外布置着左岸咖啡馆，还制作了15分钟题为"左岸咖啡馆之旅"的有线电视节目，介绍塞纳河左岸20家咖啡馆。法国国庆期间，左岸咖啡馆是庆宴和法国电影节的赞助商之一。与雷诺、标致、香奈儿、Christian Dior等法国品牌同在赞助商之列。左岸咖啡馆的电视广告有一种愉快的孤独感，八成被访者相信有左岸咖啡馆的存在，其中一位说"宁愿相信有。"

左岸咖啡馆广告如一阵旋风刮过台湾，在一批年轻女士的心中产生很大反响，她们说"广告太棒了,我们去买吧!"头一年,左岸咖啡馆就卖了400万美元,品牌继续得到巩固。此后每年都保持着持续稳定的增长,今天,左岸咖啡馆已成为名副其实的强势品牌。

左岸咖啡馆这一成功策划告诉了我们建立品牌的五大秘诀:
(1) 保证您的品牌是质量好的产品,在人们的生活中扮演一定角色;
(2) 精确地定义您的产品类别;
(3) 超越价格因素去想什么能在人们心目中产生"价值";
(4) 将产品的好处与品牌个性和形象、消费者的需求和信念联系起来;
(5) 让您的品牌主题超越广告。

第四节 品牌个性

现在大宝要找人来代言,为大宝做广告,你觉得什么样的人物适合做大宝化妆品广告的代言人呢?为什么?

消费者从不同的来源中得到有关企业产品的资讯,能否使他们记住企业的产品,给消费者一个记忆点是非常重要的。如一个产品,消费者接触到许多,如产品质量的包装、花色、式样等许多方面,但是最后消费者回到家中,什么也没有记住,为什么?因为产品没有特色,没有特别使人关注的地方。所以,与消费者联系是重要的,但最关键的是联系的方式、如何联系。产品类别和产品品牌联结是联系的核心。

一般来讲,消费者心目中都对产品的类别有一个认识。产品类别的信息储存分为上中下三个阶层,每一个阶层都包含了一些消费者用来分类的概念,消费者思考的层次如下:当提及"饮料"一词时,消费者会开始思考"最高层"这个部分的要素及资讯,在"最高层"这个部分会有一些重要特性,能将"饮料"加以分类区隔成几个类别,但又使得这些类别同时含有饮料的特质。这些特性存在消费者的长期记忆中,当给予适当的刺激时,会让消费者最先想到的就是这类"最高层"的特性与概念。不过,在高层级里的资讯不具有差异性,大都是一般性的概念。

然后,消费者会将其思考的范畴移动到下一阶层,也就是"基本层级"中,之所以称为基本阶层,是因为这一阶层储存许多最能够将不同类别产品区隔开来的特性与资讯。这些特性也最常用来对产品进行分类。如果消费者还要作更多地思考,那么,他将会进入到"次层级"的分类中。在这里我们可以看到一小部分的属性用来区分拥有很多相同特质的产品。这可能是因为在次层级这个阶段,大部分的人将不同的产品的品牌名称分别储存和加以联结。对企业而言,最重要的课题,莫过于了解消费者或潜在的消费,如何将品牌置于消费者网络结构中的哪一层及哪一个产品分类中。企业通过品牌宣传、形象设计等众多手段,目的就是建立起消费者这种品牌联结。

性格的概念原本只用于人,有的人活泼,有的人孤僻,有的人高傲,有的人谦卑……但是没有两个人的性格会是完全一样的,一百个人就会有一百种不一样的性格。时至今日,性格的运用甚至已经扩展到某一个城市,有人说,巴黎最浪漫,纽约最奢华,拉萨最神秘,耶路撒冷最伤感……仅仅几个字就可以把一个城市的本质概括出来。

我们说品牌就像一个人,它有特殊的文化内涵和精神气质,也是有性格的,这就是品牌个性。品牌个性是区分品牌与品牌之间差别的重要依据,奥格威曾在其品牌形象论中提出:最终决定品牌的市场地位的是品牌总体上的性格,而不是产品微不足道的差异。产品是工厂所生产的东西,品牌是消费者所购买的东西,产品可以被竞争者模仿,品牌却是独一无二的;产品极易过时落伍,但成功的品牌却能经久不衰。此话道出了品牌经营的真谛。品牌个性是品牌经营的灵魂。

品牌个性是以品牌定位及品牌的核心价值观为基础,品牌个性是两者的人性化表现。万宝路定位于混合型男性香烟,其核心价值是"万宝路的男人世界",才有了品牌的个性:粗犷、阳刚、豪迈。当然与充满阳刚之气的万宝路相比,健牌则是休闲的。

一、个性描述

品牌个性的具体分类可参见表9-1。

表9-1　　　　　　　　　　　品牌个性分类

品　牌	品牌个性	个性来源
Lee(牛仔裤)	体贴的、贴身的	广告语:最贴身的牛仔 平面表现:贴身无间
Levi's(牛仔裤)	结实的、耐用的、强壮的	使用者形象:强劲有活力以及颇有吸引力的广告
柯达(相机)	简单的、温馨的	布朗尼男孩和柯达女孩的人物造型美好回忆,柯达一刻即可拍相机
哈雷(摩托车)	爱国的、自由的	文身的车主 老鹰商标 对抗日本竞争者,聚会时国旗飘扬
五十铃(汽车)	冒险的	穿灰色法兰绒衣服的强壮男士
海尔(家电)	真诚的、创新的	品牌口号:真诚到永远 五星级售后服务 砸冰箱事件 不断推陈出新的产品阵容

了解品牌的个性与人物联想的关系,可以让我们清楚地知道,我们的品牌要迎合哪一类型消费者的喜好,要找什么样的"意见领袖"来做品牌的代言人。只有品牌个性与人

物联想对应,才能对品牌产生加法甚至乘法效果,否则,只会对品牌产生副作用,甚至将已有的个性稀释殆尽。

现在,回想一下我们所认识的名人们,看看他们和我们所熟知的品牌之间有什么内在的联系。如果你觉得哪个人和某一品牌是一致的,就用线把他们相连。

二、品牌个性与人物联想

品牌个性与人物联想的具体分类可参见表9-2。

表9-2　　　　　　　　　　　品牌个性与联想

个性特征	描　述	品牌联想
单　纯	纯朴的、诚实的、友善的	柯达、康柏
时　尚	年轻的、活力的、独特的	保时捷、百事可乐
称　职	可信赖的、领先的	英特尔、联想
高　贵	上层的、有教养的、迷人的	劳斯莱斯、雷克萨斯、奔驰
强　壮	男子气概的、运动的、粗野的	耐克、万宝路

第五节　品　牌　线　路

思路决定出路,品牌战略是关系到一个企业兴衰成败的根本性决策,但它要落实到品牌线路上。

以下是市场上的几种品牌线路。

一、一牌一品

一牌一品策略,它属于单一品牌里面一种。单一品牌战略是相对于多个独立品牌而言的,它是指企业所生产一个产品,同时也使用一个品牌的情形。如金嗓子、万科、格力。实施一牌一品策略的最大好处是有利于树立产品的专业化形象。例如万科,几乎就是房地产的代名词;格力,就是空调的权威专家,"好空调、格力造",这句简单明了的广告口号,在消费者心目中树立起格力空调第一品牌的概念。据中国制冷商情讯的统计资料显示,在2001年空调市场,格力以14.86%的市场占有率高居榜首,年产量超过200万台。在众多竞争对手竞相多元化经营的浪潮下,格力反其道而行之,将所有的鸡蛋放进一个篮子里,形成自己无人匹敌的技术壁垒,格力标准俨然已成行业标准,格力的专业化路线已越来越得到市场认同。格力是这样理性地描述其专业化经营的:企业可以倾其所有的力量,在生产领域中向"高精深"进军,成为这个行业的权威和巨人。只有"专",才能保证"精"和"高"。

二、一牌多品

一牌多品是指企业所生产的所有产品都同时使用一个品牌的情形。如果单一品牌下有许多类型的产品,则是一牌多品策略,如佳能公司生产的照相机、传真机、复印机等产品都统一使用"Canon"品牌。而采用一牌多品策略的好处主要是:① 所有产品共用一个品牌,可以大大节省传播费用,对一个品牌的宣传同时可以惠泽所有产品;② 有利于新产品的推出,如果品牌已经具有一定的市场地位,新产品的推出无须过多宣传便会得到消费者的信任;③ 众多产品一同出现在货架上,可以彰显品牌形象。

　　在国内,海尔可以说是一牌多品战略的成功典范。在冰箱、空调、彩电、电脑、手机等所有的产品都使用"海尔"的品牌,形成一个蔚为壮观的品牌大家族。北京名牌资产评估有限公司2001年中国最有价值品牌报告中,海尔的品牌价值达到436亿元人民币。

　　毫无疑问,海尔已经成为中国最具影响力的家电品牌。然而,海尔进军金融业,同样在使用海尔的品牌,2001年末,海尔与纽约人寿保险公司共同组建一家合资人寿保险公司,定名为海尔纽约人寿保险公司。我们也许还清楚地记得,1996年10月,海尔进军药业,组建了青岛海尔药业有限公司,而今天,当年豪气万丈的海尔药业已经悄无声息了。彼此毫无关联的产品,也一律使用海尔品牌,这已经成为"海尔悬念"。

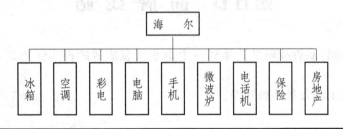

　　这充分说明一牌多品战略也有其明显不足之处:当品牌下某一产品出现问题,极有可能产生连锁反应。而且当同一品牌下不同产品之间差异性太大时,可能引起消费者心理不适,造成品牌稀释。例如活力28的旗下,曾经既有洗衣粉,又有纯净水。但这样的纯净水大多数消费者是不敢喝的,因为总感觉有洗衣粉的味道。三九药业是制药出名,现在它也有纯净水,现在消费者总认为它的水有股药的味道,因此,一牌多品选择的几个行业最好不要相互冲突。

三、主品牌+副品牌

　　采用副品牌战略的具体做法是以一个成功品牌作为主品牌,涵盖企业的系列产品,产品主品牌不变,然后根据不同品种再起个副品牌名字区分,这个名字最好是"生动活泼、富有魅力"。副品牌是随产品的变化而变化,主品牌不变。

　　美的是国内副品牌战略运用最为成功的企业之一。美的空调的产品类别特别多,有100多款,这么多产品怎样让消费者记住?消费者记忆点怎么解决?副品牌战略是良好的解决之道。考虑到美的是以明星广告响彻海内外的,于是决定利用"星座"来命名,一来可以同明星联系起来,不致使原有品牌资产流失;二来"星"代表宇宙、科技;三来"星"是冷色调,代表夜晚、安静、凉爽,和空调本身的属性相吻合。于是一系列副品牌如"冷静星"、"超静星"、"智灵星"、"健康星"等呼之而出,由于定位准确,投放市场即引起强烈反响,创造出空调界的一个个销售奇迹。

利用副品牌战略的具体做法是:

(1) 品牌传播的重心是主品牌,副品牌处于从属地位。

(2) 副品牌比主品牌内涵丰富、适用面窄。

海王副品牌战略,将旗下有30多个独立品牌,重新规划为海王的副品牌。海王银得菲、海王金樽、海王银杏叶片、海王牛初乳,其中海王是主品牌,银得菲、金樽是副品牌。但为了区隔不同产品,副品牌在视觉上比主品牌大点。并且企业名称和主品牌名称相同。

这种品牌路线的优点是集中力量打造一个品牌,其他产品可以互相借力,只要有一个主打产品,其他产品也会跟着带动销售。企业有了很多产品,必须有一个核心产品,就像一支球队要有球星,因此需要打造一个乔丹一样的球星,用一个核心产品打造一个品牌,塑造良好的品牌形象,再以形象带动旗下的系列产品的销售。海王公司主打的产品是海王银得菲。海王是大族品牌路线,药品、食品、保健品共用一个品牌。集中优势兵力,主推几个产品,通过关键产品,把海王从健康产品的专业品牌变成了强势品牌;然后借助品牌杠杆力,带动海王更多健康产品的销售。实施副品牌战略的好处是显而易见的。2001年,海王在中央电视台及全国十大卫视台展开了大规模的广告投放,其主推副品牌只有三个:银得菲、金樽及银杏叶片。目前这三个产品都供不应求。然而,海王旗下其他并没有做广告的产品,销量也都有不同程度的上升,甚至在医院销售的处方药,也越来越走俏。但隐藏的危险是,如果某一产品出现危机,将影响海王旗下所有产品,出现危机的产品影响力越大,危险也越大。

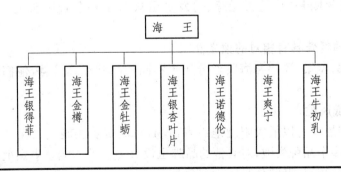

四、多个独立品牌

一个企业同时经营两个以上相互独立、彼此没有联系的品牌的情形,就是多品牌。

如雨润企业,其旗下就有雨润、旺润、雪润、福润四个品牌。

在全球实施多品牌战略最成功的企业当数宝洁公司,旗下的独立大品牌多达80多种,这些品牌与宝洁及品牌彼此之间都没有太多的联系。

在洗发护发用品领域,就包括了海飞丝、潘婷、飘柔、沙宣、伊卡璐等品牌;在清洁剂领域,有汰渍、碧浪、波得、依若、起而、利纳等品牌。

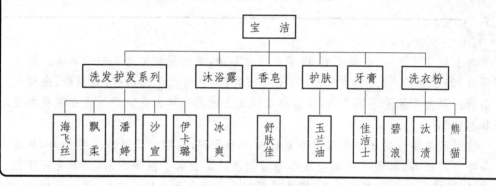

多品牌战略尽管有很多企业采用,但获得这样成功的企业几乎没有几家,事实上,多品牌战略是地地道道的强者的游戏,非强势企业不能轻易尝试。在国内企业中,实施多品牌战略的典型当数科龙,在科龙集团的旗下,拥有科龙、容声、华宝等品牌。中美史克旗下有康泰克、芬必得、必理通。

多品牌战略的实施有三个特点。

(一) 不同的品牌针对不同的目标市场

汰渍是"适合难清洗的工作"。飘柔、潘婷、海飞丝的电视广告也充分表现了品牌之间的区别:飘柔是"头发更飘、更柔",于是广告中模特的头发拍得飘逸柔和、丝丝顺滑,其中梳子一放到头发上就掉下来的镜头特别传神地表现出这一点;潘婷是"拥有健康、当然亮泽",于是广告中头发主要突出乌黑亮泽,模特在发油上下了很大一番工夫;海飞丝则是"头屑去无踪、秀发更出众",于是广告中头发上的头屑被迅速地去除。

(二) 品牌的经营具有相对的独立性

在宝洁内部,飘柔、潘婷和海飞丝分属于不同的品牌经理管辖,他们之间相互独立、相互竞争。

(三) 可降低风险

实施多品牌战略可以最大限度地占有市场,对消费者实施交叉覆盖,且降低企业经营的风险,即使一个品牌失败,对其他的品牌也没有多大的影响。事实上,很多消费者根本就不知道汰渍、碧浪、舒肤佳是同一个企业。

又如日本的松下公司,音像制品以 Panasonic 为品牌,家用电器产品以 National 为品牌,立体音响则以 Technics 为品牌。

联合利华旗下有：洗浴系列有力士、夏士莲；牙膏有中华、洁诺、凡士林；护肤的有旁氏；洗衣粉有奥妙；冰激凌有和路雪、蔓登琳；茶系列有力顿、京华；酱油有老蔡。

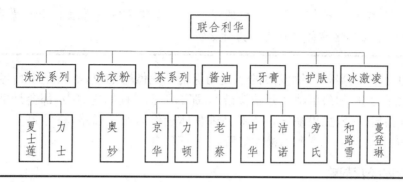

五、企业和品牌同名

企业和品牌同名战略是指企业下属产品所使用的品牌与企业名称相同。例如三九、燕京、海尔、美尔雅等企业就实施了企业和品牌同名战略。

实施企业和品牌同名战略有利于减少传播费用，在宣传企业的同时宣传了品牌，在宣传品牌的同时又宣传了企业，消费者会将每一次的品牌行为都归结为企业的行为，也会将每一次的企业行为都积累到品牌的身上，这种互动的形式对品牌资产的积累将更加快速有效。

海尔砸冰箱的事件是一种企业行为，但是带给消费者的印象不仅是企业对产品质量的重视，更直接提升了海尔品牌的美誉度；海尔推出可以洗红薯的洗衣机本是品牌行为，但消费者同样会认为海尔是一个创新的企业，一个真正为消费者着想的企业。如果品牌名和企业名不同，是无法达到这种境界的。

当然，实施企业和品牌同名战略也有不利的一面，由于企业行为就是品牌行为，对品牌的伤害也会造成对企业的直接伤害，品牌失败了，企业也要改名换姓，一荣俱荣，一损俱损。

六、企业与品牌不同名

企业与品牌不同名战略是指企业下属产品所使用的品牌与企业名称不相同。如万宝路、红旗则与企业名称不同，万宝路的生产企业是菲利浦·莫里斯公司，红旗的生产企业是一汽轿车股份有限公司；康师傅、好劲道、康师傅茉莉花茶等是顶新公司。

而有的是企业的生产商和运营商不同造成的。在实践中，一个公司往往可以根据自身的实际情况选择其中的多种加以使用，这样公司拥有的众多品牌处在一个非常复杂的结构之中，因此，经常对品牌关系进行梳理，使之脉络清晰，尤为必要。

第六节 品牌运营战略

> 许多策划人说:"一些大的中间商和代理商做品牌虚拟经营更容易成功?"你同意这样的观点吗?为什么?

经营的纲领,是实现持续发展的前提与保证。先做对的事,然后把事情做对。品牌战略就是做对的事,如果事情一开始就错了,那么不管过程如何努力,都会是事倍功半的结果。必须指出的是,如果缺乏一个对品牌整体运作的长远思路,将导致企业经营的混乱无序,这无疑是对品牌资源的极大浪费。

一、品牌特许经营战略

品牌特许经营始于美国,简括地说,品牌特许经营是指由拥有品牌的公司总部与加盟商签订合同,特别授权使加盟商在一定区域和一定时间内拥有自己的商标、商号和其他总部独有的经营技术,在同样的模式下进行商品的销售及劳务服务的经营模式。这一模式的最大特征是:低成本、高速度的扩张和知识化、科学化的企业经营管理运作方式,在中国正方兴未艾。特许人与受许人共同借助同一个品牌,在相同模式的约束下实现品牌的扩张,达到双赢或多赢。特许人向受许人提供统一的品牌、技术、管理、营销等模式;受许人向特许人支付一定费用。品牌特许经营战略可以实现品牌的快速扩张,由于借助他人的资金,相对低风险、低成本。受许人则可以背靠大树好乘凉,但必须正面一个现实,品牌永远都不会属于自己。

特许经营首创者是美国胜家缝纫机公司。1865年,这家公司在以特许经营式分销网络推销其新产品的过程中,取得了意想不到的收获,为特许经营在当代的发展播下了种子。事隔近一个世纪以后,20世纪50年代,麦当劳和肯德基引入特许经营模式,实现了"突飞猛进"的发展,并将特许经营模式从理论演绎到实务操作,两者都推进到了一个登峰造极的境界,引起全球企业界极大的关注。10多年以后,特许经营冲破国界,以极快的发展速度从美国向全世界蔓延,其涉及的业态也从餐饮娱乐转向涉及大众零售及服务的全行业:旅馆旅游、汽车及服务、印刷、影印、人力资源中介、房地产中介、家庭清洁、洗衣服务、建筑装潢、日用百货、教育及用品、健身美容,等等。

> 实施品牌特许经营战略最为成功的企业当数麦当劳。麦当劳在中国的加盟店目前已达到380多家,在全球更是数以十万计。其50年特许经营积累的宝贵经验值得称道:

> 一是标准化的服务。其服务的最高标准是 Qsc&V 原则,即质量(quality)、服务(service)、清洁(clean)和价值(value)。例如汉堡包的时限是 10 分钟、炸薯条的时限是 7 分钟,过时即丢弃不卖。二是独特的检查制度。包括常规性月度考评、公司总部检查和抽查,地区督导常以顾客的身份悄悄进行考察。三是完善的培训机制。位于芝加哥的汉堡大学是对加盟店经理和重要职员进行培训的基地。四是设立联合广告基金。一方面集中资金做全国性广告,同时在不同地区根据当地价值观做区域性广告。五是店面出租策略。由麦当劳公司租赁店面,再出租给加盟店,获取差额,这成为麦当劳公司的重要收入来源。

二、品牌虚拟经营战略

作为普通的消费者,也许很多人并不知道,他穿的耐克鞋、抽的七匹狼香烟、喝的浏阳河酒并非真正由这些企业所生产,而是委托他人加工而成的。当然,加工费是相对低廉的,但贴上品牌的标志后,立即身价倍增。

品牌虚拟经营实现了品牌与生产的分离,它使生产者更专注于生产,而使品牌持有者从繁琐的生产事务中解脱出来,而专注于技术、服务与品牌推广。换句话说:"就是一个企业一手抓住设计和技术,另一只手抓住市场和渠道,中间生产环节承包给另一个企业,让别人来给你加工。"我们就拿苹果的 iPhone 手机为例。苹果把手机的设计、研发和市场运营自己做,生产则由几个公司来代工。iPhone 手机显示屏由供应商苏州联建(中国)科技有限公司生产,加工完成后提供给富士康组装成品,然后贴上苹果商标由苹果卖。

> 正是这种虚拟经营,使耐克在国际市场上获得了强大的成本竞争优势。耐克鞋在世界没有一家自己的工厂。鞋底是菲律宾的工厂生产,鞋帮是泰国的工厂生产,然后到中国台湾把它缝制成鞋,最后贴上它"耐克"商标,然后在全世界卖。中国大陆销售的耐克鞋没有一双进口的,全在中国的乡镇企业给它生产。他给我们这些乡镇企业是 6 元人民币每双鞋,然后贴上它的商标卖,最少赚 200 多元,最多赚 600 多元。

> 在国内,虚拟经营的理念也逐渐深入人心,为越来越多的企业所重视和采用。浙江温州的美特斯·邦威公司,是目前国内成功运用虚拟经营的典型之一。这家创立于 1994 年,以生产休闲系列服饰为主的企业,目前已拥有 800 多个品种,年产达 300 万件。这样一个颇具规模的企业,走的却是外包的路子,即所有的产品均不是

> 自己生产的,而是外包给广东、江苏等地20多家企业加工制造,仅此一项就节约了2亿多元的生产基地投资和设备闲置费用。"一张订单的处理周期原来要10天,现在只要2—3天。"美特斯·邦威集团总裁周成建说。这就是企业的竞争力。毫无疑问,这同样是虚拟商业模式经历了10年发展后的一个细节写照。

有需求,就有市场。伴随着无生产性品牌的不断出现,一些大规模的贴牌生产基地也应运而生,2001年11月20日,台湾鸿海精密宣布,投资10亿美元,在北京经济开发区内,建设占地面积约80万平方米的富士康科技工业园,其定位便是大型完整的手机代工基地,不仅为诺基亚,还将为摩托罗拉等品牌提供外包服务。

> "佐丹奴"来中国时就是一块牌子,他们发现中国服装生产企业生产设备闲置,好多工厂停工,于是找工厂给其加工服装,价格付得还比较高,但条件是先不付款,让垫资,两个月后再结账给钱。然后再招经销商,依靠他们来销售,如果销售不畅,无条件退货,条件是先付款,并且还要预付保证金。这样的一种思路方法,2年就把中国的市场全做起来了。

也许有人说:"整个过程是虚拟的过程,既然不需要我们做什么,反正我也出一个牌子,那我也可以虚拟。"话说得没错,但并不是每个人都能虚拟。虚拟条件有以下两条:
(1) 创名牌,没有名牌,你虚拟哪个企业呢?谁会相信你呢?
(2) 思路,你光有牌子,没有思路,怎么做怎么细化都成为空话了。

> 山西太原有个"百圆裤业"。他的名字就是"百圆",就是说他店里面裤子全卖100元,有2000多个品种,但其实他们没有几个职员,没有工厂,在广东那一带买布,买完后,按当地流行的样式在当地加工,再运回太原,然后在全国400多家特约连锁店来卖。因此他只有百圆牌子和他的营销的思路,而且定位非常准,采用城乡结合部,全卖100元一条,渠道采用特约连锁,效果非常好。

三、荣誉品牌战略

荣誉品牌战略就是经营者自己品牌没有名气,背靠大树,依靠有名的大企业为自己加工。品牌背面打荣誉企业的名称。浏阳河、京酒、金六福等品牌在短时间里,成为中国酒市的新贵。它们的成功不是偶然的,仔细分析,它们有一个共同的特点,都是由五粮液酒厂生产,而不是委托其他不知名的酒厂作简单的贴牌生产。并且在传播时有意将这一信息传达给消费者,为它们的主张提供支持和可信度。而与其他品牌关系相比,它们与五粮液之间的关系实际上又比较松散，在包装上，五粮液所在的位置并不突出，只是起到荣誉担保的作用。

这些产品一定会带来所承诺的优点，因为这个品牌的背后是一个已经成功的组织，这个组织只可能生产优秀的产品。荣誉品牌在某一个特定的领域里可能会具有特别的可信度，如五粮液在白酒方面，是中国名酒，可信度极高。当然，荣誉品牌也具有伞状的影响力。

当一种产品是全新的且消费者从未尝试过的时候，荣誉品牌的这种再保证就显得更有意义。因为这种保证，消费者会觉得与这个产品之间有了某种联系，而不再陌生。

对于被担保品牌而言，荣誉品牌既是支持，同时也是制约。荣誉品牌的形象可能会抑制被担保品牌走出一条属于自己的路。因此，有一种可能，当被担保品牌变得较为强大之后，可以从背后走出来。

从这个意义上说，金六福走出五粮液的荣誉存在可能，更何况金六福已经羽翼渐丰，2001年的最后一天，北京金六福酒业有限公司出资3 100余万元，收购了云天化旗下云南香格里拉酒业股份有限公司55.97%的股份，成为"香格里拉·藏秘"品牌的新主人。实际上，金六福的独立行动已经拉开序幕。

荣誉品牌命名战略有时看起来会像是虚拟经营，但却有着实质的差别。荣誉品牌战略肯定会告诉消费者它背后的那个品牌是谁，而虚拟经营则不会，你见过耐克告诉它的鞋子是委托哪个工厂生产的吗？像金六福这种现象是既使用了荣誉品牌战略，又使用了品牌虚拟经营战略。

四、品牌联盟战略

品牌联盟战略就是利用别人的资源、别人的产品、别人的服务、别人的渠道、资金和技术。在近年来，品牌联盟策略有上升趋势，它是指两个或更多的品牌相互联合，相互借势，以实现1+1>2的做法。

最有名的例子莫过于手机行业的"索爱"品牌。2001年8月，瑞典电信设备制造商爱立信与日本电子消费品巨头SONY达成协议，合并其全球移动电话业务，成立合资企业。合资企业品牌命名为"索爱"。

品牌联合比较成功的典型是Intel公司与世界主要计算机制造商之间的合作。Intel公司是世界上最大的计算机芯片生产者，曾以开发、生产8086、286、386、486、586等"86"系列产品而闻名于世，但由于"86"系列产品未获得商标保护，竞争对手也大量生产，使Intel公司利益受损。鉴于此，Intel公司推出了鼓励计算机制造商如IBM、DELL在其产品上使用"Intel Inside"标志的联合计划，结果在计划实施的短短18个月里，"Intel Inside"标志的曝光次数就高达100亿次，使得许多个人计算机的购买者意识到要购买有"Intel Inside"标志的计算机。现在我们可以看到几乎所有的计算机制造商都在电脑上标上了"Intel Inside"标志，Intel公司与各大计算机品牌合作的结果是：标有"Intel Inside"的计算机比没有"Intel Inside"标志的计算机更为消费者所认可和接受。

五、零售业的自有品牌战略

自有品牌主要针对零售业。零售店自己的品牌是零售企业为了突出自身形象,维护竞争地位,充分利用其无形资产而采取的一种竞争战略。它的核心是商品以企业名称或企业自己确定的名称做品牌,而不是使用制造商品牌在全国销售。

现在,零售业经营自有品牌商品比例逐年递增。欧洲市场的调查显示,1980年所有的零售商中17%使用自有品牌,1988年这个比例上升到23%,2000年达到40%以上。在诸多世界知名的大型零售企业中,自有品牌实施的成功典范莫过于英国的马狮百货集团。在该公司,所有的商品都使用公司自有品牌——"圣米高",被称为世界上最大的"没有工厂的制造商"。品牌是竞争发展到一定阶段的产物。美国著名的西尔斯零售公司90%商品用自己的品牌,其经营的大中型"工匠"工具、"顽强"电池、"肯摩尔"器具等,在市场的知名度和销售额丝毫不逊于制造商的同类知名品牌。日本最大的零售商大荣连锁集团也约有40%的商品使用自有品牌。

但是,从总体上来看,我国的大部分零售企业仍以代销制造商品牌商品为主,市场上销售的产品,几乎是制造商品牌一统天下,自有品牌的销售占全国零售商品销售额的比例很小,与西方市场相比形成巨大的反差。自有品牌的实施增强了商品竞争力,最突出地表现在它实现了商品的低价。其中的主要原因有以下几点:

(1) 大型零售企业自己生产或组织生产有自家标志的商品进货不必经过中间环节,大大节省了流通费用。

(2) 自有品牌商品仅在本企业内部销售,其广告宣传主要借助宝贵的商誉资产,自有品牌商品耗费的广告费大为减少。

(3) 自有品牌商品的包装简洁大方,节省包装费用。

(4) 大型零售企业拥有众多连锁分店,进行大批量销售,使生产取得规模效益,降低生产成本,实现了薄利多销。此外,由零售企业提出的新产品开发设计要求,显著缩短了新产品的开发周期,降低了开发成本。

自有品牌优点可表现为以下几点。

(一) 有利于形成特色经营

如果仅仅经营制造商品牌的商品,那么零售企业之间在商品品种构成方面基本上相同,很难形成自己的特色。实施自有品牌商品战略,根据市场情况及时组织生产和供应某些自有品牌商品,可以使企业的商品构成和经营富有特色,企业以自有商品为基础向消费者提供更全面的服务,借助于商品又可进一步强化企业形象,两者相辅相成,形成企业自身对消费者独特的诉求。

(二) 有利于充分发挥无形资产的优势

大型零售企业在长期的经营中形成了独特的管理运营模式,对于信誉好、知名度高的企业以企业名称命名的自有品牌商品并在企业内部销售,把商场的良好形象注入商品中,人们极容易把企业的优质服务和严谨管理同自有品牌商品的优良品质联系在一起,进而转化成对商品的信赖和接受。而自有品牌商品的成功经营,反过来又会进一步强化顾客对企业的满意度。可以这么说,自有品牌战略的实施,使企业的无形资产流动起来,也等于给企业增加了利润来源。通过商品赢得商标的信誉,使这种商标的信誉最终变成企业的信誉,从而赢得稳定的市场。

(三) 有利于掌握更多的自主权

传统零售企业只经营制造商品牌的商品,这种"搬砖头"式的经营方式使零售企业在市场竞争中处于极为被动的地位,主要是价格和利润受厂家的限制。如果实施自有品牌战略,企业就可以通过收集、整理、分析消费者对某类商品特性的信息,提出新产品的开发设计要求,进一步选择合适的生产企业进行开发生产或自行设厂生产,迅速推出顾客需要的相应产品,最终在本企业内以自有品牌进行销售,取得市场经营的主动权,同时也获得了制定价格的主动权。企业不仅获得商业利润,还可以获得部分加工制造利润,增强了抗击市场风险的能力。零售企业成为市场经营活动的积极参与者,从厂家的销售代理人转变成为顾客的生产代理人。

(四) 有利于准确把握市场需求

大型零售企业的优势集中体现在收集消费者信息的能力和营销能力上,自有品牌战略的选择,使大型零售企业的这种优势能够得到有效的发挥。他们直接面对消费者,能够迅速了解市场需求动态,并及时作出反应,现代电子计算机技术在零售企业中的广泛应用使这种优势更加明显。从这一点上看,大型零售企业实施自有品牌战略往往能够领先生产者一步,无形中增强了企业自身的竞争力。

需要指出的是,对于以上几种品牌战略的运用,没有好与不好之分,只有合适与不合适之别。现在很多 IT 企业外包,因为做 IT 需要很多设备,很多软件,很多服务人员,自己做成本太高。拿出去外包,既可以提高服务质量,又可以降低服务投资,利用自己已有经验,扩大规模,满足未知的变化。

如果你的公司没有得到市场上认可的自己的品牌,你最好先替别人 OEM 和 ODM (OEM 即贴牌,就是委托制造,人家指定设备;ODM 就是人家指定设计)。先做大厂商的 OEM 或者 ODM,先替别人加工或者设计,等到你的加工技术达到高水准,你就可以自己创自己的品牌。"迪比特"是国内很大的手机生产商,其实"迪比特"以前是帮别的大公司专做 OEM 贴牌的,现在自己羽翼丰满了,开始自己打自己的品牌了。所以,刚开始你可以帮大厂商贴牌,以后才有机会自己创品牌,因为技术和加工条件已经成熟了。

第七节 品牌运营案例

案例 1　"杉杉"的品牌特许经营策略

21世纪的第六个年头再谈品牌特许经营,大多数中国商界人士已不觉得陌生,这一概念和运作模式的传播速度和被认可度,在商界远远高于其他舶来的管理名词和经营理念。这种现象源于特许经营使得人们在企业运作上得到的一个崭新认识:经营模式决定发展速度。

中国服装企业的特许经营,来自一个后来被杉杉集团收归麾下的年轻品牌——"意丹奴"。这个品牌的操作者创造了一个发展奇迹,甚至在服装圈内形成了一种以小(品牌)博大(市场)的路径,它引爆了中国服装界的特许经营风潮。而在大型服装企业中,杉杉集团成为第一个进行特许经营改革的企业。

自20世纪80年代以后得以迅速发展的中国服装业,到90年代末期在营销中采用的方式主要有三种:一是在全国寻找代理商、经销商、零售商;二是在各地自设分公司、办事处或营销中心;三是直接开办各种各样的专卖店。一些大型企业则组合了三种方式,形成了一艘庞大的航空母舰。2000年改革以前的杉杉模式,就是由全国各地45家分公司、数百家办事处、2 000多家专卖店(厅),再加上生产基地五大分厂和集团总部,共5 000多名员工组成了一个庞大的"超级航母"。这种模式在"短缺经济"条件下给杉杉的发展带来了极大的促进,然而随着过剩经济的来临,随着服装生产水平的普遍提高,这种产供销一体化的模式很快显示出弱势,出现库存问题、市场费用问题、经营者积极性问题、道德约束失范问题等逐渐困扰企业的进一步发展,而且服装企业竞争能力转向品牌经营,都成为杉杉集团实施特许经营的动因。

复杂特许经营系统——价值链分割与职能重复,特许经营本质上是使杉杉集团顺应了服装产业专业化分工的发展潮流,将服装产供销价值链进行了合理的分割,将生产工厂通过品牌授权生产的方式进行特许,将市场通过区域加盟的方式进行特许,而集团则专心致志于服装企业最重要的竞争能力的经营——品牌经营。这样,对于杉杉集团来说,采用这种方式能最大限度地发挥自己的无形资产所蕴涵的潜在价值,充分利用社会资本,在更广大的范围内扩大自身的市场领域,体制性地调动品牌产品生产者和品牌产品销售者的经营智慧和经营积极性,实现低投入、高速度、高效益的扩张。而对于授许生产者和授许加盟销售者,则能以较低的投入获准使用杉杉品牌巨大的无形资产、经营模式和管理指导,降低投资风险,获取稳定且较高的收益。

从1999年底开始启动,至2001年全面结束,杉杉集团目前已拥有15家杉杉品牌产品生产企业,产品品种有了极大的丰富;拥有75家市场销售加盟公司,共2 180个专卖店(厅),构成杉杉集团强大的销售加盟网络。

现在,杉杉集团、品牌产品特许生产商、品牌产品特许销售商在"杉杉"品牌下,构成了一个具有极强竞争力的"战略联盟"。

案例2
"背背佳"品牌虚拟经营策略

在青少年矫姿市场,"背背佳"并不是第一个产品,第一个产品是河南新乡的"英姿带",杜国楹曾是"英姿带"的天津市场代理商,并成为"英姿带"代理的全国第一。在"英姿带"销售最火爆的时候,其产品质量和产品换代却没有做到位。杜国楹看到这个巨大的市场机会,自己投资买下了一个技术更加先进的专利产品,开始在市场上运作。

开始的时候，因为资金较少，杜国楹就以营销为龙头进行运作，自己不建工厂。当时，比较直觉的认识是：只要把产品样板市场做好了，经销商肯定愿意交钱，交押金，愿意带着钱来买货；只要有了一个能卖得出的好产品，才能欠原材料商的钱，而他们也才敢赊款。这是最原始的想法，现在回过头来总结：虚拟经营的实质就是怎么把核心优势制造出来，有了这种核心优势，就有了对资源的控制力量，就能够把制造商和销售商整合在你的周围。

杜国楹起家的时候只有几十万元。他认为，其实钱不是最重要的，最重要的是能够整合各种资源的核心优势。它可能是想法、策略或品牌，它能够把资源聚集起来。当时"背背佳"的困难有两个：一是资金状况极差；二是短时间内不可能靠自己在全国铺开市场，所以，只能选择虚拟经营。虚拟经营的第一步骤就是先在天津做出一个"样板市场"。

在天津建立"样板市场"以后，接下来就请全国的经销商来天津站柜台，亲自感受一下天津这个"样板市场"的火爆气氛，激发出经销商们的信心。接着，"背背佳"就开始出卖经销权，平均每家收取20万元左右，就这样当时一共收取了200万元。

从这以后，杜国楹把所有原材料供应商、加工商和经销商的积极性全都调动起来了。上游厂商加工他的产品，还给他赊货时间，给他提供资金支持；下游纷纷订货，资金大量预付，这使"背背佳"在资金上没有出现太大的问题。样板市场成功后，广告力度就上去了，这样很快就把市场扩展到全国，从而进入良性循环，而且销售形势越好对周围资金的调动能力越强，公司的品牌形象也就更强。

案例 3 "金六福"的 OEM 荣誉品牌策略

在中国白酒业普遍不景气的大环境下，作为后起之秀的金六福酒诞生4年来却一次次创造市场奇迹，销售量和销售收入连年成倍地增长，2001年，金六福的年销售收入达十几个亿，跻身白酒市场五强。业界惊叹，"黑马"横空出世了。有意思的是，金六福公司自己却连一滴酒都不生产，它的所有产品都采用OEM方式，委托"中国酒业大王"五粮液集团生产。金六福公司也将自身定位为规模化酒类营销企业。

金六福公司的东家新华联集团曾是五粮液另一品牌"川酒王"的湖南总代理，后来又做到全国总代理。在长期的营销工作中，新华联集团培养了一支能征善战的营销队伍和管理团队，积累了丰富的市场运作经验，探索了一整套颇具特色的营销模式，同时培育、完善了自己的营销网络。以新华联集团强大的资金实力与营销网络实力，长期为别人做嫁衣裳是难以想象的，因此，它决定创造自己的白酒品牌。

新华联集团选择的合作者是全国最大的白酒生产企业五粮液集团。五粮液出品的美酒具有清澈透明、窖香浓郁、清洌甘爽、醇甜柔和、入口浓香、香气悠久的独特风格，深受广大消费者的喜爱，主打品牌"五粮液"在国内外享有极高的知名度，白酒总销量居全国之冠。而且，五粮液的生产能力存在较大的过剩。1999年，它的年生产能力是25万—30万吨，而实际生产量不到15万吨。新华联集团在进行深入的调查与研究后，认为五粮液的核心优势是生产能力和质量控制,而自身的优势则在于市场营销、网络体系的构建以及对品牌的管理。双方战略相吻合,可以做到优势互补。

为了加强双方的合作,新华联集团特意在京注册了金六福酒业有限公司。1999年2月,由金六福与五粮液共同开发的金六福酒走入市场。双方的"恋爱"是成功的,短短几年金六福就成为中国酒界品牌中的佼佼者。金六福公司甚至很自信地说"在北京的酒店里,服务员如果端来两瓶酒,一瓶是茅台,另一瓶一定会是金六福"。五粮液对金六福的终端控制能力以及取得的成绩也很满意,双方打算进一步将合作期限由10年延长至20年或者30年。

案例 4
"梅林"、"正广和"、"光明"三大品牌联盟策略

1997年12月18日,上海梅林正广和(集团)有限公司正式揭牌成立,中国食品和饮品两大著名企业实现强强联手;次年12月18日,随着上海市食品进出口公司的加入,梅林正广和集团跻身于中国最大综合食品集团之列,形成食品饮料制造业、食品包装配套业、信息网络业、房产物业和国际贸易业等各领风骚的产业格局。旗下共拥有梅林、正广和、光明、申丰、金鸡、雪菲力、幸福、可口可乐、雪碧、日清、三得利以及阿华田等民族、合资品牌几十个。

这些品牌为梅林正广和带来效益的同时也带来了不少问题。由于缺乏有效的管理,诸多品牌广种薄收,且自相残杀,在品牌宣传及市场拓展上均显势单力薄,品牌与产品市场无法继续做大。为避免这种局面发展下去,梅林正广和进行了战略调整:从这些品牌中挑选梅林、正广和、光明三个知名品牌作为核心,强化集团整体形象和配套服务功能,利用集聚效应,发挥综合优势,做强以梅林、正广和、光明为主的三大品牌,同时带动其他品牌的发展。

梅林正广和集团在对产品进行分门别类和以三大品牌为中心进行资产重组的基础上,加大对产品结构调整力度和深度,确立了三大品牌发展的具体内容。

"梅林"以发展"厨房工程"产品为主,辖罐头、调味品、工业熟食和微波食品及蔬菜加工四大系列,形成以上海梅林食品有限公司等为内层企业,以梅林美达食品有限公司、梅林股份(绵阳)分公司、三得利梅林食品有限公司等为外围企业的"梅林"品牌企业群。

"正广和"主攻"饮水工程"产品,在桶装水、豆奶、软饮料和葡萄糖四个品种上精耕细作,并以"正广和"品牌为核心,分别成立上海正广和饮用水公司、正广和江川饮料有限公司、上海咖啡厂、北京正广和饮用水有限公司等企业。

"光明"则围绕"冷链食品"做文章,在冷饮、速冻、休闲及营养保健食品等领域求发展。选择益民食品一厂有限公司为主体组建"光明"企业群,包括益民食品一厂、光明食品有限公司、光明泰康食品有限公司等企业。

三大品牌分别交给各自的品牌管理委员会负责,并在三大品牌战略的基础上,推出七大事业部,这几个事业部分别为:梅林事业部,正广和事业部,光明事业部,包装事业

部,网络事业部,房主事业部和国贸事业部。七大事业部代表集团公司行使各自的经营管理职能,以品牌和资产为纽带,对品牌、质量、产品开发、市场营销及投资回报实行统一管理,逐步成为市场、人才、成本、科技和利润中心。

梅林正广和通过对三大品牌的战略组合,实现了企业资源的优化配置,增强了企业的整体实力和核心竞争力,也为它的国际化发展铺平了道路。

第八节 品 牌 延 伸

品牌的发展,品牌产品延伸是核心的任务。它可以使品牌更具生命力,形象更为丰富。

1984年,海尔集团的前身——青岛电冰箱总厂引进德国利勃海尔生产设备的技术,从事电冰箱的生产和销售。海尔是我国家电企业最成功的典范,海尔在张瑞敏的带领下冲出中国,走向世界无疑是许多企业学习的榜样。过去10年成功的品牌中,只有三成是新推出来的。从做电冰箱一种产品开始并成功后,海尔学习美国的通用和法国的皮尔·卡丹公司,大胆突破,"海尔家族"到2000年时已拥有包括电冰箱、洗衣机、空调、彩电、电脑、微波炉、VCD、传真机、电话、手机等在内的58个大门类9 200多个规格品种的家电群,几乎覆盖了所有家电产品。后来海尔还涉足到整体厨房、卫生间产品等家居设备行业以及与家电业风马牛不相及的生物医药行业和地产。到1994年底,海尔旗下的产品已包括27个门类,7 000余个规格品种。

在竞争越来越激烈的市场上,要完全打造一个新品牌,是一个非常困难的事情,耗费大量的人力、物力、财力不说,是否能够成功还是一个疑问,而品牌延伸正是借力使力、省心省力的解决之道。借助已经成功的品牌,就好像是站在巨人的肩膀上,可以看得更高,望得更远,产品成功的概率更大。无疑对于发展中的中国企业,品牌延伸不失为一条快速占领市场的"绿色通道",同时品牌延伸,企业可以避免把鸡蛋放在同一个篮子里,这样企业可以"东方不亮西方亮"。美的、春兰、联想、TCL等品牌,运用品牌延伸策略,取得了巨大的成功。

但是,品牌延伸也决非包治百病的灵丹妙药。合理延伸可以借品牌之力带动更多的产品。但违背品牌精神的延伸会伤害整个品牌的形象。品牌不是你的,品牌是消费者的,消费者对于品牌的看法有时会顽固到令人吃惊的地步,不负责任的延伸就是对忠诚消费者的触犯。

要成功实现品牌延伸就必须综合考虑所涉及各方面的因素。诸如品牌核心价值与品牌个性延伸产品与原有产品的属性、延伸产品的市场前景、延伸产品的竞争状况、企业财力与品牌推广能力,等等。而品牌核心价值与产品属性又是最重要的。延伸最忌讳的是延伸后的产品特性和形象模糊甚至同品牌原始的概念冲突。品牌的意义在于它具有能在同类产品中明显区隔的能力。

一、符合核心价值和个性

一个成功的品牌有其独特的核心价值,一般来说,若这核心价值能包容延伸产品且产品属性不相冲突,就可以大胆地进行品牌延伸。也就是说,品牌延伸不能与品牌核心价值相抵触。

皮尔·卡丹从服装延伸到饰物、香水、家具、食品、酒店、汽车甚至飞机造型,同样,船王、雅戈尔、美尔雅、华伦天奴等品牌麾下的产品都有西装、衬衫、领带、T恤、皮鞋、皮包、皮带等,有的甚至还有眼镜、手表、打火机、钢笔、香烟等。价格跨度很大,产品关联度较低的产品,但也能共用一个品牌。因为这些产品虽然物理属性、原始用途相差甚远,但都能提供一个共同的利益,即身份的象征、尊贵的标志,能让人获得高度的"自尊"和满足感。购买皮尔·卡丹食品不只是为了填饱肚子,而是感受顶级品牌带来的无上荣耀。

美国的派克笔一直以价高质优著称,是上层人士身份的象征。后来生产每支仅三美元的低档笔,结果不但没有顺利打入低档市场,反而丧失了一部分高档市场。其高贵的品牌形象受到损伤。

夏利对于中国人来说再熟悉不过了,尤其是在北京,夏利曾经是出租车的代名词。2001年春节前,夏利2000作为新生代家用轿车的重要力量,以13.28万元的定价进入市场;对于此次品牌延伸,夏利瞄准了更有潜力的私家车市场,但可惜的是"夏利2000"这个初生儿,销售量一直不尽如人意,库存积压居高不下。夏利的品牌延伸不幸遇阻。

为什么会这样?理智地评判,当年"夏利2000"的性价比非常合适,但消费者就是拒绝接受。

在中国,轿车绝不仅仅是一种代步工具,它更是一种身份的象征。提起夏利2000,任何人都会自然而然地把它和夏利出租车联系在一起,消费者纷纷表示:"13万元买辆夏利,太贵了吧。"

消费者会有这样的反应其实不足为奇,夏利汽车长期定位于出租车、低档车市场,而此次的夏利2000却瞄准中端的私家车市场,虽然其采用了丰田最新技术,除发动机为夏利原产外,其余主要配件也来自进口,并且与老夏利在完全不同的两个生产线上进行生产,但因为"名称"的关系,消费者却"自觉"地把它认同为夏利出租车的新产品。

厂家单纯地认为,性价比对汽车至关重要,但却忽视了品牌名称的作用,从根本上说是品牌战略的缺失,要知道品牌名字除了代表某一事物的符号外,更能体现一个品牌的内涵,其中包含品牌价值、品牌联想、企业形象等。"夏利2000"的命名,完完全全保留了夏利出租车的全部信息,不自觉地让人联想到该车陈旧、呆板的品牌形象。厂家希望夏利这个品牌在私家车市场有所突破,但这岂是自己能决定的,再好的性价比,再先进的生产流程,只要消费者排斥,"夏利2000"也只能无功而返!

因此,要注意品牌延伸是加强而不是稀释原来的品牌个性。品牌是顾客心中产品的阶梯,谁踏上它,谁才是真正的赢家。从心理上讲,品牌广告多少带有某种乌托邦的性质：这不仅指它在内容上把对象推向理想化和形式上的浪漫主义,而且在接受上鼓励别人联想、暗示和幻觉,促成对其产品的崇拜心理。

二、新老产品的关联性

产品的关联性是指延伸产品与原有产品属性具有相关性。但有一种情况,如果延伸产品与原有产品的核心价值一致,只要产品属性互不抵触,也可以延伸。

一般来说,以档次、身份及文化象征为主要卖点的品牌,一般很难兼容中低档产品。就像皮尔·卡丹、华伦天奴,虽然旗下有数千元的服装,也有几十元的小饰品,但在其同类产品中,都是属于高档次的产品,因此不会影响其形象。

为了顺应20世纪80年代轿车的小型、节油趋势,一直是卓越、财富和荣誉象征的凯迪拉克推出了一款称作"西马龙"的小型车,想借此改变凯迪拉克耗油大王的形象,然而,没有消费者青睐,"西马龙"折戟沙场。原因就在于凯迪拉克的目标顾客本身追求的就是一种奢华,并非为了节油,这种改变其一贯形象的做法自然得不到消费者的认可。

海尔的延伸较好地遵守了产品关联性原则,海尔以冰箱起家,向同类别的白色家电延伸,再以白色家电为核心,向相关领域如黑色家电、移动通信等信息领域拓展,其延伸过程基本遵循了产品的关联性原则。

三、行业和产品的特点

行业和产品的特点就是你的企业处在什么行业,以及你在行业中的优势和产品的一些特点。如"娃哈哈"属于饮料行业,你延伸饮料和食品,以及跟儿童有关的东西,就比较合适;如果你延伸到家电机械行业就不合适。

三九集团以999胃泰起家,提起999,消费者潜意识里首先联想起的是999胃泰这种药。后来,999延伸到啤酒,一些消费者在喝999冰啤的时候,总是感觉有胃药的味道。从另一个意义上说,胃药是保护胃的,而饮酒过量则会伤胃。同样的道理,活力28延伸到水饮料,也是不合适的。

因此,品牌延伸不能没有章法。如果不能改变品牌名称,单一品牌的延伸要延伸到相关的产品门类上,就要延伸和活化已有的品牌性格,而不能在不相关甚至对立的门类上延伸,这样不仅伤害原有产品的门类,还会改变消费者对品牌原有的好感,使原有品牌形象模糊。

> 一提到"雅马哈"很多人就会想起重庆引进日本的"雅马哈80"摩托车。它在中国是摩托车的代名词。其实"雅马哈"刚开始不是做摩托车的,它风靡日本和全球也不是摩托车,摩托车只是后来延伸的产品。"雅马哈"原本是一种木工机械的型号,是日本乐器公司加工乐器外壳等木制部件的主要机械设备。
>
> 日本乐器公司为了提高生产效率,降低成本,使其产品以质胜人,对生产过程和工艺操作进行了一系列的技术革新,其中生产木壳部件的机械设备革新最为成功,

使整个生产过程达到了高度自动化。这一项技改起到一箭双雕的作用,不但提高了经济效益。而且使该公司"雅马哈"机械也名扬四海。

日本乐器公司狠狠抓住"雅马哈"之势,乘风破浪,多方出击,很快把一家资本微薄、生意平平的小公司发展成为一家资本雄厚、业务兴旺发达的大企业,推动了整个乐器公司的各项业务的开展。

"雅马哈"是怎么做的呢?

首先利用其生产的各种乐器,大做宣传,提倡音乐普及活动。20世纪60年代初期,日本乐器公司就以雅马哈音乐振兴会之名,在日本各地开办雅马哈音乐辅导班,使人们逐步对音乐产生兴趣。1986年,他们在日本国内举办音乐辅导班达9 500多个,学员有60万人次。

与此同时,日本乐器公司以"音乐无国界"为口号,使其音乐普及活动成为"雅马哈"走向世界的跳板。现在,它已在世界30多个国家250多个城市设有500多个辅导班,拥有学员300多万。"雅马哈"的知名度更高了,买"雅马哈"乐器的人也多了。

随着"雅马哈"的声势越来越大,日本乐器公司接着开展了"以乐器为主、多种经营",充分利用雅马哈机械的先进技术,生产家具、室内设备及体育运动器材,不久又扩大和改进设备,生产摩托车。

这些延伸的产品,均使用"雅马哈"这个牌子,很快就行销起来。

20世纪90年代前,彩电市场上还听不到TCL的声音,这个名字在电话机市场倒是如雷贯耳,产销量稳居同行业榜首。1992年,TCL迎难而上,大规模进入当时竞争激烈的彩电行业。4年后,TCL坐上了中国彩电的第三把交椅,这个成绩一直保持到现在。

分析TCL的品牌延伸策略,发现它是靠独辟蹊径,扬长避短取胜的。

劣势:从市场状况而言,当时彩电市场销售锐减,普通彩电已趋饱和,获利能力下降,且市场竞争激烈,国外名牌彩电影响力非常大,从技术、生产资源的相差性来讲,电话机与彩电之间几乎不存在什么联系,彩电的技术难度要明显高于电话机。

策略一:市场和产品的选择。TCL经过广泛、周密的市场调查,找出了一个吸引力较大的区隔市场——大屏幕彩电。当时国内彩电基本都在56厘米以下,64厘米以上彩电主要被国外品牌占据,但进口彩电的价格高昂,国内大屏幕彩电的缺点是品质较差。在这种情况下,TCL结合国外彩电发展趋势,决定选择71厘米彩电为进入彩电业的第一个产品。针对市场需求,TCL的设计减少了进口彩电一些不必要的装置与功能,降低了产品成本,同时在产品质量上投入大量精力,使之较国产彩电有很大的进步。

策略二：通过合作弥补生产之短。TCL没有走自建工厂的老路，而是在1992年租用厂房和生产线，生产出首批71厘米TCL彩电。从长远看，这种方式难以形成规模。为解决这个问题，TCL决定采用合资生产的方式。经过调查分析，TCL选定有彩电生产和销售能力的香港长城电子集团为合作伙伴。

策略三：有效的市场推广。1993年TCL大规模向国内市场推出大屏幕彩电，在"有计划地市场推广"策略推进过程中，利用强大的销售网络，其市场占有率节节上升。尤其是1993年底，TCL通讯设备公司在深圳公开上市，再加上刘晓庆的名人广告效应，TCL品牌逐渐成为中国彩电知名品牌。1994年生产彩电55万台，1995年彩电销售额超过20亿元，同时电话机产量554万部，仍居全国第一位。

策略四：合资兼并。为巩固提高市场地位，TCL于1996年6月南下香港兼并了香港陆氏实业集团的彩电项目，1年以后，又与河南美乐电子集团合资组建"TCL美乐电子有限公司"。业界称之为企业并购的"TCL模式"。

在彩电市场节节胜利之时，TCL还充分利用品牌、市场优势将产品延伸到了电工、电器、手机、电脑等领域，现在它的总产值在全国电子行业中排名第三，仅次于上广电、联想。

 学习重点和小结

品牌概念和品牌特征表现

品牌作用

品牌的价值

品牌联想的建立

品牌线路和品牌运营战略

品牌延伸原则

练习与思考

一、名词解释

1. 品牌
2. 品牌美誉度
3. 品牌忠诚度
4. 品牌虚拟经营

二、分析题

夏利这个品牌延伸，你觉得往哪方面延伸会好一些呢？如果夏利企业还想做中高档轿车，你觉得它搞什么样的策略会好一些呢？

三、案例题

认真的女人最美丽
——台新银行玫瑰卡

台新银行玫瑰卡在 1995 年 7 月上市以来，在短短的一年半时间里突破了 10 万张的发卡量，台新银行也因此成为台湾地区第三大发卡银行，而且玫瑰卡成功地区隔了信用卡市场，并对独特的诉求建立了玫瑰卡特别且令人注目的品牌个性，从而一跃成为台湾女性信用卡的领导品牌。

一、品牌命名

长久以来，玫瑰即代表女性对爱情浪漫的憧憬，尤其在女人重要的日子"情人节"中，玫瑰花更代表爱情永恒的誓言。玫瑰好听，好记，是我们日常生活时常会购买的花种。玫瑰花除了女性喜爱之外，男性也欢迎。因此，产品命名为台新银行玫瑰卡 Lady's Card，上市以来，"台新银行玫瑰卡"已成为女性信用卡的主流及代名词。

二、市场区隔

在台新银行加入发卡行列之前，台湾地区的信用卡市场几乎是花旗与中信的天下，他们以雄厚的财力及大笔媒体预算为后盾建立了很高的知名度并迅速占有大部分市场。在当时状况下，所有的发卡银行都将整体市场视为单市场经营。

然而经由资料显示，女性持卡人拥有较好的信用历史，她们工作稳定，发生呆账情形少，女性消费者较容易被营销诉求感动，进而产生认同，尤其是年轻女性较易被新的营销活动吸引。加上女性消费能力的不断提升，台新银行预测女性的信用卡市场将有很大的发展空间，因此，将女性界定为台新银行信用卡的主要目标市场。

她们是一些这样的人：喜欢煮咖啡，不喜欢煮饭；工作全力以赴，表现一流；热情，爱冒险，却又心思细密；喜欢外出旅游，会赚钱，也会花钱；有自己的消费主张，有专属于女人的信用卡台新银行玫瑰卡。她们就生活在你我的四周。

思考问题：

1. 你认为台新银行玫瑰卡塑造的个性是什么样的。请你描述一下。
2. 如果把台新银行玫瑰卡这个品牌看作是一个人，那她是什么样的一个人？她的性别、年龄、教育程度、性格、气质、衣着打扮、工作状况是什么样的？
3. 你准备用什么策略来塑造她的这种个性。

第十章

品牌再定位

 **学习目标**

学完本章,你应该能够:
1. 了解品牌再定位的原因;
2. 熟悉品牌定位的流程;
3. 掌握品牌定位的策略。

据统计,一位普通的上班族,从每天上班的路上,到公司翻阅各种报刊、书籍以及同事之间的交谈,再到下班回家看电视,他所接触的信息不会少于 200 条,如果是休息日逛街,接触的信息会更多,而这些信息,绝大部分在第二天早上醒来以后便消失得无影无踪。而如果我们购买衣服,可供选择的式样的种类有 1 000 种以上,购买香烟,有 200 多种,即使是购买感冒药,也可以有几十种选择。

> 品牌定位是为了让潜在顾客能够对该品牌产生有益的认识,进而产生品牌偏好和购买行为而建立一个与目标市场有关的品牌形象的过程。

成功的品牌定位能从消费者眼中众多信息中脱颖而出,建立一条信息捷径,使信息能成功达到消费者心中,促使其购买行为的形成。

品牌定位不是针对产品本身,而是针对消费者内心深处所下的工夫。每天,成百上千的信息竞相传播,想在消费者的心智中占有一席之地。实际上,除了在商场里存在货架以外,在消费者的脑海里,也存在一个货架,如果你只是将货铺到了商场的货架上,而没有铺到消费者脑海中的那个货架上,那就是毫无意义的事情。前一个铺货工作可以由销售员完成,而后一个铺货工作则正是品牌定位所要解决的问题。产品定位是某一个产品在消费者心中的位置,而品牌是一个产品或者多个产品的集合,因此,品牌定位是各个产品的共性在消费者的心智中占有一席之地。

一般来说,品牌的定位是不可以随意改变的,经常地改变定位会使消费者对品牌的认知陷入混乱。但这并不表示定位就是一成不变的,它有时也会根据市场、竞争者、消费者以及企业的变化而改变,这就是品牌的再定位。

第一节　品牌再定位的原因

一、原有定位遭遇变故

这种变故通常不是由企业的意志所能决定的，品牌是受害者，例如品牌原有定位遭遇不可抗力损害，遭遇竞争者或持不同意见者的诋毁，或者政府政策的变更。康泰克在国家有关部门明令禁止销售含有 PPA 成分的感冒药之后，不得不对品牌重新定位，特别强调其新品不含 PPA。

二、原有定位过时

原有定位因为时代的变迁而成为陈年旧事，已不适应新的形势发展。宝洁公司刚进入我国时，旗下品牌"飘柔"最早定位是二合一带给人们的方便以及它具有使头发柔顺的独特功效。后来随着时间推移，宝洁在市场开拓和深入调查中发现，消费者最迫切需要的是建立自信，于是从 2000 年起飘柔品牌以"自信"为诉求对品牌进行了重新定位。

三、原有定位过窄

如果保健品只是定位于礼品，或者在人们的脑海中已经等同于礼品，那么，销售的淡旺季就会非常明显。这属于定位过窄，需要拓宽。比如苹果公司原名为苹果电脑公司，由于公司业务拓展到音乐、音乐商店、手机、平板电脑、零售等，原有品牌定位过窄，于是在 2007 年 1 月 9 日进行改名，现在苹果公司全称为"苹果股份有限公司"。

四、定位模糊

消费者对品牌只有一个大概的印象，并不知道它有任何特殊之处。造成这种状况可能是由于品牌定位太多或者时常改变定位的缘故。

宝马车定位从"舒适"转向"驾驶"

1974 年，为了拓展宝马汽车在美国的潜在市场，宝马汽车公司投下巨资，在美国收购建立自己的销售渠道，并同时开展大量的广告活动。埃米雷提-普利斯广告公司（以下简称埃-普广告公司）参与了宝马汽车公司的广告，当时美国市场上，凯迪拉克牌汽车的销售量为 150 000 辆，林肯为 90 000 辆，奔驰为 40 000 辆。宝马要在美国市场上获得成功，势必要从这些竞争对手中夺取市场。为测试宝马汽车在消费者心目中的形象地位，埃-普广告公司在美国西部进行了一项调查活动。活动中，埃-普广告公司把一辆宝马汽车与凯迪拉克、林肯等品牌汽车停放在一起，试探人们的反应。调查结果表明,几乎所有人对宝马汽车均无好感。他们嘲笑宝马汽车的外形笨拙得像个铁盒,轮轴露在外面有损雅观。他们为自己的车有电动车窗、真皮座椅、镀铬车身而自豪;而宝马汽车在这些方面却一样没有提供。宝马汽车优异的驾驶性能和精心的内部设计没有引起人们的注意。

面对这种情况,埃-普广告公司决定把目标市场定位于战后新一代人身上。这一代出生于美国的生育高峰期,与习惯于坐凯迪拉克汽车的父辈相比,他们有自己的个性、追求和偏好,他们渴求有一种新的品牌来标志他们的价值观。宝马汽车优异的驾驶性能和精心的内部设计正好吻合战后新一代热情好动、追求刺激的消费心理。因此,在这个新的市场上,宝马汽车要充分利用其优异的驾驶性能,而不是简单地在电动车面、皮革座椅、镀铬车身上和其他品牌竞争。埃-普广告公司如此描述这种新的定位:"我们要力图改变人们以往的豪华轿车价值观念,今后,性能是否优异是豪华轿车的新标准。按照这个新的标准,现有的轿车没有一辆称得上真正的豪华轿车。由于过于追求舒适,现有的轿车几乎变成了起居室的等价物,使人们完全失去了驾车的感受。"

以"驾驶极品车"写真宝马汽车,这个广告主题及定位取得了巨大成功,因为它与其他强调"坐车享受"的豪华轿车完全区分开来,突出了宝马汽车的差异和优势,强调了宝马汽车独一无二的卖点:一辆真正的豪华轿车必须具备优异的驾驶性能。使宝马车是"驾驶极品车"在消费者头脑中清晰起来。

五、竞争品牌效仿或超越定位

世界上最成功的快递公司——联邦快递以快速服务为定位,取得令人瞩目的成绩,然而,联邦快递发现联合包裹(UPS)、敦豪快递(DHL)等纷纷效仿自己,也以快速服务为定位,于是联邦快递提出:不论条件如何恶劣,联邦快递都将按时交货。从而与其他效仿者区别开来。它并没有脱离快速服务的定位,不过是在此基础上再加强,赋予新的含义。

酸梅汤作为京城的一种传统饮料,一直没有进入主流消费的视野,尽管康师傅与信远斋的产品早就出现在市场货架上,也一直没有一个强势品牌主导这个品类。自2007年九龙斋启动"解油腻"品牌战略以来,经过一年多时间的品类教育,多个酸梅汤跟随品牌搭上"解油腻"顺风车,销售在短时间内都得到快速增长。其中,九龙斋的最大竞争对手——康师傅,凭借其强大的渠道网络优势与低价策略,在大流通领域收获了近三分之二的市场份额,对九龙斋的品类主导目标构成了压力。九龙斋便重新定位为"全天然熬制",从而隐含地将康师傅贬为与"工业配伍"的廉价产品,给其贴上了不健康的负面标签。

六、品牌战略转移

如果公司需要进入新的行业，推出与核心业务并不相关的新产品，就有可能需要重新定位，以使新产品能纳入品牌的整体定位之中。如格兰仕在1991年以前是生产羽绒服和鸡毛掸子的企业，后来搞起微波炉，并且把微波炉作为自己公司的主业。这给定位增加了难度。如果公司要彻底与过去的业务决裂，那么就需要颠覆性的定位，而不是改良性定位了。

万宝路的"变性"定位

在万宝路创业的早期，万宝路的定位是女士烟，消费者绝大多数是女性。其广告口号是："像五月天气一样温和。"可是，事与愿违，尽管当时美国吸烟人数年年都在上升，但万宝路香烟的销路却始终平平。女士们抱怨香烟的白色烟嘴会染上她们鲜红的口红，很不雅观。于是，莫里斯公司把烟嘴换成红色。可是这一切没能挽回万宝路女士香烟的命运。1954年，莫里斯公司决策层针对香烟市场审慎分析之后，做出了几项重大决策：让李奥·贝纳对品牌重新再定位。李奥·贝纳改变了万宝路的品牌方针。对万宝路做了"变性手术"——把原来定位为"女士香烟"的万宝路重新定位为"男子汉香烟"。

李奥·贝纳是美国广告界最有名的大师之一，也是世界广告学奠基人之一。当时在美国享有很高的威望。他经过周密的调查和深思熟虑之后，大胆向莫里斯公司提出：将万宝路香烟改变定位为男子汉香烟，并大胆改造万宝路的形象：包装采用当时首创的平开盒盖技术并以象征大量活力的红色作为外部包装的主要色彩。

广告上的重大改变是：万宝路广告不再以妇女为主要诉求对象。广告中一再强调万宝路香烟的男子汉气概，吸引所有喜爱、欣赏和追求这种气概的消费者。

按李奥·贝纳的创意，这种理想中的男子汉也就是后来在万宝路中充当主角的美国西部牛仔形象：一个目光深沉、皮肤粗糙、浑身散发着粗犷、豪迈、英雄气概的男子汉，袖管高高卷起，露出多毛的手臂，手指间总是夹着一支冉冉冒烟的万宝路香烟，跨着一匹雄壮的高头大马驰骋在辽阔的美国西部大草原。这就使万宝路广告成为广告史上最成功的广告概念之一。

万宝路广告成功之处还在于万宝路广告形象始终如一以及数十年不变的广告表现。自1954年万宝路以牛仔为标志的广告主题创作以来，基本的设计一直未曾更改过，只是在不同的国家，广告画面被强调的元素有些不一样，如牛仔的特写，有的夹着烟，有的不夹烟，有的指间夹着火柴，有的夹着打火机。现在万宝路不必打上"万宝路"品牌，任何人一看那粗犷的牛仔广告，就知道是万宝路香烟。

第二节　品牌定位流程

下面是品牌定位决策分析的几个步骤。

一、确定品牌涵盖的产品线

> 品牌不是产品，品牌是一种复杂的象征，它是产品、品牌属性、包装、价格、历史声誉、广告方式的无形总和。

因此，品牌包含了产品，但是这个产品可能是一种，也可能是多种。如宝洁公司"海飞丝"这个品牌属下就是一种产品洗发水；山西杏花村酒厂的"汾酒"品牌也是一种产品；"海尔"品牌旗下就不是一种了，它有洗衣机、空调、电视机、冰箱、手机等好多个产品。品牌在产品之上增加了附加的价值，因此，对于品牌定位来说，必然离不开产品这个实体。如果这个品牌的旗下有多种产品，那么品牌定位就要考虑能够兼容这几种产品，找出它们的共同优势，只有一种产品，也要考虑这个品牌在将来是否还要发展更多的产品，将来的产品也要在共同的品牌定位之下。

二、寻找产品本身的风格

品牌的定位包含了产品的定位，这种定位不是信手拈来，而是来自产品与生俱来的秉性，否则，这种定位是站不住脚的。关于农夫山泉，它的品牌定位是这样的，它是一种来自千岛湖水下70米深层的天然水，干净且有点甜，它提供给那些注重生活品质，付得起一般价位之上的人士。在我国瓶装饮用水市场，娃哈哈、乐百氏稳居领袖地位，作为后来者的农夫山泉，如何才能赶上甚至超过它们呢？农夫山泉没有跟随，而是另辟蹊径，开创出一片新的市场——天然水，与纯净水平起平坐，至少在这片市场中，农夫山泉已经成为领袖。农夫山泉以独一无二的定位俘获了消费者的心。我们不难看出，农夫山泉"有点甜"以及"天然水"的定位不是无中生有，而是产品实实在在的特点，如果离开了产品的这些特点，这些定位只会成为不堪一击的笑料。

三、击中目标消费者的心弦，找他们的语言和行为

在进行品牌定位时，脑海中必须有一个清晰的对象，即目标消费者。确定目标消费者后，便可以描述他们的特征，然后借助于消费者调查，了解目标消费者的消费心理和消费习惯，以及他们面对的现实，将自己看作是那些消费者中的一分子，以现实的眼光审视消费者的相关利益和需求找到最重要的那个点，击中他们心底的那根弦。不同的年龄段有不同的想法、烦恼和注重点。观念的不同，行为就不同。小孩子不喜欢让别人说小，总觉得自己长大，引起你关注他的想法；而老人又不喜欢听到别人说他老，因此他们把自己头发染黑，而做品牌就是深入他们心理，说他们想听的话，运用他们的语言打动他。

四、创造品牌差异

品牌差异首先要基于品牌自身的特点,但并非所有的特点都可以看成是定位,科技、创新是海尔品牌的重要特点,但却不能成为它的品牌定位,因为在几乎每一家企业都高喊着科技、创新口号的环境里,这一特点并不能将海尔有效地区别于其他竞争者。还有一些服务业都讲微笑服务,讲顾客是上帝,顾客永远是对的等等,这是行业用语,并不是只有你一家企业是这样,所有的服务业都可以用这些,因此属于共性的,最好不要当作品牌定位。但同时,也并非所有的差异都是有价值的。有些差异只是短暂的,或者会增加成本,或者这个差异并不能打动消费者。一般来说,有价值的差异必须符合以下标准:它是与众不同的,不易被模仿,它给顾客以显而易见的利益,并且有利可图,它没有超越顾客为这种差异所愿意付出的代价。

品牌差异是相对竞争者而言的,没有竞争的存在,定位就失去了意义。企业在进行品牌定位时应充分考虑竞争者的品牌定位,力求在品牌个性和形象风格上与竞争者有所区别,否则,消费者很容易将后进入市场的品牌视为"模仿秀"而难以产生信任感,哪怕企业做得再好,顶多也不过是个"超级模仿秀"。

第三节 品牌定位策略

> 产品定位和品牌定位是不是相同?它们的区别是什么?怎样理解它们的关系?

品牌定位就是寻找品牌在市场中的最佳位置,确立品牌的热点、趣点、视点和卖点,并牢牢占领。品牌广告策略要想获得成功就必须进行科学合理的品牌定位。品牌定位一般包括以下几点。

一、产品情感形象定位

情感形象定位是指消费者在购买、使用某种品牌产品的过程中获得情感的满足。情感定位的主题可以是亲情、友情或爱情,情感性利益定位的关键在于能触动消费者的内心世界。在产品同质化越来越严重的今天,越来越多品牌产品提供情感利益,与竞争对手品牌形成差异。作为一种定位方式和渠道,"情感形象与价值"已成为许多品牌市场定位和诉求的重要切入点。配合"情感形象"命名并定位品牌,也能直接和间接地冲击消费者的情感体验而具备明显的营销力量。如雕牌洗衣粉,其通过下岗职工艰难的生活,暗喻产品物美价廉,以孩子一句"妈妈,我能帮您干活了"感动了普天下多少父母的心。丽珠得乐胃药"其实,男人更需要关怀"这一句情感定位,说出了多少男人的心声,感动了不少为生活辛苦而奔波的男人。

要调动消费者的感官情绪,可以有许多的方式,比如幽默、严肃、欢乐、怀旧、性感、神秘等。一些以情感定位的品牌，常常是选择其中的某一种方式，作为其品牌传播的长期风格。例如左岸咖啡馆，以一种村上春树般的忧郁、怀旧情绪感染了成千上万年轻的女士，它的平面广告是黑白的，甚至连电视广告也是黑白的。

奥林蒸馏水，"深圳人的渴望！"

广告公司项目小组接到了奥林公司的委托。首先开始市场调研。市调结果出来以后，基本情况是这样的：在深圳市场中，益力、怡宝和景田分坐市场的第一、第二、第三把交椅，杂牌军林立，叫得出名的有禾润、天与地、喜力等，还有走高价路线的进口饮用水屈臣氏等，共有二三十个品牌之多。经过不断的调查分析，项目小组发现"深圳人"这个概念具有挖掘的潜力。定义深圳人包括这几个方面：平均年龄26岁，文化素质高，敢冒险，爱刺激，富有创业心；来自全国各地，背井离乡，有漂泊感，思乡心切；无论酸甜苦辣，每个人都有一个闯荡深圳的故事；迫于生活，玩命工作，注重金钱，太过实际；人情淡薄，难以结交朋友，孤独寂寞感常有；个人主义普遍等。

奥林蒸馏水的目的是为了满足人们最低的层次需要——解渴，如何把它与深圳人追求的最高的需要层次结合起来？经过一番思考，奥林创意出来了——奥林蒸馏水，深圳人的渴望：以讲述一个平凡的故事，道出他们心中的渴望，获得他们的共鸣和注意。

用情感诉求进行品牌定位升华了产品的精神意义：使产品不是一瓶冷漠、简单的蒸馏水，而是一瓶"为渴望的深圳人解渴"的水，是一瓶有感情的水。广告文案力求消费者在心灵震动的一瞬间，记住"奥林"这个人情味十足的品牌。

宝洁一次性尿布定位

宝洁公司生产一次性尿布，因为定位失误，一度陷入困境。在美国这是一个前景非常诱人的市场，全国每星期要用3.5亿条以上。而宝洁的一次性尿不湿，与同类产品相比占有技术上的绝对优势，它方便、卫生、柔软、吸水，用后即可丢弃。这一产品的最大特点便是方便，自然而然，广告的诉求也集中在这一点上，极力表明这是一件对母亲极为省力的物品。

然而事与愿违，这种一次性尿布投入市场后，市场行情并不看好，在相当长的时间内还未占领市场份额的1%。这真是不可思议，这么好的产品，怎么会得不到母亲的青睐呢？在经过了细致入微的调研分析之后，宝洁发现，将广告定位于产品带给母亲的方便,正是问题的症结所在。首先母亲们认为纸制的尿布是"一种不可靠"的东西,她们只有在外出时才会选用它;其次她们会觉得为了自己的方便而用这种一次性尿布,是一种对孩子的不负责任,这样的母亲会被看作是一个懒惰、浪费的母亲,没有尽心尽力尽到做母亲的职责。

这就是母亲们内心细致而微妙的情感思维,宝洁忽视了这一点,因此而失败。于是,新的广告一改以往所强调的带给母亲的方便和舒适,而把母亲爱护自己婴儿的心态融入其中,力图向母亲们传达这样的信息:使用这种新产品将使婴儿体表保持干燥、舒适和卫生,是对婴儿的体贴关爱,是一位称职母亲的选择。这一次,母亲们开始大量使用这种产品,因为这是为了宝宝,而不是为了自己。

二、产品消费观念定位

如今,"消费观念"已成为现代社会人们日常消费的一种模式和倾向。将一种观念传递给消费者已成为备受众多品牌经营者青睐的方法。如宝马汽车的定位是:"赋予驾驶的愉悦,强调感性、浪漫的色彩,传达了一种浪漫华贵、青春活力的品牌观念。"这种消费观念定位使得品牌独具魅力。还有摩托罗拉的"MOTO"全新理念的推出,使卖时尚胜过卖产品,这些全得益于产品消费观念的准确定位。

动感地带:定位于"年轻人的通信自治区"

1. 动感地带目标群选择

移动通信是黏性很强的产业,消费者一旦使用,几乎终生难以脱离。一个20岁的新用户将比一个40岁的新用户为企业多创造20年的价值,因此,为争取一个25岁以下的年轻人入网而进行的营销投入应该更高。

2. 动感地带定位分析

年轻人目前可支配收入有限,能够分配给移动通信的消费也必有限。年轻人追赶时尚潮流、兴趣广泛,必须把有限的消费支出拆分为多种分配:书籍杂志、网络游戏、Nike运动鞋、英语学习班、日本漫画书、麦当劳汉堡、百事可乐……一个都不能少。如果将动感地带仅限制在运营商的竞争圈中,它必将被限制。如果将竞争的范畴锁定在年轻人的"钱包",路更广阔。所以,动感地带将品牌定位在"年轻时尚品牌"的行列。"我们希望未来的动感地带用户可以每个月少喝一瓶可乐、少吃一个蛋筒、少泡一夜网吧……通过移动通信,多和父母朋友沟通一些,尝试更多的移动娱乐、资讯,聊出更多新朋友,享受更多的外出游走的新乐趣……"现实中,移动通信正在努力从语音时代向数字时代跨越,日新月异的新产品所提供的服务正是如此。于

第十章 品牌再定位

是"年轻人的通信自治区"新鲜出炉。

3. 动感地带目标群洞察

15—25岁的年轻人(主要是大学高年级或刚毕业的学生,其次是中等学历和较早进入社会的年轻人及家庭条件好的中学生),崇拜新科技,追求时尚,对新鲜事物感兴趣。他们凡事重感觉,崇尚个性,思维活跃;喜欢娱乐休闲社交,移动性高;有强烈的品牌意识;是容易互相影响的消费群体。

三、品牌之间的竞争定位

竞争定位是以竞争者品牌为参照物,依附竞争者的定位,竞争定位的目的是通过品牌竞争提升自身品牌的价值和知名度。但需要明确的是,竞争定位并不适用于所有情况。在定位时以竞争者为参照物通常基于以下理由:一是竞争对手是市场霸主,实力雄厚,无法正面与之抗衡;二是竞争对手可能已树立了稳固的市场形象,依附竞争者,可以传递与之相关的信息;三是有时消费者并不在乎你的产品究竟如何,他们只关心你同某一特定竞争者的竞争档次。因此,对产品的价值和质量,消费者很难定量感知。此时,采用依附定位是合适的。品牌就是在相互之间不断的争斗中成长起来的,在这种争斗中,市场慢慢地做大了。百事可乐与可口可乐这一对欢喜冤家,就是运用这一定位的典型例子。

2000年TCL美之声与步步高之间的电话机交战更是国内品牌竞争的典范。当时在中央电视台新闻联播后的广告时段里,先后出现了两个无绳电话的广告,前一个是步步高的"步步高无绳电话,方便千万家",后一个是TCL新品美之声的"无绳电话不清晰,方便又有什么用"。美之声以竞争者定位的这则广告掀起了轩然大波,步步高迅速作出反应,美之声在上海的广告贴着步步高播出仅一天,步步高就撤下了自己的广告,并开始与美之声交涉,一个月后达成协议:美之声撤下广告,步步高也放弃反击。然而,在美之声以"清晰"为定位登场后,其他厂商纷纷跟进,并针对步步高的"来电看得见"宣称其"来电不用看",厦新则高喊"方便清晰还不够,安全保密最重要",一时,无绳电话市场硝烟弥漫。

四、品牌表现符号定位

品牌符号形象是现代企业实施市场营销的自我标志。就是运用产品的品牌符号形象、知名度扩大产品在市场上的感召力,以完成产品的知名度推广任务。运用品牌符号形象定位有利于在消费者的心目中塑造产品形象,增加其对产品的价值认同和指名购买。品牌符号有商标和与品牌有关的延伸形象。

如万宝路以狂放不羁的野性牛仔形象来定位其产品形象,而声宝家电产品广告,标题即以极为简洁的"商标就是责任"来进行诉求。"大红鹰——胜利之鹰"的品牌表现以符号"V"进行定位。

　　广告大师奥格威为哈撒韦衬衫所设计的戴眼罩的男人,是以独特形象为品牌定位的经典之作。

　　1951年,哈撒韦衬衫厂的老板找到了奥格威,他对奥格威说:"我们准备做广告了。我们的广告预算每年还不到3万美元。但我可以向你保证,如果你肯接受,我决不改动你的广告一个字。"面对如此理解广告公司的客户,奥格威使尽了浑身解数。他深知,能吸引受众的是那些能引起他们好奇心并促使他们探究的东西。

　　奥格威冥思苦想,最后,他设计了一个戴着眼罩、穿着哈撒韦衬衫的独眼男人的形象,他左手支腰的动作显得非常特别。奥格威用这张照片配上以"穿着哈撒韦衬衫的男人"为标题的文案,刊登在《纽约客》杂志上。这则戴眼罩男人的广告使哈撒韦衬衫一炮而红,许多媒体都刊登谈论这则广告的文章,几十个厂家把同样的创意用于他们的广告。奥格威又将独眼男人用于不同的场景中并推出了系列广告:在卡内基音乐厅指挥纽约爱乐团、演奏双簧管、开拖拉机、击剑、驾驶游艇、购买雷诺阿的画,等等。这则广告是如此成功,当埃斯顿·杰蒂将哈撒韦公司卖给波士顿一个金融家仅6个月后,这个金融家转手卖给别人,获利数百万美元。

五、价值定位

　　品牌价值是产品质量、消费者的心理感受以及各种社会因素如价值观、文化传统等的综合反映。定位于高档次的品牌,传达了产品服务上该品质的信息,同时也体现了消费者对它的认同。档次具备了实物之外的价值如给消费者优越感,高档次品牌往往通过高价值来体现其价值。如酒店、宾馆按星级分五个等级。五星级的宾馆其高档的品牌形象不仅涵盖了幽雅的环境、优质的服务、完备的设施,同时还包括进出其中的都是一些有一定社会地位的人士。定位于中低档次的宾馆,则针对其他的细分市场,如满足追求实惠和廉价的低收入者。正因为档次定位综合反映了品牌的价值,不同品质、价位的产品不宜使用同一品牌。如果企业要推出不同价位、品质的系列产品,就应采取品牌多元化战略,以免使整体品牌形象受低质产品影响而遭到破坏。

　　如快乐牌香水的广告"世界上最贵的香水"。高价战术是提高产品获得信任的方法。如梅塞德斯奔驰汽车、阿布索鲁特伏特加酒。

六、利益定位

　　利益定位是从产品的功能和特性方面来进行定位。这是指根据品牌向消费者提供其他品牌无法提供或者没有独特功能来进行诉求。运用利益定位,在同类产品品牌众多、竞争激烈的情形下,可以突出本品牌的特点和优势,让消费者按自身偏好和对某一品牌利益的重视程度,更迅捷地选择商品。如摩托罗拉和诺基亚都是手机市场高知名度的品牌,但它们强调的品牌利益点却大为不同。摩托罗拉向目标消费者提供的利益点是"小、薄、轻"等特点,而诺基亚则宣扬"无辐射"特点。实力雄厚的名牌企业可以利用利益定位在同一类产品中推出众多品牌:覆盖不同细分市场,提高其总体市场的占有率。

不过利益定位诉求的利益点必须是消费者感兴趣或关心的,而非企业自身一厢情愿的售卖点。其次,应是其他品牌不具备或者没有指明的独特之处。在消费者心目中,该位置还没有被其他品牌占据。

凉茶是广东、广西地区的一种由中草药熬制、具有清热去湿等功效的"药茶"。在众多老字号凉茶中,又以"王老吉"最为著名。王老吉凉茶发明于清道光年间(1821—1850),距今已有100多年的历史,被公认为凉茶始祖,有"药茶王"之称。

在2002年以前,王老吉品牌主要在广东、浙南地区销售,从没有走向全国。2002年王老吉开始走向全国。走向全国最核心的问题是:王老吉当"凉茶"卖,还是当"饮料"卖?

如果用"凉茶"概念来推广,其销量将受到限制,但作为"饮料"推广又没有找到合适的区隔,因此,在广告宣传上不得不模棱两可。

王老吉虽然销售了7年,其品牌却从未经过系统、严谨的定位,企业都无法回答王老吉究竟是什么,消费者就更不用说了,完全不清楚为什么要买它——这是王老吉缺乏品牌定位所致。这个根本问题不解决,拍什么样"有创意"的广告片都无济于事。正如广告大师大卫·奥格威所说:"一个广告运动的效果更多的是取决于你产品的定位,而不是你怎样写广告(创意)。"

后来策划人员在研究中发现,广东的消费者饮用王老吉主要在烧烤、登山等场合。其原因不外乎"吃烧烤容易上火,喝一罐先预防一下"、"可能会上火,但这时候没有必要吃牛黄解毒片"。

而在浙南,饮用场合主要集中在"外出就餐、聚会、家庭"。在对当地饮食文化的了解过程中,研究人员发现:该地区消费者对于"上火"的担忧比广东有过之而无不及,而在其他地区的消费者对王老吉的评价是"不会上火","健康,小孩老人都能喝,不会引起上火"。

消费者的这些认知和购买消费行为均表明,消费者对王老吉并无"治疗"要求,而是作为一个功能饮料购买,购买红罐王老吉的真实动机是用于"预防上火",如希望在品尝烧烤时减少上火情况发生等,真正上火以后可能会采用药物,如牛黄解毒片、传统凉茶类治疗。

由于"预防上火"是消费者购买红罐王老吉的真实动机,自然有利于巩固加强原有市场。专家访谈等研究表明,中国几千年的中医概念"清热祛火"在全国广为人知,"上火"的概念也在各地深入人心,这就使王老吉突破了凉茶概念的地域局限。研究人员认为:"做好了这个宣传概念的转移,只要有中国人的地方,王老吉就能活下去。"

至此,品牌定位的研究基本完成。王老吉从利益方面来定位,明确了王老吉是在"饮料"的品牌定位——"预防上火的饮料",独特的价值在于——喝红罐王老吉能预防上火,还可消除中国人心目中"是药三分毒"这样的顾虑,让消费者无忧地尽情享受生活:吃煎炸、香辣美食、烧烤、通宵达旦看足球……

明确了品牌要在消费者心智中占据什么定位,接下来的重要工作就是要推广品牌,让它真正地进入人心,让大家都知道品牌的定位,从而持久、有力地影响消费者的购买决策。紧接着,策划人员为王老吉制定了推广主题——"怕上火,喝王老吉",在传播上尽量凸显王老吉作为饮料的性质。在第一阶段的广告宣传中,王老吉都以轻松、欢快、健康的形象出现,避免出现对症下药式的负面诉求,从而把红罐王老吉和"传统凉茶"区分开来。

为更好地唤起消费者的需求,电视广告选用了消费者认为日常生活中最易上火的五个场景:吃火锅、通宵看球、吃油炸食品薯条、烧烤和夏日阳光浴,画面中人们在开心享受上述活动的同时,纷纷畅饮王老吉。结合时尚、动感十足的广告歌反复吟唱"不用害怕什么,尽情享受生活,怕上火,喝王老吉",促使消费者在吃火锅、烧烤时,自然联想到王老吉,从而促成购买。

七、文化和服务定位

将某种文化内涵注入品牌之中,形成文化上的品牌差异的定位方式,称为文化定位。文化定位不仅可以大大提高品牌的品位,而且可以使品牌形象独具特色。通过功能和质量优化、提供公共工程等手段树立和强化品牌形象,称为服务定位。对于生产企业而言,服务定位需要借助于产品实体形成诉求点,从而提升产品的价值(特别是情感价值);对于非生产性企业来说,服务定位可以直接形成诉求点。同时,服务定位不仅可以光大企业形象,而且可以扩大品牌的市场半径。现代企业是社会的一员,它源于社会,又贡献于社会,所以,只有融入社会才能得到社会大众的支持。如,"娃哈哈非常可乐,中国人自己的可乐"、"接触未来,关注民生"等。企业将文化和自己的品牌形象密切地联系起来,获得消费者的好感和青睐也就水到渠成了。

成功的品牌定位举例,具体见表10-1。

表10-1　　　　　　　　　　品牌成功定位七例

品　牌	主要目标者	利　益　点	定位口号
康泰克	即使生病也要工作的人	吃了药马上就可以工作	帮助你把生病的日子变成工作的日子
苹果电脑	个人/单位计算机用户	使用户充分发挥潜力	你最好的机器
百事可乐	不信可口可乐的年轻人	活力、动感、时尚	新一代的选择

续 表

品 牌	主要目标者	利 益 点	定 位 口 号
戴比尔斯	爱人	爱情和责任的象征	钻石恒久远,一颗永流传
快 乐	上层阶级	地位和荣耀	世界上最贵的香水只有快乐牌
品牌杂志	企业决策者、品牌经理、品牌策划专业人士	研究国内外品牌现象,交流品牌实战经验	致力于打造强势品牌的专业期刊
云 南	旅游者	原始森林、丰富的动植物种类	万绿之宗,彩云之南

 学习重点和小结

品牌再定位原因
品牌定位的流程
品牌定位的策略

练习与思考

一、分析题

1. IBM 这个品牌曾经是电脑的代名词,现在 IBM 说:"IBM 就是服务。"把这个品牌定位于为客户解决疑难问题的服务行业。你认为他们这样做合适吗。为什么?

2. 汇源现在要推出四种牛奶品牌,请你根据产品的特点分析一下,这几个品牌怎么定位?其中它的市场又怎么定位?定位在哪部分人群?请填写表 10-2。

表 10-2　　　　　　　　　　四种牛奶的品牌定位与市场定位

产品名称	产品特点及构成	品牌定位	市场定位（目标消费群）
双纯牛奶	100%牛奶、100%果汁,是牛奶和果汁的混合体,兼有牛奶和果汁的营养		
束身牛奶	脱脂高纤维,吃饱喝足不会增加脂肪		
早餐牛奶	牛奶、鸡蛋与麦片,空腹即饮		
睡前牛奶	牛奶、黑米、乳酸钙,能增加睡眠,并且增加骨骼的硬度和结实		

二、案例题

沃尔沃——最安全的车

沃尔沃是一家以安全性能绝佳著称于世的汽车公司。它位于斯堪的纳维亚半岛上的瑞典,1927年正式成立。目前是这个美丽国家最大的工业企业。

沃尔沃在安全方面获得的盛誉绝不是偶然的。几十年来,公司始终将安全作为品牌的核心理念,并为全方位地经营这个核心价值,倾注了大量心血。

每一年,沃尔沃都要投入大量的费用进行安全方面的产品研究和开发,并不断地对已有成就进行批判。这种自省的精神使沃尔沃在汽车安全产品的研制方面,一直走在世界最前列,为汽车工业奉献了许多的革新发明,如20世纪40年代的安全车厢,60年代的三点式安全带,90年代的防侧撞保护系统。

1998年推出的"VOLVOS80"是目前该公司开发的最安全的轿车,它在乘员头部和颈椎部都采用了防护系统和侧撞充气护帘,当追尾事故发生时,座椅的椅背和头枕会向后水平移动,使身体的上部和头部得到轻柔、均衡的支撑与保护,并防止头部向后甩所带来的伤害。该车所有的座位都配有头枕和三点式安全带,前座还有控制拉力的高度调节装置。设计师特别为"VOLVOS80"设计了紧凑有力的四速自动变速箱,它可以依照驾驶者的驾驶模式,自动调整变速形式,其中的冬季防滑模式能确保车子在泥滑路面起步时不打滑。

正因为在安全领域的不懈追求,近年来沃尔沃屡获大奖:麦克王子道路安全奖、欧洲碰撞四颗星奖、英国房车赛总冠军等。

沃尔沃还专门设立了自己的交通事故研究部,不是从商业盈利的角度考虑,而是一种对社会、对客户负责的态度。制造每辆沃尔沃的过程中,公司越是负责,用户在驾车时就越能体会到驾驶的自由与愉快。沃尔沃的这种做法,赢得了世人的广泛赞誉。

在营销方面,沃尔沃也是一个高手。基于对自身产品的绝对信心,它专门对汽车的安全性能进行了不遗余力的宣传推广,20世纪末,沃尔沃来到中国举行了此类表演,在全国引起轰动效应。沃尔沃的推广安全性能的活动有力地向世人证明,沃尔沃汽车的安全性能名不虚传,你尽可以放心大胆驾驶。

凭借自身安全的商品品质的形象,20世纪80年代初,沃尔沃顺利推出别出心裁的活动——通过在世界各地举办汽车特殊驾驶和安全侧撞表演,让人们亲眼验证沃尔沃在安全方面的卓尔不凡。1993年以后,沃尔沃更把中国市场作为发展战略中的重中之重大力拓展,销售额每年都呈现高速增长。

思考问题:

1. 沃尔沃为什么要在安全方面工作投入那么大精力呢?
2. 沃尔沃的品牌定位是什么?这种定位会吸引人吗?为什么?
3. 沃尔沃的品牌定位与它现在所展开的一系列活动有什么关系?从中有什么启示?

第十一章

品牌广告策略

 学习目标

学完本章,你应该能够:
1. 了解文化的作用;
2. 掌握塑造文化的方法;
3. 掌握品牌在生命周期的广告策略;
4. 掌握品牌知名度、美誉度、忠诚度的广告策略;
5. 掌握品牌广告的促销策略。

当你把你的品牌定位好以后,最好再给你的品牌增加一点文化味道,这样可以提高你产品的档次和品位,同时也增加销售力。而广告正是塑文化的最佳渠道。

第一节 品牌文化作用

 文化是对各民族历史传统与一切创造活动的价值定位。文化的一个关键概念是传统,文化左右着人的世界观,影响着人对事物和社会现象的好恶态度,它是人们在社会生活中形成的一种自觉性。

文化是一个载体,可能是一句口号,一个标语,一个习惯。人的脑子其实天天在文化中清洗,你我都在文化之中,每天都被文化催眠。当这种文化注入你的品牌,就形成一种品牌文化。产品文化发扬下去形成企业文化,它就会使企业产生一种凝聚力,这种凝聚力就会对外产生一种感染力,感染力到市场上就会产生一种亲和力,因此就演变为品牌文化。品牌文化首先是企业文化的延伸;其次是社会文化资源的利用。

同时文化是最难改变的。有这样一句话非常生动地说明了品牌文化的重要性："竞争的关键是品牌,品牌的核心是特色,特色的保障是文化,文化的源泉是历史。"反过来说:"一个有历史积累的国家和社会民族,就会演绎出一种文化,而这个文化,就是那个民族和社会的特色,有了那个特色,这个民族跟社会变成一种品牌。因此为你的品牌注入一点文化,会提高你品牌的身价和竞争力。"

品牌文化的作用可以表现为以下几点。

一、品牌文化就是一个信仰

因为企业信仰一个东西,感染了消费者,然后使消费者来信仰你,这就产生一种文化。

现在世界上销售最热的产品是什么？莫过于苹果的iPhone4和iPad2。现在iPad和iPhone风靡全球,令无数苹果粉丝倾倒。如果你说现在模范丈夫的标准是有车有房？这样的回答显然是out了,2007年之后模范丈夫的标准该加上一条,有房、有车,有iPhone;如果你爱一个女人,首先要潇洒地拍出一叠钱,接着淡定地送上一套房,这些还不够,末了还要神奇地祭出一部最新款的iPhone4。现在iPhone4可以成为全球运营商和用户哄抢的首选机器。有一位美国年轻人说:自从买了iPhone4之后,我的精神就好多了！就算现在苹果的乔布斯卖厕所,他也会买一套。乔布斯真的是帅呆了。在全球最大、拥有9亿用户的中国手机市场,苹果也开始大受追捧,果粉甚至为了得到一部iPhone4和iPad2不惜出卖身体器官。

消费者的热情如此高涨,以至我们感觉苹果的产品不是工业流水线制造出来的,而是像疯狂的大蒜一样要花很久才能从地里长出来的。不管是要购买iPod、iPhone、iMac、MacBook Air,还是iPad平板电脑,粉丝们都要排好长时间队,比刘德华的粉丝还忠诚。

苹果的影响所至,超越了政党、国家和宗教。它代表另一种秩序。它就像是用消费金钱表达的虔诚。当人们为了购买即将上市的新款苹果产品而带着帐篷、食物,提前一个星期就在专卖店前排队的时候,苹果已经不只是一个象征,而是变成了一个神话。苹果已经变成了一种精神的慰藉,它就像是可口可乐在二战时带给美国大兵的那种幻觉:"我们只要把可口可乐运到前线就行了,敌人肯定不战自败。"现在,苹果取代了可口可乐,取代了摩根士丹利和高盛,取代了花旗银行和通用汽车,成为美国文化进行世界扩张的象征和美国生活方式的符号,用一种直观的意识形态向人们确证美国科学技术的优越。

苹果出售的不仅仅是产品,苹果还改变了人们的生活方式,并且使这种方式最终演变为一种信念、一种信仰。据说在美国,劫匪在打劫的时候,已经开始喊出"把钱和苹果拿出来"的口号。可想而知,消费者对苹果的信仰到了一种"狂热症"的程度。

二、品牌文化是一种感人传统

　　同仁堂为什么感人,那是同仁堂有三百年的古训,叫做"品位虽贵,必不敢减财力,做工虽繁,必不敢省人工。"同仁堂有一种药——紫金丹。一种亮晶晶的药丸,听说里面要搁珍珠。当年,同仁堂的当家老太太拿着珍珠,看着药工把药和好了,老太太把珍珠搁进和好的药里,然后再看着药工把珍珠慢慢搅碎了,老太太才离开。为什么这样呢?老太太这样说:"我家也算有钱,并不在乎两个珍珠,就怕药工见钱眼开,把这两个珍珠偷掉,使这个药的药性失去,对不起吃药的人。"这件事情很感人,具有亲和力,就形成同仁堂的一种文化,这就成为同仁堂的一种传统。

三、品牌文化是一种风格文化

这种风格绝对不能破坏,而且会产生一种亲和力。

　　细节对苹果的成败有很大的作用,在产品系统设计、外观设计及工业设计中,苹果公司极力捍卫公司的完美主义的理念。他们追求每个步骤、每个细节的精准,做事有条不紊,细心谨慎,尽善尽美。苹果公司认为,虽然并不是所有用户都关注每一个细节,但从总体来说,关注很小的细节非常重要,人们之所以喜欢苹果产品,这是其中的原因之一。
　　苹果前总裁乔布斯要求设计师必须近乎疯狂地关心产品背面的螺丝钉的螺纹,以及隐藏接口的看上去显然没有任何重量的小门。如果你在谈论你的 Mac 电脑时没有两眼放光,你就不可能跨进苹果公司的大门。
　　还有白色版 iPhone4,上市时间是 2011 年 8 月,尽管苹果 2010 年同时发布了白色版和黑色版 iPhone4,但白色版的上市时间却推迟 1 年多,直到 2011 年 8 月 29 日星期一周三才确定将于本周开始销售。苹果公司不认为仅仅是把东西弄成白色那么简单,还有很多问题要考虑,包括材料的科学选择、如何保持长时间不掉色以及如何与传感器配合。因为设备的颜色与许多内部元件之间存在很多意想不到的干扰。另外,与浅肤色的人一样,白色 iPhone 需要更多地考虑太阳紫外线的防护问题。这种关注细节的风格达到痴迷的境地。

　　虽然文化这种东西让人看不到摸不着,但它起根本性作用,企业只有坚持自己的品牌文化,才能长寿,如果因为短期的一点点利益把这种风格破坏,那么这个企业不会长久的。

四、品牌文化是一种品位

北京二锅头酒,其实质量蛮好的。会喝酒的人都会认为不错,但二锅头酒就算极品也才卖十几元。可山西汾酒呢?极品卖500多元。汾酒500元,二锅头十几元,差那么多吗?难道二锅头就不是烧的酒吗?难道做工就和汾酒差那么多吗?都不是,关键就是人们认为二锅头品位不够,上不了台面。

湖北的本地酒最有名的是"白云边"和"枝江大曲"。但在湖北婚宴的酒桌上大都摆放的是"白云边",很少有"枝江大曲"。我针对这个现象曾经问过很多婚宴的当事人和酒客。他们说:"婚宴习惯用白云边。"我接着问:那为什么不用同等价格的枝江大曲呢?他们说:"喝枝江大曲,给人感觉是要去打架,属于粗人的酒,上不了台面,有点地痞的感觉;喝白云边给人感觉更有学识,更有品位。"

后来我才知道:枝江大曲曾经请香港很有名的演员成奎安做广告,成奎安号称"大傻",擅长演江湖大佬一类恶人角色。他在大家心目中是"恶人"的形象,因此,喝枝江大曲的感觉就像地痞流氓聚会,说白了枝江大曲给人感觉就是缺少文化内涵。而白云边,从产品名称上就给人以文化感,酒名又与"诗仙"、"酒仙"之称的李白结缘。李白于唐肃宗乾元二年(759)秋与李晔、贾至同游洞庭湖,即兴写下"南湖秋水夜无烟,耐可乘流直上天。且就洞庭赊月色,将船买酒白云边"这一脍炙人口的千古绝句[《陪族叔刑部侍郎晔及中书贾舍人至游洞庭五首(其二)》],更是提升了白云边文化品位。你喝白云边就有如同与"诗仙"对饮的感觉。

五、品牌文化是一种境界

人们为什么喜欢贝多芬的《第九交响曲》呢?贝多芬到了老年,他的理想没有表达出来,两只耳朵已经聋了,听不见声音了。为了表达理想,用心来谱乐,他用嘴叼着一根木头,插在钢琴里,他听不到声音,就靠这个震动来体验音符,并写下了这首《贝多芬第九交响曲》。它描写了一个乌托邦时代:没有战争,没有罪恶,没有仇杀,整个世界充满欢乐,听了这些观众当然心情非常愉快了。

六、品牌文化是一种修养

北京有一个出租汽车公司叫安乐,本意是安全又欢乐高兴,可消费者一坐上车一看,"安乐"就感觉安乐死一样,好像这是拉死尸的。北京还有一种酒叫十三陵牌,十三陵坟墓,喝了好像去见上帝一样。这两个小案例都说明品牌的修养不够。

七、品牌文化是一种个性

日本不进口别的国家小轿车,因为日本这个国家本身小轿车特别棒;但是必须进口奔驰车,为什么呢?因为国际上有个不成文的规定:接待外国的元首,不用奔驰车,就说明你不够格。所以日本别的车不进口,就进口奔驰车。这就是文化问题。

八、品牌文化是一种形象

形象一旦塑造起来就不能随便动了。太阳神,塑造的是汹涌的大海,一轮红日从东方升起,象征着东方雄狮的男人一吼,很有气势。但是后来垮台,其中有一个原因就是它卖女性化妆品。这与它塑造的是男人形象格格不入。"真功夫"快餐连锁,真功夫代表了产品的品质,即真功夫企业所在的粤菜"蒸"的原汁原味,还代表了一个时代的热点,甚至一个民族的精神。"真功夫"快餐连锁采用李小龙作为品牌形象,将李小龙的形象和名字与"真功夫"天衣无缝地结合在一起,既便于记忆,又含义深刻,容易被消费者认同。

第二节 塑造品牌文化

新的国际竞争形势体现在更为残酷的产品竞争与更为隐蔽的文化竞争上。而"文化竞争"的作用越来越重要,随着国际化趋势的加强,品牌的文化内涵在某种程度上甚至起着决定性作用。

国际广告界流行着这样一句话。"国际主题,本土创作",意即国际的主题应当深入本土的文化当中,寻找适合于本土特点的表达形式。

那么,作为本土品牌在拓展国内市场时,难道还能无视对文化的理解、挖掘和运用吗?广告策划是不是首先应该把受众置于中华民族的大背景下,找到受众心理的一个切合点,通过与受众进行一次深层次的谈话,蕴涵对受众的理解和关怀,以这样的方式来撩拨受众的心呢?

一、要善于对文化资源的利用

　　湖南的马王堆出土了文物。在马王堆旁边有一个小酒厂,准备开始生产参茸补酒,后来有人建议说,你生产这种酒中国有的是,你的厂紧挨着马王堆,你为什么不利用这个资源呢?马王堆里曾出土了一种竹简,竹简上记录着一种造酒的酒方。你就拿竹简上的酒方造一种酒,起名叫"西汉古酒"。广告文案写上"中国最古老的酒,两千年的古酒"。这个酒厂接受了这个建议并请了一个设计专家进行包装。专家给它设计的包装既不用玻璃瓶,也不用瓷瓶,就是用马王堆出土的漆罐的造型为原型设计的。结果在广州广交会把这个酒一摆,广交会最贵的酒"至宝三鞭酒"才卖1.7美元每瓶,而"西汉古酒"卖到6.5美元每瓶,并且还供不应求。卖到就剩最后一瓶,来了一个外国人想要,销售人员说:"这是样品,不卖。"外国人说:"你要多少钱,我就出多少钱。"销售人员说:"那也不行。"外国人那么喜欢这个酒,爱的是什么呢?是这个酒的文化内涵,并不是这个酒的味道。

二、利用当地文化渗透到品牌文化里

　　这方面做得最成功的是可口可乐,可口可乐从2000年开始开发农村市场,农村春节文化味道最浓,各家各户喜欢挂春联。可口可乐在2000年春节前,从南到北给农村送春联,春联非常漂亮,上联为"新春新意新鲜新曲",下联为"可喜可贺可口可乐"。到了2001年,又开始送年画,我们的年画一般是一个大胖小孩子抱着鱼,寓意连年有余。结果可口可乐把那个鱼换下,让年画中的小孩子抱了一大瓶可乐,底下写着:"你属龙,我属蛇,可口可乐属中国。"这种策略的运用非常到位。可口可乐学会善于利用本地文化,给品牌文化注入新思想,博得当地人的喜爱。

　　凡此种种,不一而足。中国文化博大精深,采撷不尽,其形式、风格,多不胜数,它是中国广告创作取之不尽、用之不竭的主要源泉。

第三节　品牌生命周期的广告策略

　　产品有生命周期,品牌也有,它们的差异在哪里?做广告时,区别在哪里?

　　品牌广告的最终目的就是通过广告宣传,利用大众传播媒介和人际传播的力量来扩大企业或产品的知名度、美誉度和忠诚度,塑造品牌个性,积累品牌价值,为产品营销奠定良好的品牌基础。

第十一章 品牌广告策略

品牌市场中阶段划分为品牌初创期、品牌成长期、品牌成熟期。各个阶段的传播策略和创意也有所不同。

一、品牌初创期

每个品牌都从这个阶段开始,所以,品牌如何建设、发展都在品牌所有者的计划之中。依靠细致的市场调查来进行市场细分找到准确的切入点,寻求不同于竞争对手的立足点。一般来讲,在品牌初创期,传播中的创意取向应从产品优势入手,挑选市场空挡,不惜精力细致地挑选相应的媒体,并区别于其他的竞争对手。品牌传播的要点是:准确的市场定位、快速提升品牌的知名度、快速提升品牌的认知度。

太太口服液可以说是中国诸多保健品中较为成功的一个品牌。它之所以没有像其他保健品那样大起大落,被淘汰出局,很大程度上取决于该品牌在品牌初创时期,坚持了上述三个品牌传播要点。首先是准确的市场定位。太太口服液在1993年上市时就陷入了保健品林立的竞争之中,当时市场上已有不少于300种口服液,单单深圳就有五六十种,面对许多保健品宣传的"有病治病,无病保健"的促销策略,"太太口服液"提出了自己的营销策略,不再面面俱到,盯住18—35岁的女性。这样的定位策略选准了一个市场空挡,符合产品的特点和优势,很快就在市场上拥有了一批消费者。下面的工作就是挑选合适的媒体,做产品的介绍性工作,提高产品的知名度。太太投放的媒体广告是半版或成套的报纸广告、某一路公共汽车全部的车体广告、深圳国贸商业中心大厦的灯箱广告。周到的媒体选择迅速使太太口服液成为市场上耀眼的明星,这还与太太口服液的广告词有密切的联系:"三个太太三个黄"、"三个太太三个虚"、"三个太太三个喜"、"太太脸上有困难,也写在丈夫的脸上"、"拥有太太,你可能一夜成富翁!"这些广告词迅速促进了太太的知名度和认知度的上升。太太口服液将品牌初创时期传播的要点进行了非常专业的演绎。

二、品牌成长期

品牌的成长也是分阶段的,策划人员要根据品牌发展的实际状况,有计划、有步骤地推进品牌的知名度、美誉度和忠诚度的提升,逐步从整体上进行把握,完整明晰品牌联想,平衡区域市场之间的认识差距,谋求重复购买消费者,加强与消费者的当面沟通和直接利益沟通,包括应用传播策略,催动品牌更快更好的发展。

美的空调在竞争市场中站稳脚跟,与其在品牌成长期传播策略的成功应用是分不开的。在发展策略上,美的的每一步都诉求字字环环相扣,紧抓消费者心理。首先是"静",大多数人对空调的噪声大存有戒心,美的广告创意从层层遮罩去处理噪

声的形象比喻来打动人们，报纸广告创意更绝：左边为一蒲扇，下写"全国最静最省电"，右边为美的空调，下写"全国次静次省电"，一针见血地突出了产品的特点。其次是"大"，美的设计的吉祥物将居室顶得空间更广阔，很说明变频一拖二的问题；最后是"康"，当今热门的"环保话题"在家电产品中处处体现，美的创意的广告又抓这一点，强调其负离子发生技术，使空气更洁净。这三步每一步都扣住人们的需求，真实有效，层层深入，对美的的发展和产品系列化及其体现的品牌认知是大有促进的。这些创意对品牌的成长功不可没。

三、品牌成熟期

处于品牌成熟期的品牌一般都是从品牌初创、成长一步步走过来的。这时品牌在市场中已形成一定的知名度，已拥有一定的忠诚客户。相对初创期来说，实力比较雄厚。在这时的品牌已形成一定的风格，各方面已得到部分消费者的认同，所以，在品牌策划上就应该按照既定的营销目标，坚持走下去。否则如果大力改变原已形成的品牌形象，可能会造成一些不良影响。

可口可乐在20世纪80年代为与百事可乐竞争，改变了原来的产品配方，结果造成成千上万的消费者的示威和抗议，因为可口可乐已成为美国文化的一种象征，成为消费者的一种习惯。如果改变了原来产品配方，那么原来品牌策划所赋予的产品形象都加以改变，这是许多消费者所不愿意接受的。

1. 巩固知名度、美誉度和忠诚度

在品牌成熟时期，品牌策划的目标是不断巩固品牌的知名度、美誉度和忠诚度，在不同区域认识整合创意策略，提升品质认识，在品牌联想完整上下工夫，当然创新也是这个阶段重要的思考问题。

青岛海尔现在已走过10多年的历史，其品牌也走过高速成长时期进入成熟期，品牌形象逐渐在市场上树立起来。但这时海尔品牌策划方法是值得我们借鉴的。首先，不断通过市场细分、产品开发增加产品的吸引力，培养消费者对海尔的忠诚度。在用户服务方面，不仅即使解决他们的问题和担忧，而且提供额外服务，定期调查用户的满意度，甚至用高价收购用户的意见，以便及时改进工作。维持老顾客也是一个重要的工作。其次，进行品牌延伸，提高品牌资产水平。最后，开拓新市场。海尔近年来为谋求更大的发展，争取将海尔推向世界，创出中国名牌，采取的基本战略是:"先难后易"创名牌,"高屋建瓴"扩名牌。具体来说就是,先出口到发达国家和地区创出知名度和声誉,再以高屋建瓴之势,进入发展中国家和地区。截至1999年1月份,海尔已在海外发展了49个经销网,覆盖到了3万多个经销网点,借助这些销售网点,海尔产品畅销世界87个国家和地区,促使海尔品牌地位的不断提高。

2. 重视策划的创新思维

在品牌成熟期的市场竞争更加激烈,品牌面临着价格竞争的压力和产品创新的压力,所以策划的创新思维更加重要。因为,随着竞争环境的改变,再加上行业新进入者会冷静地选择进入时机和手段,往往会在产品技术和新产品开发上寻求突破来获得在该行业崛起的机会。此时的竞争对手往往比以往更加强大,本身更有优势,他们对消费者的反应更灵敏,因为他们是后来者而不会轻视任何一个竞争对手。所以,老品牌如何善用自己的优势,把握市场需求,创新产品技术是关键,而品牌策划在这一时期的创新思维也更为重要。

3. 建立大品牌形象

进一步细分市场和开发新市场,建立大品牌形象。当一个品牌在市场中处于成熟期时,产品已呈现饱和状态,销售增长率不高,市场竞争更加激烈,市场份额也保持着相对的稳定性。在这个阶段,如果产品不在技术上、营销策略上以及在品牌策划思路上创新,那么企业就非常有可能坐守其成,而受到竞争对手的攻击,从而失去市场份额。可口可乐在20世纪50年代与百事可乐竞争时,当时可口可乐占有比较高的市场份额,但是,由于企业内采取比较保守的营销策略,结果就是百事可乐应用"新一代"策略,极大地威胁着可口可乐。

那么在市场成熟期之后,品牌策划应采取什么样的策略呢?进一步细分市场和开发新市场,建立大品牌形象是策划的主要思路。

摩托罗拉寻呼机在20世纪90年代中期的中国市场上处于成熟期:大中城市的寻呼机市场占有率已经很高,已达到或接近市场饱和,众多的国内外竞争对手拥进市场,竞争激烈。这时,摩托罗拉的选择是什么呢?进行了大量的市场调查后,摩托罗拉将产品策略确立为:一方面鼓励消费者继续把寻呼机视为一种商业工具;另一方面又努力增长非商业用途市场。

在地域上,摩托罗拉也有待开发新的市场。其将全国的城市分为三类,第一类城市包括北京、上海和广州。这三个城市带领了整个周边地区的市场发展。如北京对北方地区、上海对长江三角洲地区、广州对珠江三角洲地区都有很强的辐射引导作用。然而市场调查发现,这些城市已趋于饱和。因此,摩托罗拉把重点放在第二、三类城市,专为满足城市消费者的要求规划产品;另一方面也努力激活一些没有潜力的市场。经过第二三阶段的市场细分,摩托罗拉把整个消费者群体划分为三类,第一类是替换市场,也即老顾客;第二类是年轻群体,如在校学生;第三类是商业人士。摩托罗拉针对不同的消费群体,分别开发不同的产品适应消费者的要求。这样经过区域与消费者的市场细分后,摩托罗拉找到新的市场,并开发出产品来满足他们。

多年的不懈努力促进了摩托罗拉品牌达到了一个新的阶段——建立大品牌形象阶段。大品牌一般是指产品品牌已属于市场强势品牌,具有自己的个性化特征,在长期的宣传中具有比较明确的传播理念。摩托罗拉进入新世纪,其集中的品牌策划方向是树立公司的形象,发布公司形象宣传广告,其一双自由飞翔的羽翼代表着摩托罗拉与消费者自由沟通的愿望。

第四节 品牌的知名度、美誉度和忠诚度广告策略

品牌知名度、美誉度、忠诚度三者之间的关系是什么?

一、品牌知名度广告策略

知名度是指消费者对企业及其品牌(商标)产品的了解程度,其中包括识别产品包装上的颜色、图案、符号等多种线索。在此基础上,进一步了解该品牌产品的功能和特点,形成认知度。在消费行为中,知名度还表现为两种形式:商标再认和商标回忆。

商标再认是指面对一个个商标,能从中认识某个或某些曾经感知过或使用过的商标;商标回忆是指在购物前,购买者头脑中就有的特定品牌的商标。

(一)商标再认策略

这种策略是要让消费者在购买时认出曾经购买过的、消费过的或使用过的特定商标的名称、图案等。这种策略最好采用视觉广告和杂志广告。运用这类广告表现产品的特征或标准色、标准字之类的信息。

登载在户外的可口可乐标志,广告是为了提醒人们想起可口可乐。一些有名的大企业,如IBM、三星、肯德基等,他们的户外广告平面估计什么元素也没有,只有本

企业的LOGO,它这样做的目的仅仅是为了对消费者强化品牌,以免消费者长时间不见而遗忘,给市场一个信息——公司现在运营良好,同时,彰显公司的实力。其广告强调其目标本身——一种感觉、一项成就,或者其他无形之物。产品进入成熟期后,广告有时是提醒消费者,目的是保持消费者对该产品的记忆和联系购买,如娃哈哈饮料广告词是"你今天喝了没有"。

(二)商标回忆策略

这种策略的要点是,借助于电视、广播或印刷广告中的标题和文案,反复呈现特定商标名称。

麦当劳有一则广告,广告中一个坐在摇篮里的婴儿,当摇篮摇到最高点时不哭了,当到最低点就开始哭,为什么?一下引起人们的好奇心。原来是当摇篮摇到最高点时,婴儿从窗户中看到麦当劳金黄色的M标志,因此不哭;当摇到最低点时,看不到金黄色的M标志,孩子就哭起来。这样标志反复出现,观众既对婴儿哭好奇,又重复回忆了M标志。

1. 广告要有针对性

可根据公众的特点,选择不同的宣传形式,而不能一味追求覆盖率。应该考虑自己企业的实力和产品的特点及销售对象,把有限的资金用到最需要的地方。

比如,你是在做儿童食品的广告,那么儿童动画片、小人书、儿童杂志是你进行广告发布安排的首选方式;如果做房地产广告,报纸、专业杂志、直邮是颇有成效的发布方式;若是做旅游用品的广告,你非得将广告送到流动人员的眼前,如交通要隘、旅游景点、交通工具上;而做私人卫生用品的广告,你干脆将广告装扮得漂漂亮亮、体体面面,安置在WC里,保证是既准确又有效。

2. 要增加感染力

从传播的效果来看,利用公共关系和广告配合,比单纯用广告的效果要好。所以,在品牌塑造的过程中可以将公关和广告结合起来,以获得更加良好的效果。

3. 广告理念

在广告理念上要做到以下四点:① 以独特精美的广告吸引消费者的眼球;② 一定要将产品的独特功能传达给消费者,使本企业产品的品质可以令人放心;③ 将企业良好的售中售后服务传递给消费者,使消费者感受到企业的超值的服务;④ 要向消费者传达企业实力雄厚。

由于广告内容和形式不同,在塑造品牌知名度时,效果会不同,从媒体的覆盖率来看,中央一级的媒体,由于其覆盖全国,加之其权威性强,会使品牌知名度迅速在全国范围内建立起来。对于有一定实力或欲进军全国市场的企业,应选择中央一级的媒体,尤其是中央电视台黄金广告时段,如果仅是进入某一个区域市场,选择省城或市级媒体效果更好。在广告形式或内容的策划上可采用多种形式,如可以采用明星效应,也可抓住一些社会事件。

二、品牌美誉度广告策略

美誉度是指消费者对商品品质的良好反映,是外界对企业或产品信任和赞美的程度。

这种反映一方面形成积极信念(相信这种商品的品质会给自己提供某种利益),同时又伴有美好的情感体验(好感度),也就是具有积极的评价。

美誉度的形成依赖于主体或主观属性与客体或客观属性之间的相互作用的结果。商品的客观属性是指其质量、外观、价格、品牌名称和包装等,主观属性反映在消费者的价值观、期待等心理因素上。

一般说来,企业或产品的美誉度包括两个方面:一是企业要有正确的价值定位;二是企业要有鲜明的个性和独特的风格。一个企业必须坚持公众第一的原则,在经营和发展中要把公众利益和自身利益结合起来,树立良好的品牌信誉,同时要总结和提炼自己特有的企业风格,形成自己的特色。

1998年10月25日,一架英国航空公司从东京飞往伦敦,偌大的飞机只载了一名乘客。原来,这架飞机因机械故障而推迟了起飞时间,其间其他乘客都被劝说改乘了别的航班,唯独一位老年乘客非这趟班机不乘。在此情况下,英国航空公司毅然决定为这一位乘客飞行。这一举指赢得了无数乘客的赞赏和青睐。"一名乘客"这个故事对航空公司品牌美誉度的贡献不可小觑,不管是有意无意,最终这一事件起到了树立品牌形象的作用。

企业获得品牌的美誉度,在价值定位上应该做好如下工作。

(1) 提供各种赞助。如向希望工程、体育事业、科教事业、见义勇为基金会、民族艺术基金会、残疾人基金会、中华慈善总会等捐助。

(2) 帮助政府解决困难。如协助下岗职工再就业、扶助扶贫,解决其他企业困难。

(3) 进行义务宣传,普及科学知识,解决社区的治安问题、生活设施问题、精神文明问题等。

(4) 为消费者着想。认真解决消费者在购物前、购物中及使用中遇到的各种问题。

可口可乐中国有限公司在谈到可口可乐在中国的成功时认为,对社会的回报是他们的主要贡献。该公司创造了直接就业机会1万多个,间接就业机会7万多个,每年上交税款达30亿元人民币,给希望工程捐款超过1500万元,连续13年的可口可乐"临门一脚"足球培训班,使100万青少年能够接受较好的足球训练。正是其正确的价值定位,使其获得了中国消费者的信任和好评,形成了较高的美誉度。

企业或产品风格定位可采用如下手法。

1. 理解型

通过广告且情感诉求,表达他们的心声,如早期的"威力洗衣机,献给母亲的爱"、"孔府家酒,叫人想家"。这些都是以理解来打动消费者,获得消费者的好感和信任,获得美誉度。

2. 祝福型

用祝福的话语来打动消费者。如"滨河集团祝广大妇女同志三八妇女节快乐"等就是这类广告。

3. 名人效应型

这是指由名人来充当广告产品的代言人,由名人作为说服的信息源。广告源中的名人有歌星、笑星、影视明星、社会名流以及各行各业的知名专家、政治家等。如美国《美中经济导报》杂志,曾经请前国务卿基辛格博士以权威和专家的身份做该刊的推荐人,提高杂志的权威性,获得较高的知名度和美誉度。

4. 名人商标型

指利用名人的名字作为商标来树立知名度和美誉度。这方面的例证较多,如李宁牌运动系列产品等。

香港名家政节目主持人方太,其主持的厨艺节目在香港和东南亚以及我国南方的一些省市深受欢迎,一家厨具厂以"方太"作为自己抽油烟机的名称,使自己的产品名称一开始就与名人联系起来,而且该公司又请方太做自己产品的代言人,使产品一上市就获得公众的认可。

三、品牌忠诚度广告策略

品牌忠诚度是指认购品牌的行为模式。品牌忠诚度表现在选择产品的顺序、购买比例、重复购买和商标的偏好等方面。这些行为说明为什么顾客的忠诚与公司的营运利润会有这么紧密的关联性。上述的每一种行为,不论是直接或间接,都会促进销售额的增长。消费者持续购买同一个品牌,即使是面对更好的产品、更多的方便、更低的价钱也会如此。品牌忠诚其实是品牌资产中最重要的资产,如果没有忠诚的品牌消费者,品牌不过是一个没有价值的仅供识别的符号罢了。

(一) 培养品牌忠诚度大有好处

1. 忠诚度的放大效应

品牌忠诚度提高一点点,都会导致该品牌利润的大幅度增长。某个品牌吸引一个新消费者的费用是保持一个已有消费者的 4—6 倍。

2. 品牌忠诚会吸引新的消费者

品牌忠诚会有效地吸引新的消费者加入自己的品牌消费中来。品牌忠诚度代表着每一个消费者都可以成为一个活的广告,品牌忠诚可以使一个顾客成为一个品牌倡导者,以优秀的广告和美好的使用经验形成口碑,口耳相传,创造新的使用者。

3. 缓解竞争威胁

当竞争品牌采取新的促销手段或新的产品策略时,品牌忠诚会给本品牌提供竞争的时间。既有的忠诚的使用者会对产品产生依赖感,他们会重复购买、重复使用,而对别的品牌的类似产品表现出一定的不自觉的抵抗力。这样企业在品牌竞争中就有了更丰富、更自由的时间和空间上的回旋余地,以加强、维持现有的忠诚者回击竞争者。

在美国,有高达七成的青少年的梦想便是拥有一双耐克鞋,他们都以穿耐克鞋而感到荣耀,耐克"离经叛道"的广告为其塑造的"体育先锋"的形象,深深根植于青少年消费者的心中,使耐克成为他们的最爱。而耐克广告的着眼点正是与消费者建立忠诚而持久的关系,并非单纯的交易与征服的问题。

4. 提供巨大的商业影响力

较高的品牌忠诚度会吸引顾客,使渠道的经销商不会轻易轻视这些品牌,而在货物的排列、提供折扣以及进货渠道上提供优惠的政策。

(二) 品牌忠诚度广告策略

对成功的品牌来说,较高的广告量引起的销售量的增加中只有 30% 来自新的消费者。剩下的 70% 是来自现有的消费者,这是由于广告使他们对品牌变得更忠诚。因此,现在比较公认的一种看法是,广告的一个重要目标是加强已经存在的消费者与品牌的联想,并使他们变得更加忠诚。对已经存在的品牌来说,大部分广告的目的是使已经存在的消费者更加忠诚,而不是说服非消费者从其他品牌转移过来。

1. 增强信任感

以优越的质量和科学的生产工艺作为诉求核心,增强消费者的信任感。

日本松下几十年来一直向社会公众公布经营状况,还将生产工厂向外开放,让人参观,让训练有素的接待人员陪同讲解企业产品的特点、生产工艺和技术管理手段等。通过媒体宣传和人际传播,增强了顾客的亲切感和信任感,培养了消费者的忠诚度。

2. 迎合情感需求

以独特的经营理念为广告诉求的核心迎合消费者的情感需求。

　　麦当劳在全球有12 000多家连锁快餐店,其理念是"麦当劳不是餐饮业,我们是快乐业",并通过广告大力渲染其理念。遵循这种理念,麦当劳独创了以娱乐刺激为主线,融欢乐、亲切、温情为一体的餐厅儿童乐园,并使之成为麦当劳的经营特色。每遇节假日,麦当劳叔叔还为一百位当天过生日的幸运儿童举办生日宴会,为孩子提供免费生日餐饮,点唱歌曲,带孩子们玩游戏,正是靠这些手段,让孩子们对麦当劳充满了依恋之情,获得了很高的品牌忠诚度。

3. 获得消费者的忠诚

以良好的服务为广告诉求的核心,以延伸产品获得消费者的忠诚。

　　海尔公司在天气转凉以后,对新购买空调的用户,无须用户要求,主动给空调套上防护罩,并打电话询问在整个夏季的使用中空调有没有出问题;在来年的夏季又询问空调开机后是否运转良好;在节日会给购买空调的顾客一张海尔的贺卡。海尔以其"真诚到永远"的宗旨为顾客服务,通过广告和媒介的大力宣传,形成了良好的大众传播和人际传播效应,使顾客对海尔的品牌产生了高度的信任,并忠诚于海尔的产品。

4. 增强忠诚度

运用各种促销手段,借助广告宣传,增强品牌忠诚度。这是通过鼓励消费来赢得消费者的忠诚。如利用节假日搞各种促销活动,回报消费者,对那些忠实顾客可以设计各种优惠消费措施,强化其对自己品牌的好感。如,餐饮业可以给忠诚消费者发各种优惠券或优惠卡;百货商店可以买一赠二,购物超过一定数额后可以打折等。

5. 多走一步

要想忠诚必须服务上多走一步。企业可以将自己竞争对手的服务品质,进行排比,然后多走一步,看企业做到什么程度,竞争对手做到什么程度;再将企业的消费者也进行排比,然后多走一步,企业做到什么程度,消费者希望做到什么程度。

　　假日酒店的每个客房的床上有一张卡,上面写着"为了使你有一个很好的睡眠,你可以挑选不同的枕头,枕头有超级舒适枕、泡沫枕、麦皮枕、儿童睡枕、磁性颈椎枕供你选择"。这就是假日酒店在枕头上多走一步的策略。

第五节 品牌广告促销策略

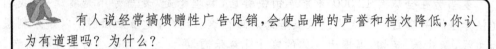

有人说经常搞馈赠性广告促销,会使品牌的声誉和档次降低,你认为有道理吗?为什么?

广告促销策略是一种密切结合市场营销而采用的广告策略。广告作为促销宣传的重要手段,在促销中和其他形式(如包装、展销会、购买现场陈列、劝诱工具等)相结合,在短期内收到即效性广告效果,从而有力地推动产品销售。广告促销策略是多种多样的,包括馈赠、文娱、竞赛和抽奖、POP展示、赞助、联合营销、公益等促销手段的运用。

一、馈赠性广告促销策略

馈赠性广告促销策略是指企业通过发布带有馈赠行为的广告以促进产品销售的广告策略。这种促销策略可采用赠券、奖金、免费样品、折扣券、减价销售等。这种奖励性的广告形式很多。例如,利用优惠券来激励试用和促使品牌转换,由制造商提供的优惠券可以在任何销售该产品的销售点兑换。可以通过媒体(报纸、杂志或自由插页)或零售商(合作式广告)发送优惠券,也可以装在包装内或放在包装上直接分发(直邮)。采用以上广告形式使消费者通过广告宣传了解企业的促销内容,吸引其注意力,从而购买本企业的产品。馈赠广告有以下特点:

(1) 以附带馈赠行为为手段;
(2) 可以刺激消费者希望获得馈赠品的心理而扩大产品销售;
(3) 可以较准确地检验广告的阅读率。

提升终端铺货促销奖励的方法主要有以下几种。
(1) 零售店铺货奖励(买一箱送一包)。
(2) 折价券。
(3) 箱包兑换卡。
(4) 小量铺货混合箱。

可口可乐一箱24瓶,现在把可口可乐换成小箱子,一箱12瓶,铺货会大增,零售店以前因为一箱多,怕卖不掉,现在门槛低了,开始进货了。

(5) 连环计。

连环计是蚊香企业常用手法,本来一箱蚊香24包,现在这箱里再塞进4包,变成28包,然后再把28包变成4个大塑料袋。意味着一箱里有4个包,每一包又有7卷蚊香,包装上面印上"买六送一,不加价"。为什么会说连环计?因为一石三鸟,首先批发商肯定会进货,因为我是限时发的,虽然批发商没有更高利润,但批发商不能不进,因为将来其他批发商卖的是带赠品的,而你卖不带的,你就卖不动。批发商能不能打开箱子把那包多出东西掏出来,不能,一是费劲,二是包装上写了东西。这样零售店也有了好处,还促进消费者一次买7包,这就一石三鸟。

(6) 箱箱有礼(箱子里面加礼品)。

(7) 小箱容量,箱内加袋。

(8) 零售店陈列奖励。有时候我们会碰到这样一个现象,这个城市推新产品,我把这个产品铺进去,然后铺货率就上来了,过一个月后,铺货率又下来了,为什么?说明这个产品卖得不好,零售店进了几包,卖不动,第二次就不进货了,所以铺货就掉下来了。这时候用的最好方法是零售店陈列奖励。给每个零售店里,送一个小货架,在货架上摆上你的产品。告诉他,这个月不管你进多少货,只要你把我的产品陈列在你店最好位置,下次业务员拜访,还在那里摆放,我们会送你礼品,这种做法就是零售店陈列奖励。

(9) 随箱附赠刮刮卡。

(10) 批发陈列奖励。不管批发商卖多少货,只要你能在批发店门口摆上20个箱子,摆一个月,我月底送你两箱产品,目的就是当作一种广告。当零售店到批发市场进货,看到批发商家家有这个产品时,零售店就会认为这个产品好卖,就会选择进货。

(11) 零售店限量铺货。

企业在新产品上市时常用这一招,你要进货一箱,对不起不卖,我们是买3包送1包,买4包不卖。为什么?因为卖你一箱货,零售店三天只卖3包货,他会感觉这个产品不好卖;如果零售店买了3包货,他三天卖出去。他会感觉:"哎呀,三天就卖完了。"反倒觉得好卖,还想进货。这个方法最好跟随零售店陈列奖励两个捆绑在一起用。

(12) 配送户铺货率奖励(员工之间做铺货率竞赛)。

二、文娱性广告促销策略

此策略是指运用文娱形式发布广告以促进产品销售的广告策略。企业出资赞助文娱节目表演,使广告不再是一种简单的、直观的、赤裸裸的硬性产品宣传,而是变为一种消费者喜欢并参与的、多姿多彩的"广告文化"。现在许多企业在城市的商业中心邀请各种演出团队现场表演文娱节目,吸引观众,同时设计出各种节目现场邀请观众参与,对获胜者进行奖励,促进商品销售。有些企业甚至通过邀请明星进行文艺演出,并配合各种营销活动,如在门票上印优惠购物券,让观众在观看演出时,关心企业产品的促销活动。

文娱广告有以下特点：
(1) 以伴随文娱性活动发布广告为手段；
(2) 减少广告的商业味，增加广告的知识性与趣味性；
(3) 使消费者在享受娱乐中了解产品信息，并使企业形象得以增强。

三、竞赛和抽签性广告促销策略

这种方法在国外十分流行，对推动销售有一定效果。竞赛主要是广告主通过竞赛和赞助者的产品联系在一起，如销售定额已经设定，超过这个定额的最大的零售商或个人就能赢得这个竞赛。抽奖是一种以抽奖中奖形式的广告促销手段。好的竞赛和抽奖活动通过广告渲染，可以促进消费者参与，扭转滞销，帮助实地展示，为经销商和销售人员提供商品销售激励，为广告赋予活力和主题，并且能为低兴趣产品制造兴趣。抽奖促销活动在广告宣传时一定要能够调动消费者的参与兴趣，否则就不会达到促销的目的。但这种方法也为某些经营作风不正的企业提供了可乘之机，如以劣充优、趁机提价、克扣分量，甚至哄骗群众，从中牟取暴利。因此，在运用这种广告策略时，必须注意社会效果与合法性。竞赛和抽奖广告有如下特点：
(1) 以奖品或奖金为刺激手段；
(2) 购买者多为冲动性购买；
(3) 竞赛和抽奖活动广告可能涉及法律问题；
(4) 频繁的竞赛和抽奖广告会让消费者失去兴趣，所以，要适当掌握其频率。

四、POP 展示性广告促销策略

POP（销售点广告）展示是指制造商设计给零售商的，由零售商唤起他们的消费者对产品促销注意的展示活动。POP 虽然因产业不同而不同，但是可以包括特别的搁物架、展示广告卡通、旗帜、标志、价格卡等上百种形式。POP 的形式是商品化展示，零售商用来展示他们的商品，并且为他们的商店制造个性。POP 展示是广告的形式之一，其主要是通过各种现场性展示活动营造良好的现场销售气氛，吸引消费者的注意，调动消费者的购物兴趣。如果配合有奖销售或赠品促销，那就更容易使顾客对品牌产生亲近感。POP 广告有以下特点：
(1) POP 广告设计一定要有特色，能够吸引消费者的注意力；
(2) POP 广告要有良好的计划，要考虑诉求对象；
(3) 考虑 POP 广告的媒体形式是否适合该产品。

五、赞助性广告促销策略

赞助性广告策略是企业通过赞助各种不同的活动来促进销售的一种方式。包括体育、赞助、娱乐旅行、节日、展览会和年度活动及各种艺术活动。赞助属于特殊事件的公共活动，其主要目的是通过赞助活动力求提高赞助商的品牌在消费者中的感知价值，IBM、通用汽车、索尼都花费大额资金赞助奥运会，西门子则赞助国际网球比赛。在竞争日益激烈的今天，这些活动提供了企业与公众互动的机会。这类广告促销活动主要是通过赞助大型的事件来展示企业的形象,增加消费者通过关注各种事件来关注企业或产品,增加消费者对企业的信任感,树立企业的知名度,从而增加产品的销售业绩。这类广告的特点是:

(1) 必须借助各种特殊的能吸引观众视线的事件来进行广告宣传;
(2) 广告投入较大,对企业的资金要求较高;
(3) 消费者是在关注事件的过程中关注企业的广告的,所以,媒体的覆盖面对广告效果有直接的影响。

六、联合营销广告促销策略

联合营销计划常被用来在制造商与零售商之间建立较强的关系。如宝洁公司与沃尔玛联合开展春季清洁用品促销,突出特定销售价位的宝洁清洁产品。再如美国航空公司把它的标志放到花旗银行的信用卡上,并且授予花旗银行 VISA 信用卡用户 A 级利益点数。通过联合促销,通过广告宣传,可以利用互补品牌之间的联系达到一加一大于二的广告和促销效果,使各种品牌通过协调达到更大和更快的影响。这类促销广告的特点是:

(1) 两种品牌是非竞争性品牌;
(2) 两种品牌能够通过联合达到促销效果;
(3) 广告效果对两种品牌的影响力基本差不多。

七、公益性广告促销策略

公益广告是一种非营利性广告。它把广告活动与公益活动结合起来,诱导人们关注社会,关心公众福利,具有正确的导向价值,通过公益活动达到公众对企业产生良好的印象的目的,以赢得消费者的欢迎。公益广告的形式很多,企业可以依据产品销售需要,选择公益广告形式。公益性广告促销策略具有以下特点:

(1) 以关心、赞助公益活动为发布广告的手段;
(2) 以办好事、争民心、赢取广大公众好感为目标;
(3) 有利于树立企业的知名度和信任度。

  学习重点和小结

  文化的作用
  塑造文化的方法
  品牌在生命周期的广告策略
  品牌知名度、美誉度、忠诚度的广告策略
  品牌广告的促销策略

练习与思考

一、问答题

怎样塑造品牌文化?

二、分析题

可口可乐、非常可乐、百事可乐……放在一起,撕掉标签后,没有人能分辨出它们的不同;可好多人就选择喝可口可乐,问他为什么,他说可口可乐好喝。

1. 你觉得他这个答案是他选择可口可乐真正的原因吗。
2. 你觉得他选择可口可乐真正的原因是什么呢。

三、案例题

海尔品牌价值是怎样铸造的

1984年,海尔集团的前身——青岛电冰箱总厂一年接连换了三位厂长,企业仍每况愈下,直至亏空147万元,资不抵债,工人拿不到工资,人心涣散。年底,35岁的张瑞敏出任厂长时恰逢春节,厂里却拿不出钱发给职工回家过年,寒冬腊月里,张厂长亲自到离厂不远的农村借钱发给职工回家过年。就是在这种艰难的条件下,海尔开始了生生不息的创业之路。

创业刚起步,客观上已落人后,海尔在分析了当时冰箱市场的形势后,既明确了市场竞争的激烈程度,也发现一个重要问题,市场上并没有"名牌"冰箱。所谓名牌,海尔认为应是在同类产品中最优秀的,具有导向性的,起引导消费作用的。因此,海尔决定以此为突破口,在发展战略上确定海尔冰箱的道路,使海尔产品最终成为能够影响并领导整个行业市场发展的龙头产品。但名牌不是评出来的。也不是检测出来的,它必须得到市场的认可,海尔把这一观念叫做"企业围墙之内无名牌"。

一、品牌美誉度

在工资都发不出的极其困难条件下提出创名牌的目标,海尔首先从观念抓起。海尔抓的第一个观念就是"有缺陷的产品等于废品"。对于当时的企业来讲,树立这个观念就等于跳过了生死线。因为在20世纪80年代,很多行业的产品还是分一等品、二等品、三等品和等外品,只要生产出来就能出厂。也正是因为在质量上留有后路的观念和习惯,使职工丧失了追求高品质的意识。海尔做的具体工作就是砸烂了76台有缺陷的冰箱,虽然这76台冰箱可以分为二等品、三等品。但砸烂这些冰箱的主要目的就是起到一个震撼效应,使创名牌的思想深深扎根于职工脑海。

产品质量是品牌生命的基础。海尔的名牌之路就始于质量管理。在整个质量管理过程中,海尔采取了"日清管理法",为了便于在国际上交流,他们也把它叫做"OEC管理法",就是全面地对每人每天做的每一件事进行控制和清理,他们提炼为"日事日毕,日清日高",今天的工作必须完成;今天完成的工作必须比昨天有质的提高;明天的目标必须比今天更高。

海尔在质量管理中同意这样一个观点,"成功的企业永远没有激动人心的事情发生",杜绝运动似地搞企业管理,而要把所有的目标分解到每个人身上,每个人、每天、每个月都有新的提高,这就可以使整个工作有条不紊地不断增长。他们每一个员工都人手一张"三E卡",就是每天、每件事、每个人,每个人干完了今天的工作后必须填写这张卡片,每个人的工资跟这张卡片直接挂钩。这张卡把整个的工作、大目标分解到每个人身上。比如,冰箱生产共有156道工序,545个责任区,它们都落实到每个人头上。其中最关键的是员工的素质,也就是只有优秀的员工才能生产出优秀的产品。

海尔付出的努力终于得到回报。1988年,海尔获得了中国冰箱行业历史上第一枚质量金牌。1989年,当冰箱市场发生"雪崩"的时候,其他冰箱厂纷纷降价以求生存,海尔反而做出了将价格提高10%的大胆决策,结果消息公布以后,海尔冰箱厂门前车水马龙。这出乎很多人的预料,但也充分说明海尔专心致志创名牌的战略符合了消费者的需求。所以,在产品畅销的时候,海尔没有盲目扩大产量,而是在保证质量的前提下不断扩大生产规模。具体来说,就是把生产规模的扩大与职工素质的提高联系在一起。在刚生产冰箱时,由于职工素质太差,海尔的生产规模很小,每年只能生产1万台,以后逐渐增加到3万台、5万台。尽管当时市场对电冰箱的需求量很大,但他们宁可牺牲利润,也要保证质量。海尔现在控制数量,并不是由于职工的素质问题,而是采取市场细分化原则,海尔每年生产200万台冰箱,这个总数并不小,但平均到每个规格品种,就只有5万台左右。所以,有些品种形成供不应求的局面。

产品质量和售后服务构成了海尔品牌市场竞争力的两大基础。随着家电业市场竞争的日益激烈,国内各家电企业也开始注重产品质量,而这时海尔却把重点转向服务。这是因为:在产品供不应求的情况下,名牌的主要内涵就是质量,当供求关系发生变化了,服务就成了一个非常必要的因素。但在产品服务上,海尔与其他企业有观念上的差异。首先,他们不仅强调售后服务,还强调售前、售中服务,到目前为止已全部实现国际星级服务,而一般企业强调的仅仅是产品的维修。其次,他们认为服务不仅仅是维修、安装、答疑等,还包括了解消费者的意见、需求,以便掌握产品再开发、再改进的重要途径。用户的难题就是他们的课题,根据这一理念,海尔开发了"小小神童"洗衣机、"画王子"冰箱、"大地瓜"洗衣机等能够满足用户潜在需求的新产品,从而创造了崭新的市场。

"用户永远是对的",海尔根据这一理念进一步形成"真诚到永远"的全方位承诺。"国际星级服务一条龙"新概念,使海尔品牌与用户之间形成一种亲情般的关系。海尔在服务上对自己的要求,一是不断向用户提供意料之外的满足;二是让用户在使用海尔产品时毫无怨言。目前,他们在全国各大城市都设立了"9999"售后服务热线,用户只需一个电话,剩下的事全由海尔来做,在海尔与消费者之间架起了一座座"心桥"。海尔人的真诚服务得到了用户的赞誉,提高了海尔品牌的美誉度。这是海尔的无形财富,也是海尔的动力源泉。

二、品牌忠诚度

消费者的品牌忠诚是至关重要的。它既是企业利润的来源,也是衡量品牌价值的重要指标。消费者对海尔的品牌忠诚,主要表现在他们对海尔产品满意甚至非常满意。有些消费者为自己使用海尔产品感到自豪和骄傲,有的甚至把使用海尔产品看做是自己身份、地位、品牌的保证。他们不仅自己使用海尔产品,还主动向他人介绍,推荐海尔产品。近年来,各家电品牌纷纷采取有奖销售,降价促销等手段,许多商家在广告中打出"本店家电一律×折(海尔除外)"的广告,而海尔在不降价的情况下,销售量在各类家电中仍位居前列,也说明了消费者对海尔品牌的忠诚度。

海尔重视消费者的忠诚。他们把海尔的忠实用户看做是自己的市场资源,有了这个资源,海尔的市场份额就会不断扩大,企业利润就会源源不断。这些老用户的品牌忠诚是海尔的一个稳定的收入来源,而且,由于这些老用户的口碑和示范作用,还有助于吸引新用户。

海尔认为:要建立用户对海尔品牌的忠诚度,企业首先要对用户忠诚。消费者对海尔的忠诚来源于海尔的理念,即把用户看做是上帝。为了保持、培养消费者对海尔的忠诚,他们做了大量工作,如在产品开发上,他们根据市场需求进行市场细分,不断开发出新产品,不断提供更新换代产品。现在海尔平均每天开发一个新产品,1天申报两项专利,这就增加了海尔品牌的吸引力。

1998年10月28日,为回报用户对海尔的厚爱,海尔举行了首届"用户难题奖"颁奖大会,五位用户成为第一批获奖者。以用户的难题作为他们开发的课题,海尔有两个原则:一是设计人性化;二是使用简单化。"设计人性化"原则包含三点:一是以生产者为主体;二是以消费者为主体;三是以生活者为主体。每个企业都要经历这三个阶段,海尔较好地把握了这三个阶段。海尔对"使用简单化"的理解是:用户要的不是复杂的技术,他们要的是使用的便利,海尔就是要把复杂的开发研究工作留给自己,把简单便捷的使用留给消费者。在用户服务方面,海尔不仅及时解决他们的问题和担忧,而且提供额外服务,定期调查用户的满意度,甚至用高价收购用户的意见,以便及时改进工作使用户永远满意。

三、品牌知名度提升

最初,海尔不过是一个冰箱生产厂家的商标名称,发展到现在,海尔已经是一个具有丰厚内涵的品牌,在国内外市场均享有较高知名度。

广告是创名牌的一个非常必要的手段,但不等于广告投入越大就一定是名牌。海尔认为,企业在用户心目中的形象可分为三种:知名度、信誉度、美誉度。知名度用钱在短时间内即可获得,但是不能持久;信誉度是按国家相关规定的要求去做了即可获得;美誉度最难,必须超出用户的期望值。

统一形象过一段时间可以得到大家共同的认可,最难的就是每一个员工出来维护这种形象。这两者是相辅相成的。海尔名牌战略的成功不仅在于它注重提高产品的内在质量。更在于它注重提高产品的知觉质量,即把产品的高质量信息通过各种途径传递给消费者,变成消费者的品牌形象。

此外,海尔还向消费者提供一些有意义的承诺,如全免费维修,全天候24小时服务等。在10多年的发展中,海尔的品牌形象经过发展完善,始终保持了它的连续性与一致性。

思考问题:

1. 海尔的品牌知名度、美誉度、忠诚度分别是怎样做出来的?他们是用什么方法和手段把品牌的这三个特征塑造出来的?
2. 从这个案例中你学会塑造品牌知名度、美誉度、忠诚度哪些手法了?
3. 海尔成功的因素有哪些?

第十二章

媒 体 策 略

**学习目标**

学完本章,你应该能够:
1. 知道企业的媒体受众;
2. 会制定广告媒体策略;
3. 掌握目标受众的评估指标 CDI 和 BDI;
4. 根据目标受众,选择企业合适的媒体;
5. 了解媒体覆盖策略;
6. 掌握媒体的排期;
7. 了解覆盖率、广告频率、固定频率、变化频率的基本概念;
8. 熟悉常规媒体的特点。

基本概念

暴露　注意　覆盖率　广告频率　固定频率　变化频率

广告界有这样一句话:"不管是报纸广告、电视广告,还是其他广告,有一半以上都是浪费的,但为什么还要打呢？ 因为不知道哪一半有用,因此就不停地打了。"为了减少广告媒体费用的浪费和偏差,必须善于灵活巧妙地运用广告媒体。知道各种媒体的优势与劣势,以使企业有针对性地利用媒体,尽量使浪费的另一半减少到最低限度。

第一节　媒体战略计划的制订

火车上做哪类产品广告比较合适？飞机场做哪些产品广告效果会比较好？ 为什么？

媒体计划由四大核心要素构成:目标对象、地理因素、时间因素、媒体权重。连接起来说,就是创意信息通过媒体向谁、在何地、何时、持续多久？ 媒体计划总的原则是一定要从市场状况和营销目标出发。

一、制定媒体战略计划的步骤

制定广告媒体组合计划时,首先有必要从各个角度研究、分析广告客户的商品、与竞争对手展开竞争的市场环境、消费者对商品或接触媒体的态度、媒体情况及所给予的预算等,并在此基础上制定出稳妥可靠的广告基本战略方案。这个广告基本战略方案确认后,媒体组合的程序才能宣告开始。此外,媒体组合中的媒体等级,是指报纸、电视、杂志等,而媒体载体,若以报纸为例,则指 A 报纸、B 报纸。

二、确定广告媒体目标

(一) 确定目标受众

目标受众就是媒介所指向的目标消费者。这些人的情况要尽可能予以准确的界定。包括:

(1) 人口统计资料,如年龄、性别、职业、收入、家庭、婚姻、教育等详细的状况;
(2) 消费形态,如购买动机、使用频率、使用周期、购买地点、品牌忠诚度等;
(3) 生活形态,主要指意见、兴趣和活动以及性格特征等。

确定目标受众是决定媒体目标和策略的一个重要的步骤。如果在竞争中广告没有暴露给目标受众,那么媒体费用就被浪费了。在描述目标对象时,必须非常精确,以确保媒体的准确。为此必须十分了解我们目标对象的人口层面、心理层面以及来自他人的购买影响。另外,媒体策划者还要知道,对出版物或节目感兴趣人的受教育程度。媒体受众的特征如何紧密地与目标受众的纵断面相匹配。

假如一件产品是为网球爱好者设计,那么,必须选择能够有效地到达网球爱好者的媒体。这些信息,可以从各种媒体研究组织中获得。它们可以提供包括年龄、收入、职业状况和媒体受众范围的研究数据,以及关于各种消费群体对产品使用的人口统计学和图表分析数据。

(二) 确定广告目标任务

广告目标任务是指媒体针对目标受众要完成何种任务、获得何种效果。主要有:

(1) 增加品牌的知名度;
(2) 改变消费者态度;
(3) 提供有关产品的知识;
(4) 加强促销活动的效果;
(5) 提醒本品牌消费者,使之形成重复购买;
(6) 对抗竞争;
(7) 鼓励分销商、零售商或推销人员等。

(三) 确定媒体的传达目标

媒体目标的意图是把市场目标转换成媒体能够完成的目标。在确定了目标受众后,具体的目标可能已被设定了。它们必须被精确地指出,这样一旦计划开始执行,结果也就能从目标上取得。

三、制定广告媒体策略

广告媒体策略,是描述广告主将如何完成既定的媒体目标。媒体策略包括:将使用什么媒体,每种媒体使用的频率,多少媒体工具将被使用以及什么时候使用。

广告媒体策略决策首先考虑媒体种类的选择或媒体使用的选择及其组合。一般来说,制定媒体策略应考虑的因素有以下几点。

(一) 目标受众的范围

按目标受众范围的大小,通常把媒体计划分为地方性计划、地区性计划及全国性计划。

对于全国性推广的品牌和产品来说,因各地区的发展状况不同,广告媒体的投资也就不能在各个地方平均分配,常用的评估指数有两个:一是品类发展指数,简称 CDI,另一个是品牌发展指数,简称 BDI。

(1) 品类发展是测试一个品类在特定人口阶层的销售表现。其计算公式为

$$品类发展 = 品类销售量/人口数$$

(2) 品类发展指数(CDI)是把各个地区的品类发展与全国的品类发展总体水平作比较,从而看出各个地区品类发展水平的高低。其计算公式为

$$CDI = (地区品类发展/全国品类发展) \times 100$$
$$= [(地区品类销售量/全部品类销售量) \div$$
$$(地区人口数/全国人口数)] \times 100$$

以 100 为基准,就可评估品类在各地区的发展水平。

(3) 品牌发展是测试一个品牌在特定人口阶层的销售表现。其计算公式为

$$品牌发展 = 品牌销售量/人口数$$

(4) 品牌发展指数(BDI)是把各个地区的品牌发展与全国的品牌发展总体水平作比较,从而看出各个地区品牌发展水平的高低。其计算公式为

$$BDI = (地区品牌发展/全国品牌发展) \times 100$$
$$= [(地区品牌销售量/全部品牌销售量) \div$$
$$(地区人口数/全国人口数)] \times 100$$

BDI 可评估品牌在各地区的发展水平。

通常 CDI,BDI 并不单独使用,而是两者结合起来作交叉的评估。其一般结论见表 12-1 所示。

表 12-1　　　　　　　　　运用 BDI 和 CDI 的交叉评估

	低 BDI	高 BDI
高 CDI	"问题"市场 　　必须先仔细检讨 BDI 低落的原因。如通过其他营销组合要素配合开发,加大媒体投入量,效果更好	"明星"市场 　　对这类市场的媒体投入应加大力度

续 表

	低 BDI	高 BDI
低 CDI	"瘦狗"市场 　　如果品类处于市场导入期或成长期,则投资力度应最高;如确认品类处于衰退期,则该市场不具有开发价值	"金牛"市场 　　必须先检视造成 CDI 低落的原因。但不管品类处于导入期还是衰退期,媒体投入一般不应扩大,不超过原有的投入即可

(二) 媒体和信息的性质

在制订广告媒体策略时,考虑媒体自身的性质也是个非常重要的因素,一些媒体能比其他媒体提供更好的信息的形式或者创意方法。

广告信息在许多方面不尽相同。一些信息非常简单,只是品牌名称或是一句口号式的广告语,如"让我们做得更好";一些信息是情感的诉求,如"孔府家酒,叫人想家";也有理性的解释甚至非常复杂的信息;还有一些是介绍消费者不熟悉的新产品或产品概念,这些情形都是考虑影响媒体策略的因素。

一条信息不管是新的还是高度复杂的,都要求较高的暴露频率以便让人理解和记忆。一句口号式的信息,为了更好地传播这个概念,要在一开始就有较大的冲击,但之后保持较低的暴露频率以换得较高的到达率通常是有利的。理由-原因式的信息,可能在一开始较难理解,但一旦这种解释被理解,那么无规律的间隔的脉动式广告暴露通常就能够使消费者想起这种解释。情感定位的信息如果经常有规律地间隔空缺,对于产生对产品的持续不断的情感则更加有效。另外还得注意,信息与媒体之间巧妙搭配,可以借用媒体本身的符号意义,使信息传达效果锦上添花。

(三) 产品的季节性和时间性的表现

消费者正常的产品购买习惯与媒体信息的性质一样,也是制订媒体策略时的重要考虑因素。例如,防晒霜等季节性产品要求在购买高峰时间到来之前集中暴露。

一些产品的购买有很强的时间规律性,这时广告的功能是影响消费者的品牌选择,在这种情况下,我们要达到合乎情理但又要达到不同寻常的预期目的。这种情形依照购买周期的时间跨度,要求相对的高暴露频率和高持续性,如果购买周期长,那么信息的脉动变得更加适当。但对购买周期无规律,且易受广告影响的产品,就应在非常低的暴露周期后用高的暴露频率周期把广告暴露间隔开。这种目的试图缩减购买中的时间长度。

一些产品需用刺激而被购买,因此,要稳定的暴露频次的广告。其他的一些产品在经过慎重考虑之后被购买,那么要求依据市场条件和竞争活动有高暴露频率与低暴露频率的交替脉动。具有品牌忠诚度的产品通常用低水平的暴露频率来对付,以换得高的到达率和持久性。

(四) 技巧上的考虑

如果媒体选择不当可能严重影响整个媒体计划。例如,鲜亮彩色的广告比黑白广告通常赢得更多的注意力;全页广告比四分之一页广告能赢得更多的注意。

对于小型广告主,是用全页的一月一次的广告好? 还是用一周一次的广告好呢? 电视广告主是用偶然一次的60秒广告好,还是多播一些10秒、20秒和30秒的广告好?这些问题的答案不是简单的。有时候,不断执行几个小广告要比偶尔执行一个大广告来得好。

其他技巧上的因素,包括考虑优先使用杂志广告的封面或封二的位置,还是出资使用电视屏幕的黄金时间等。

(五)竞争性策略和预算水平

媒体策略必须考虑竞争对手的广告活动,如果竞争对手的广告预算很大,一般的原则是跳过竞争对手支配的媒体,并选择能提供强大的或支配地位的替代媒体。但是,如果一项广告运动拥有一个突出的独一无二的创意时,不必考虑竞争对手的广告。

第二节 选 择 媒 体

如果有家做酒的企业现在想做电视广告,你觉得选择在几月份效果会更好呢?请你制定一个排期计划。

在确定媒体策略之后,媒体计划者的任务就是选择具体的媒体,以及对它们的使用作出日程安排。在最佳的环境、恰当的时间,媒体计划者的工作是为适当的受众找到相匹配的适当的媒体。这样,广告信息不仅能达到期望的暴露,而且也能吸引注意和激发消费者的某些行动。在考虑使用具体的媒体时,媒体计划者必须首先研究以下一些影响因素。

一、整体广告目标和营销策略

产品或服务的性质、市场营销目标和策略以及目标市场和受众都会影响广告媒体的选择。因此,媒体计划者的第一步工作是要对这些问题进行评价,为制定广告媒体策略提供有力的依据。

产品自身的性质可能暗示着媒体使用的类型。例如,一种具有与众不同的品质或形象的香水,它将在有个性品质并能加强这种形象的媒体上做广告。

如果市场营销和广告运动的目标是为了获得更大的产品分销,那么,选择的媒体必须是那些既影响消费者又影响潜在经销商的。如果目标是提高品牌形象或公司声誉的,应牺牲一些大众地方节目的销售潜力,以支持权威媒体中高质量节目的声望。

产品价格和定价策略也可能影响媒体选择。定价经常是产品定位的关键因素,例如,一种以额外费用定价的产品要求使用有声望的或优等的媒体来支持它的市场形象。

所以,媒体计划者必须确定与产品的接受、购买和使用密切相关的特征,并使它们同各种媒体受众的特征相匹配。

二、媒体覆盖策略

每一个广告主都希望将广告信息传送到尽可能大的范围,这就需要根据不同的广告目标和广告任务,采取适当的媒体覆盖策略,使目标市场范围的受众都能知道。媒体覆盖的策略主要有以下一些。

(1) 全面覆盖。即覆盖整个目标市场,这就要选择覆盖面广、观众数量多的电视和报纸作广告媒体。

(2) 重点覆盖。即选择销售潜力大的市场重点覆盖,这能节省广告费,适宜于新产品上市。

(3) 渐次覆盖。对几个不同地区分阶段逐一覆盖,采用由近及远的策略,它是从重点覆盖开始的。

(4) 季节覆盖。主要针对某些季节性强的产品,在临季和当季大量覆盖,大力宣传,过季时有限地覆盖,提醒消费者不要忘记该产品,这样有利于季节销售。

(5) 特殊覆盖。在特定的环境条件下,对某一地区或某特定的消费群体有针对性地进行覆盖。

三、暴露和注意值

媒体计划者的目标是为目标受众找到相匹配的合适媒体。所以,广告不仅是达到期望的暴露,而且是吸引注意和激发预期的消费者行动。

(1) 暴露是指你的广告多少人看到了。如果你在有 100 万读者的杂志上做广告,那么这 100 万人中究竟有多少人实际看到你的广告?如果一个电视节目有 10 万的观众群,那么实际有多少人看到了你的广告?通常这些人数要比总的观众或读者数少得多。例如,一些人虽然牢牢地坐在他们的椅子上了,但在广告的时间里,他们却在对节目争论交谈。因此,得到一种出版物、电台或电视节目的暴露值是一项困难的任务。除了统计学,媒体计划者就得使用他的经验判断。

(2) 注意是指人们对那些广告暴露的注意程度。如果你对摩托车或化妆品不感兴趣,那么你很可能看到这些广告时不对它们予以重视。另一方面,如果你需要买一辆新车,你可能注意每一个你看到的新车广告。

四、媒体组合策略

为实现广告宣传目标,许多企业,特别是有实力的大中型企业常采取多种媒体协同宣传的做法。这就是媒体组合,即在同一时期内运用各种媒体发布内容中基本相同的广告,造成强大声势,以期增加广告传播的广度和深度,有人将其戏称为"地毯轰炸"策略。因为它能够迅速扩大广告覆盖面,提高产品的知名度,增强广告"火力",提高广告传播的力度,从而产生立体传播效果。这种策划对于企业开拓新市场,推出新产品,增强竞争攻势,起到鸣锣开道、推波助澜的作用。其效果远远胜过单一媒体的运用。

需要说明的是,多媒体组合并不是各种广告媒体的随意凑合,而应当根据各种媒体的功能、覆盖面、表现力等方面的特征,从广告宣传的目标和任务出发,对它们进行有机的组合,使其能产生出综合立体效应。因此,就要求媒体工作人员必须注意:一是要认真选择好各种有效的广告媒体,注意它们之间在功能、层次和效益上的互补性;二是对各种媒体的利用程度、利用时间和利用方式作出安排,注意是否可能形成综合立体效应;三是根据所形成的媒体组合,将广告经费按媒体分别作出预算,进行分配,以确保媒体组合计划能得以顺利实现。

五、广告媒体排期

广告媒体排期,是指广告媒体的发布时间表,用来表示一个广告运动的时间跨度和作为广告日程安排其持续的方法。常用的广告排期方法有持续法、间隙法和脉动法。

> 持续法是将广告连续地出现。间隙法是将广告以波段的方式出现。脉动法是两者的综合。

一般来说,广告排期要考虑到以下几个方面的问题:季节性销售形态;产品所处的生命周期阶段;到达率和暴露频次是否应根据市场的不同而不同;到达率和暴露频次和季节性销售的关系如何?

> 广告的频率,是指一定广告排期内广告发布的次数。广告可依据需要,交替运用固定频率和变化频率。

(1)固定频率是均衡广告时间策略常用的频率,以求有计划地持续地取得广告效果。固定频率有均匀序列型和延长序列型两种。前者是指广告的频率按时限平均运用;后者指广告的频率固定,但时间距离越来越长,这是为了节约广告费。

(2)变化频率是指广告排期内用各天广告次数不等的办法来发布广告。变化广告频率使广告声势能适应销售情况的变化,它常用于集中时间广告策略、季节与节假日期间广告策略。以便借助广告次数的增加,推动销售高潮的到来。变化频率有波浪形、递升形、递降形几种。

波浪形是广告频率从递增到递减的变化过程,这一过程使广告周期的频率由少到多,又由多到少的起伏变化,波浪序列型适用于季节性、流行性强的商品广告。

递升形是广告频率由少到多,至高峰时戛然而止,节假日广告常用此法,它能节约广告费。

递降形是与递升型的变化相反,广告频率由多到少,由广告高峰跌到低谷,在最低潮时便停止,如文娱广告、新影片未上映前大做广告,上映后广告次数减少直至终止。

在有限的预算下,到达率、暴露频次和持续性目标之间存在着一种逆转关系。要获得高的到达率,就得牺牲一些暴露频次;同样,要保持高的持续性,就要牺牲短期内的到达率和(或)暴露频次。所以,媒体计划者的目的是通过得到足够的到达率、足够的暴露频次和正常的持续性使媒体计划为广告主运转做到尽可能的完善。因此简单地说,正确的媒体目标就是最佳的到达率、暴露频次和持续性、脉动的综合。

第三节　常规媒体特点

　什么样的产品打电视广告效果最好？起重机打电视广告效果怎么样？你觉得起重机打什么样广告效果会比较好？

一、印刷媒体

印刷媒体主要包括报纸、杂志、户外广告、交通广告和地址簿等。

(一) 报纸媒体

报纸媒体为传统媒体。在传播上，因为没有声音，且广告与其他内容同时存在，所以，受众对阅读内容选择性比较强，对广告的接受不具强制性。

1. 报纸媒体的类型

报纸广告大致可以分为三类：分类广告、展示广告和增刊广告。

(1) 分类广告。这是出现在报纸上的第一种类型广告。分类广告通常包含所有形式的商业信息，这些信息根据读者的兴趣被分为若干类型，如"求助"、"代售地产"、"代售汽车"等。

(2) 展示广告。这是报纸广告最重要的一种形式，可以任意大小的篇幅出现。展示广告有地方性广告和全国性广告。两者的差异就体现在广告费用的不同上。

(3) 增刊广告。所谓增刊广告就是在一个周期内，尤其是在报纸的周日版上出现的广告。全国性广告和地方性广告都可以在增刊上刊登广告。许多报纸都运用增刊广告来满足客户的特殊需求。

2. 报纸广告的优势

报纸媒体有许多优势，这些优势主要在下列五方面。

(1) 有利于消费者选择购物。消费者可以利用报纸广告来选择购物，对有明显竞争优势的产品的广告主来说是非常有利的。

(2) 传播面广，传播迅速。报纸发行量大，触及面广，遍及城市、乡村、机关、厂矿、企业、家庭，有些报纸甚至发行至海外，且看报的人数实际上大大超过报纸发行数。新闻报道是报纸的主要任务，以新闻报道带动着广告信息的传播，保证了广告宣传的时间性。

(3) 报纸具有特殊的新闻性，因而使广告在无形之中增加可信度，而且将新闻与广告混排可增加广告的阅读率。

(4) 灵活性。报纸有地理上的灵活性，广告主可以选择在某些市场做广告，而放弃在另一些市场做广告；在制作上可以是彩色的，也可以是自由式插入广告；地区差别定价、样品展示等。

(5) 互动性。报纸广告为全国性广告主和地区零售商提供了一个联系的桥梁。一个地区的零售商可以通过刊登相似的广告很容易地参与到全国性的竞争中去，使区域广告和全国性广告可以产生互动效应。

3. 报纸广告的缺点

和所有媒体一样,报纸广告也有局限性。其缺点在于:

(1) 生命周期短。由于报纸出报频繁,每张报纸发挥的时效性都很短,人们阅读报纸时往往是一次性的,很多读者在翻阅一遍之后即将其弃置一旁,所登广告的寿命也因此而大打折扣。

(2) 干扰度大。很多报纸由于刊登广告而显得杂乱不堪,过量的信息削弱了单个广告的作用。受版面限制,经常造成同一版面广告拥挤。且报纸广告强制性小,容易被读者忽略。

(3) 覆盖面有限。报纸有特定的市场,不能包含各层次的读者群,不能为全国性广告主提供所有的市场。

(4) 无法对文盲产生广告效果。

(二) 杂志媒体

杂志也是广告较早的大众传播媒体,也有不同的种类和特性。

1. 杂志媒体的分类

杂志主要包括:

(1) 按其内容可分为综合性杂志、专业性杂志和生活杂志。

(2) 按其出版周期则可分为周刊、半月刊、月刊、双月刊、季刊等。

(3) 按其发行范围又可分为国际性杂志、全国性杂志、地区性杂志等。

2. 杂志媒体的优势

在杂志上做广告有很多好处,这些优势主要在于:

(1) 杂志具有比报纸优越得多的可保存性,因而有效时间长,且没有阅读时间限制。杂志的传阅率和重复阅读率也比报纸高,广告宣传效果持久。

(2) 生命周期长。杂志是所有媒体中生命周期最长的。有些杂志作为权威资料可能被长期保存,可能永远不会作废。所以,广告的持续效应较好。

(3) 读者集中,选择性强。杂志不管是专业性的还是一般消遣性的,都有较集中的读者对象,这样就有利于根据每种杂志的特定读者群,进行适合他们心理的广告设计。

(4) 版式灵活多样。人们阅读杂志时倾向于较慢的速度。所以,可以详细地阅读杂志内容。杂志可以有多页面、插页和专栏等形式,使版式更富于创造性和多样性。

(5) 视觉效果良好。杂志通常是高质量的印刷,可以印出精美的黑白或彩色的图片,不仅逼真地表现产品形象,而且可以给读者带来视觉上美的享受,进而产生心理上的认同。

(6) 具有促销作用。广告主可以通过多种促销手段,如发放优惠券、提供样品或通过杂志发行资料卡等来达到促销的作用。

3. 杂志广告的缺点

杂志广告也有其局限性。在实际运用中,杂志广告的效果受各种因素的影响:

(1) 缺乏时效性。杂志的时效性不强,因其出版周期长,难以刊载具有较强时间性要求的广告。

(2) 灵活性差。由于杂志广告的时效性差决定了其缺乏灵活性,广告必须在出版日之前提交,而且其广告位置的提供也很有限。

(3) 印刷成本高。杂志印刷复杂,更改和撤换都极不方便,成本费高。

(4) 效果有限。专业性杂志因其专业性强,读者有一定的限制,广告登载选择面小。

(三) 户外广告

户外广告是指设置在露天且没有遮盖的各种广告形式。

1. 户外广告的分类

户外广告包括:标牌广告、墙壁广告、电话亭广告、站台广告、机场广告、商场展卖、空中广告、走廊广告、路牌、灯箱、气球、霓虹灯、电子显示牌等形式。

2. 户外广告的优势

户外广告有如下优势:

(1) 广告形象突出,主题鲜明,设计新颖,引人注目,易于记忆。

(2) 视觉印象较好。户外广告多为巨大的彩色看板,具有无意识的强制性。

(3) 有较好的消费刺激。户外广告不仅有很好的提示性作用,而且可以引起消费冲动。

(4) 不受时间和空间的限制,任人随意欣赏,具有长期的时效性。

(5) 成本较低。按千人成本计算,户外广告成本较低。

(6) 生命周期长。户外广告一般时间较长,有利于需要重复强化的信息。

3. 户外广告的缺点

户外广告有如下缺点:

(1) 信息简单。由于必须简单明了,因此,户外广告不可能详细介绍产品的功能和特性等详细信息。

(2) 可能受到法律的限制。有些地区和国家限制户外广告的发布形式,所以,对户外广告的发展有限制作用。

(3) 无法详细。户外广告所处的特殊环境和自身条件的限制,广告产品的文字内容与图画内容的表现就受到制约,虽然简单明了,有时甚至只是品牌名称或商标符号,但其效果也因此而大打折扣。

(4) 受众难以统计。户外广告多数是企业性的广告,给消费者留下的往往是对企业的印象,而不能立即产生促销的作用。精确测量户外广告的流动受众较为困难。

(四) 交通广告

交通广告就是利用公共汽车、电车、火车、地铁、轮船的厢体或交通要道设置或张贴广告以传播广告信息的形式。

1. 交通广告的分类

交通广告主要有两种形式:车厢内和车厢外。车厢内广告主要是利用车厢内部的有利位置来做广告,而车厢外广告主要在交通工具的两侧、尾部和顶部。

2. 交通广告优点

交通广告有下列优点。

(1) 流动性大,接触的人员多,阅读对象遍及社会各阶层,有利于提高产品的知名度,能产生较好的促销作用。

(2) 具有预告性的作用,当产品未上市之前,利用各种媒体作预告性宣传,有助于消费者指牌购买。

(3) 制作简单,费用低廉,适应于小企业的广告需求。

3. 交通广告的缺点

交通广告有下列缺点。

(1) 流动性广告,一瞬即逝,影响广告宣传效果。

(2) 受空间限制,容积过小而设计制作不够精美。

二、电波媒体

电波媒体包括广播、电视和交互媒体,以电波形式传播声音或图像。电波媒体和印刷媒体截然不同,更关注视觉与动作、图像与声音的结合。

(一) 广播媒体

广播媒体是传播广告信息速度最快的媒体之一,在我国也是最大众化的广告媒体。广播广告的形式实际取决于发射类型和功率,或取决于全国性的联网广播或地方性广播。

1. 广播广告的优势

广播广告有如下优势:

(1) 受众明确。广播最主要的优点就是通过特别的节目到达特定类型的听众。同时,它可以适应全国不同的地区,能在最短时间到达听众。

(2) 传播迅速,覆盖率高,不受时间和空间的限制。在四大媒体中它是传播速度最快、传播范围最广、覆盖率最高的媒体。

(3) 改动容易,极具灵活性。在所有的广告媒体中,广播的截止期最短,文案可以直到播出前到达。这种灵活性可以让广告主根据地方市场情况、当前新闻事件甚至天气情况来作调整。有利于根据市场行情的瞬间变化而及时调整广告内容。

(4) 广播广告通过语言、音乐来塑造产品形象,听众感到真实、亲切、具有现场感。

(5) 制作简便、费用低廉。广播可能是最便宜的广告媒体,因为广播时间成本低,而且可以被广泛地接受到。另外,制作广播广告的成本很低,特别是地方电台。

(6) 让听众可以有广阔的想象空间。广播的一个重要优势就是让听众有一个很大的想象空间。广播利用词语、声音效果、音乐和声音来让听众想象正在发生的事。

(7) 可接受程度高。广播在地方范围内接受程度较高,人们有自己喜欢的电台、节目和主持人,并定期收听,所以有较高的接受程度。

2. 广播广告的缺点

广播广告有以下缺点。

(1) 时间短暂,难于记忆。广播广告很难给人深刻的印象和较长久的记忆效果。

(2) 易被疏忽。因为广播广告严格来说是听觉媒体,广播信息转瞬即逝,广告可能会被漏掉或忘记。

(3) 缺乏视觉。没有视觉形象,难以表现出产品的外在形象与内在质量,因而无法得到对产品的清晰的认知,使广告效果受到一定程度的影响。

(4) 有干扰性。竞争性广播电台的增多和循环播放，使受众受到很大的干扰，听到或理解广播信息的可能性就大大降低了。

（二）电视媒体

四大媒体中，电视的发展历史最短，但它却是最具发展潜力的广告媒体，也是当代最有影响、最有效力的广告信息传播渠道。

1. 电视广告的分类

（1）赞助广告。这种广告由广告主承担节目制作和提供配套的广告资金。赞助性广告对受众的吸引力较大，广告主可以控制广告播放的地方和长度，而且还可以控制节目的质量和内容。如一家银行可以赞助一所学校的足球赛。

（2）分享。广告主以分享的形式分别购买广告时段，如以 5 秒、15 秒、30 秒或 60 秒来计，在一个或多个节目中播放。广告主可以购买定期或不定期的任何时段。

（3）插播广告。在节目的间隙播放，是广告主从地方会员媒体购买并向地方做的广告。电视台一家一家地把 10 秒、20 秒、30 秒和 60 秒的广告时间卖给地方的、区域的和全国性的广告主，但地方的广告主占多数。

2. 电视媒体的优势

电视具有报纸、杂志和广播所没有的优势：

（1）高信息度。因为电视广告到达面非常广泛，数以万计的人定期观看电视，使电视广告可以达到印刷媒体不能达到的效果。

（2）声形兼备。电视以感人的形象、优美的音乐、独特的技巧，给人以美的享受，同时有利于人们对产品的了解，突出产品的诉求重点。

（3）电视覆盖面广、收看率高、说服力强。

（4）有较强的视觉冲击力。由于电视广告是由画面和声音组成的，所以可以将画面、声音、颜色、动作和环境结合起来，一看就产生令人兴奋和冲动的激情。

（5）电视传播不受时间和空间的限制，传递迅速。

（6）电视媒体具有娱乐性，利用电视做广告，能取得较好的效果。

（7）能够对消费文化产生影响。电视是一种主要的信息来源、娱乐形式和教育途径。电视已经成为人们生活的一部分，对人们的消费文化产生深刻的影响。

（8）电视具有强制性广告的特点，这是其他媒体难以做到的。

3. 电视广告的缺点

电视广告有如下缺点。

（1）费用较高。电视广告最大的缺陷就是制作和播放的成本非常高。虽然人均成本低，但绝对费用可能很高，尤其对中小企业来说难以承受。

（2）电视传播信息迅速，时间短暂，稍纵即逝，大大影响了对广告产品的记忆效果。

（3）对广告信息不易保存。

（4）电视广告制作复杂、制作时间相对较长，因而时间性很强的广告往往无法得到满足。

（5）缺乏灵活性。在时间安排上，电视广告往往缺乏灵活性，所以很难进行及时的调整。

(三) 互联网媒体

互联网媒体是电波媒体的一种新的形式。互联网广告1993年在美国第一次出现，随着互联网的迅速发展和上网人数的大量增加，网络广告的作用日益明显，已经成为广告主选择的重要广告媒体之一。

1. 网络广告的优势

全球传播，覆盖面广且不受地域限制。投放网络广告的广告主提供的信息容量不受限制，可以将自己公司的产品和服务，包括产品的性能、价格等大量的广告信息，放在自己的网站上进行宣传，节约广告资源。网络广告还可以根据产品特有的目标市场，按照受众的特点进行投放，从而达到最佳的广告效果。

2. 网络广告的缺点

网络广告在发展的过程中也存在着局限性，由于大量的垃圾邮件的存在，使网络广告的效果受到影响。

三、其他广告媒体

除了上述广告媒体之外，还有许多其他的广告媒体渠道。

(一) POP 广告媒体

POP 是售货点的广告和购物场所广告。其功能主要强调购买的"时间"和"地点"。POP 广告和户外广告不同，如某零售店的门口悬挂招牌，这就属于 POP 广告。如果指示商店所在的位置，离开门口 10 米以外，则属于户外广告。

POP 广告有如下特点。

(1) 指示和提醒消费者认牌购买，尤其是在四大媒体对产品已进行广告宣传之后，起一种关键性的最能见成效的劝购作用。

(2) 企业可以通过广告宣传自身形象，扩大商店或企业的知名度。

(3) 室内室外的广告设置一般都没有时间限制，长期重复出现，可以加深消费者对产品的印象，有广泛性和时效性，能起到无声推销的作用。

(4) 美化环境。增加零售点对消费者的吸引力，并烘托销售气氛。展示产品和服务质量及其购买欲望，促进销售。

(5) 简单易懂，适合不同阶层的消费者。

(6) 造型简练，设计醒目，阅读方便，重点鲜明，有美感、有特色。POP 广告并非节日点缀，越热闹越好，而应视之为构成商店形象的一部分，其设计和陈列应从加强商店形象总体出发，加强和渲染商店的艺术气氛。

(7) 室内和室外的广告分布保持平衡，不能虎头蛇尾，避免消费者由此产生心理上的不平衡。

(二) 直接邮寄媒体

直接邮寄媒体(DM)广告指通过邮寄网络寄发印刷品广告，也称为广告信函。凡以传递商业信息为主的，通过邮寄的广告品统称为 DM 广告。DM 是有选择性地直接送到用户或消费者手中的广告形式。其类型主要包括推销信函、商品目标、商品说明书或小页书、折叠式说明书、商品价目表、明信片、展销会请帖、宣传小册子、招贴画、手抄传单和机关杂志等。

1. 直接邮寄的特点

直接邮寄有如下特点：

（1）针对性最强，具有计划性。广告主对广告活动进行自我控制，根据预算选择诉求对象。

（2）具有灵活性。不受任何时间和空间的限制，也不受篇幅和版面限制，在广告形式和方法上都具有较大的灵活性。

（3）有助于促使消费者指名购买，有利于提高经济效益和商品知名度。

（4）邮寄广告是针对具体单位和个人的，有"私交"的性质，可以产生亲切感。

（5）在内容上不受文字多少的限制，可以对产品的性能、特点和服务作详细的介绍。

（6）反馈信息快而准确，极易掌握成交情况，有利于产品广告计划的制订和修改。

（7）具有私人通信的作用，在同类产品的竞争中，不易被对手察觉。

（8）制作简便，费用低廉。

2. 直接邮寄广告的缺点

直接邮寄广告有下列缺点。

（1）由于针对性强，推销产品的功利性就特别明显，往往使接受者产生一种戒心。因此，广告文稿一定要写得诚恳亲切，避免引起人的反感。

（2）邮寄广告按对象逐个递送，流通中费用昂贵。因此，先不宜大规模寄送，应根据最初的信息反馈，然后再酌情不定期地进行调整。

 学习重点和小结

  制定广告媒体策略
  目标受众的评估指标 CDI 和 BDI，CDI 和 BDI 计算方法
  媒体覆盖策略
  覆盖率、广告频率、固定频率、变化频率的基本概念
  常规媒体的特点

练习与思考

一、名词解释

1. 覆盖率
2. 广告频率
3. 固定频率
4. 变化频率

二、分析题

某品牌是一个已有数亿广告费投入的知名洗发水品牌，准备在春季推出含有西红柿营养元素的洗发水新品，现在准备在武汉上市，请你拟定一份简单的媒体计划，包括以下

三方面：
(1) 媒体选择的理由。
(2) 广告排期的理由。
(3) 关于广告有效性的考虑。

三、案例题

绿之源广告的宣传攻势

1998年10月中旬，绿之源与武汉市各大专院校学生合作，采用信箱广告的宣传攻势，在提高产品知名度、好感度、美誉度等方面，收到了很好的效果。

由大专院校学生会派人把一种特殊媒介的广告宣传品——信箱广告，粘贴在每个学生寝室的大门上，这个信箱由硬纸做成，长17.5厘米，宽16厘米，厚1厘米，可以插进书信、报纸、留言条等。信箱背后贴有一层胶面，只需往寝室门上一贴，就安装好了。整个信箱做工精细，结实耐用，美观大方。信箱的上方印有一个横向的与真实的饮料瓶外观一致的彩色精美图案；信箱的下方则按男、女寝室的不同，印有两种不同的图案和文字：女寝室信箱的图案是在蓝天下，有两个小卡通娃娃手牵着手，旁边的文字是："请留言，这里是寝室，我们不在家，请你在此留言，你有权保持沉默，但你所写的，都将作为友情或爱情的见证。"男生寝室粘贴的信箱图案是绿草坪中滴几滴墨水，旁边的文字是："抱歉001，因紧急任务不容汇报，留下你的命令和密码暗号，请赐墨宝，方能开溜。"两种信箱都在醒目的位置上印出了产品名称："绿之源，螺旋藻饮品。"

这一信箱式广告一贴出，同学们争相观看，几小时内几乎所有的同学都知道了"绿之源"螺旋藻饮品，也开始关注起"绿之源"。

思考问题：

1. "绿之源"的广告媒体是什么？
2. 它比我们的常规报纸、电视广告效果怎么样？这种广告的经济效益怎么样？为什么？
3. 它不属于常规媒体，属于非常规媒体，请你看看周围，举出10个非常规媒体。对你有什么启发呢？

附 录

项目诊断目录

第一部分 营销环境分析

这部分包括与项目相关的背景材料分析、研究和回顾。这里的关键词是"分析"。要了解所有收集到的信息并找出信息对产品或品牌未来成功具有的非同寻常的意义。应该详细研究与分析影响市场、竞争、消费者行为、公司、产品或品牌的重要信息和趋势。

一、营销环境分析

(一) 企业市场营销环境中宏观的制约因素

1. 企业目标市场所处区域的宏观经济形势
(1) 总体的经济形势。
(2) 总体的消费形势。
(3) 产业的发展政策。
2. 市场的政治、法律背景
(1) 是否有有利或者不利的政治因素可能影响产品的市场。
(2) 是否有有利或者不利的法律因素可能影响产品的销售和广告。
3. 市场的文化背景
(1) 企业的产品和目标市场的文化背景有无冲突之处。
(2) 这一市场的消费者是否会因为产品不符合其文化而拒绝产品。

(二) 市场营销环境中的微观制约因素

1. 企业的供应商与企业的关系
2. 产品的营销中间商与企业的关系

(三) 市场概况

1. 市场的规模
(1) 当前市场的销售额。
(2) 市场可能容纳的最大销售额。
(3) 消费者总量。
(4) 消费者总的购买量。
(5) 以上几个要素在过去一个时期中的变化。

(6) 未来市场规模的趋势。

2. 市场的构成

(1) 当前市场的主要产品品牌。

(2) 各品牌所占据的市场份额。

(3) 市场上居于主导地位的品牌。

(4) 与本品牌构成竞争的品牌是什么。

(5) 未来市场构成的变化趋势如何。

3. 市场构成的特性

(1) 市场有无季节性。

(2) 有无暂时性。

(3) 有无其他突出的特点。

4. 营销环境分析总结

(1) 机会与威胁。

(2) 优势与劣势。

(3) 重点问题。

二、消费者分析

(一) 消费者的总体消费趋势

1. 现有的消费时尚

2. 各种消费者消费本类产品的特性

(二) 现有消费者分析

1. 现有消费群体的构成

(1) 现有消费者的总量。

(2) 现有消费者的年龄。

(3) 现有消费者的职业。

(4) 现有消费者的收入。

(5) 现有消费者的受教育程度。

(6) 现有消费者的分布。

2. 现有消费者的消费行为

(1) 购买的动机。

(2) 购买的时间。

(3) 购买的频率。

(4) 购买的数量。

(5) 购买的地点。

3. 现有消费者的态度

(1) 对产品的喜爱程度。

(2) 对本品牌的偏好程度。

(3) 对本品牌的认知程度。

(4) 对本品牌的指名购买程度。
(5) 使用后的满足程度。
(6) 未满足的需求。

(三) 潜在消费者

1. 潜在消费者的特性
(1) 潜在消费者的总量。
(2) 潜在消费者的年龄。
(3) 潜在消费者的职业。
(4) 潜在消费者的收入。
(5) 潜在消费者的受教育程度。
2. 潜在消费者现在的购买行为
(1) 现在购买哪些品牌的产品。
(2) 对这些产品的态度如何。
(3) 有无新的购买计划。
(4) 有无可能改变计划购买的品牌。
3. 潜在消费者被本品牌吸引的可能性
(1) 潜在消费者对本品牌的态度如何。
(2) 潜在消费者需求的满足程度如何。

(四) 消费者分析的总结

1. 现有消费者
(1) 机会与威胁。
(2) 优势与劣势。
(3) 主要问题点。
2. 潜在消费者
(1) 机会与威胁。
(2) 优势与劣势。
(3) 主要问题点。
3. 目标消费者
(1) 目标消费群体的特性。
(2) 目标消费群体的共同需求。
(3) 如何满足他们的需求。

三、产品分析

(一) 产品的特征分析

1. 产品的性能
(1) 产品的性能是什么。
(2) 产品最突出的性能有哪些。
(3) 产品最适合消费者需求的性能是什么。

(4) 产品的哪些性能还不能满足消费者的需求。

2. 产品的质量

(1) 产品是否属于高质量的产品。

(2) 消费者对产品质量的满意程度如何。

(3) 产品的质量能否继续保持。

(4) 产品的质量有无继续提高的可能。

3. 产品的价格

(1) 产品价格在同类产品中居于什么档次。

(2) 产品的价格与产品质量的配合程度如何。

(3) 消费者对产品价格的认识如何。

4. 产品的材质

(1) 产品的主要原料是什么。

(2) 产品在材质上有无特别之处。

(3) 消费者对产品材质的认识如何。

5. 生产工艺

(1) 产品通过什么样的工艺生产。

(2) 在生产工艺上有无特别之处。

(3) 消费者是否喜欢通过这种工艺生产的产品。

6. 产品的外观与包装

(1) 产品的外观和包装是否与产品的质量、价格和形象相称。

(2) 产品在外观和包装上是否有欠缺。

(3) 外观和包装在货架上的同类产品中是否醒目。

(4) 外观和包装对消费者是否具有吸引力。

(5) 消费者对产品外观和包装的评价如何。

7. 与同类产品的比较

(1) 在性能上有何优势,有何不足。

(2) 在质量上有何优势,有何不足。

(3) 在价格上有何优势,有何不足。

(4) 在材质上有何优势,有何不足。

(5) 在工艺上有何优势,有何不足。

(6) 在消费者的认知和购买上有何优势,有何不足。

(二) 产品生命周期分析

1. 产品生命周期的主要标志

2. 产品处于生命周期的什么阶段

3. 企业对产品生命周期的认知

(三) 产品的品牌形象分析

1. 企业赋予产品的形象

(1) 企业对产品形象有无考虑。

(2) 企业为产品设计的形象如何。
(3) 企业为产品设计的形象有无不合理之处。
(4) 企业是否将产品形象向消费者传达。

2. 消费者对产品形象的认知
(1) 消费者认为产品形象如何。
(2) 消费者认知的形象与企业设定的形象是否相符。
(3) 消费者对产品形象的预期如何。
(4) 产品形象在消费者认知方面有无问题。

(四) 产品定位分析

1. 产品的预期定位
(1) 企业对产品定位有无设想。
(2) 企业对产品定位的设想如何。
(3) 企业对产品的定位有无不合理之处。
(4) 企业是否将产品定位向消费者传达。

2. 消费者对产品定位的认知
(1) 消费者认知的产品定位如何。
(2) 消费者认知的定位与企业设定的定位是否符合。
(3) 消费者对产品定位的预期如何。
(4) 产品定位在消费者认知方面有无问题。

3. 产品定位的效果
(1) 产品的定位是否达到了预期的效果。
(2) 定位后的产品在营销中是否有困难。

(五) 产品分析的总结

1. 产品特性
(1) 机会与威胁。
(2) 优势与劣势。
(3) 主要问题点。

2. 产品的生命周期
(1) 机会与威胁。
(2) 优势与劣势。
(3) 主要问题点。

3. 产品的形象
(1) 机会与威胁。
(2) 优势与劣势。
(3) 主要问题点。

4. 产品定位
(1) 机会与威胁。
(2) 优势与劣势。

(3) 主要问题点。

四、企业和竞争对手的竞争状况分析

(一) 企业在竞争中的地位

1. 企业产品的市场占有率
2. 消费者认知
3. 企业自身的资源和目标

(二) 企业的竞争对手

1. 主要的竞争对手是谁
2. 竞争对手的基本情况
3. 竞争对手的优势与劣势
4. 竞争对手的策略

(三) 企业与竞争对手的比较

1. 机会与威胁
2. 优势与劣势
3. 主要问题点

五、企业与竞争对手的广告分析

(一) 企业和竞争对手以往的广告活动的概况

1. 开展的时间
2. 开展的目的
3. 投入的费用
4. 主要内容

(二) 企业和竞争对手以往广告的目标市场策略

1. 广告活动针对什么样的目标市场进行
2. 目标市场的特性如何
3. 有何合理之处
4. 有何不合理之处

(三) 企业和竞争对手的产品定位策略

(四) 企业和竞争对手的以往广告诉求策略

1. 诉求对象是谁
2. 诉求重点如何
3. 诉求方法如何

(五) 企业和竞争对手以往的广告表现策略

1. 广告主题如何,有何合理之处,有何不合理之处
2. 广告创意如何,有何优势,有何不足

(六) 企业和竞争对手以往的广告媒介策略

1. 媒介组合如何,有何合理之处,有何不合理之处

2. 广告发布的频率如何,有何优势,有何不足

(七) 广告效果
1. 广告在消费者认知方面有何效果
2. 广告在改变消费者态度方面有何效果
3. 广告在影响消费者行为方面有何效果
4. 广告在直接促销方面有何效果
5. 广告在其他方面有何效果
6. 广告投入的效益如何

(八) 总结
1. 竞争对手在广告方面的优势
2. 企业自身在广告方面的优势
3. 企业以往广告中应该继续保持的内容
4. 企业以往广告突出的劣势

第二部分 广 告 策 略

广告策略是在对已占有的信息进行分析后提出的,应包括广告目标的设定、目标受众的确定、产品或品牌定位、广告的表现策略、广告的媒体策略等。

一、广告的目标
1. 企业提出的目标
2. 根据市场情况可以达到的目标
3. 对广告目标的表述

二、目标市场策略

(一) 对企业原来市场的分析与评价
1. 企业所面对的市场
(1) 市场的特性。
(2) 市场的规模。
2. 对企业现有市场的评估
(1) 机会与威胁。
(2) 优势与劣势。
(3) 主要问题。
(4) 重新进行目标市场策略决策的必要性。

(二) 市场细分
1. 市场细分的标准
2. 各个细分市场的特性

3. 对各个细分市场的评估
　　4. 对企业最有价值的细分市场
　(三) 企业的目标市场策略
　　1. 目标市场选择的依据
　　2. 目标市场选择的策略

三、产品定位策略

(一) 对企业以往的定位策略的分析与评价
　　1. 企业以往的产品定位
　　2. 定位的效果
　　3. 对以往定位的评价
(二) 产品定位策略
　　1. 进行新的产品定位的必要性
　　(1) 从消费者需求的角度。
　　(2) 从产品竞争的角度。
　　(3) 从营销效果的角度。
　　2. 对产品定位的表述
　　3. 新的定位的依据与优势

四、广告诉求策略

(一) 广告的诉求对象
　　1. 诉求对象的表述
　　2. 诉求对象的特性与需求
(二) 广告的诉求重点
　　1. 对诉求对象需求的分析
　　2. 对所有广告信息的分析
　　3. 广告诉求重点的表述
(三) 诉求方法策略
　　1. 诉求方法的表述
　　2. 诉求方法的依据

五、广告表现策略

(一) 广告主题策略
　　1. 对广告主题的表述
　　2. 广告主题的依据
(二) 广告创意的策略
　　1. 广告创意的核心内容
　　2. 广告创意的说明

（三）广告表现的其他内容
1. 广告表现的风格
2. 各种媒介的广告表现
3. 广告表现的材质

六、广告媒介策略

（一）对媒介策略的总体表述
（二）媒介的地域
（三）媒介的类型
（四）媒介的选择
1. 媒介选择的依据
2. 选择的主要媒介
3. 选用的媒介简介
4. 媒介组合策略
5. 广告发布时机策略
6. 广告发布频率策略

第三部分 广 告 计 划

一、广告目标(略)

二、广告时间
1. 在各目标市场的开始时间
2. 广告活动的结束时间
3. 广告活动的持续时间

三、广告的目标市场(略)

四、广告的诉求对象(略)

五、广告的诉求重点(略)

六、广告表现
1. 广告的主题
2. 广告的创意
3. 各媒介的广告表现

(1) 平面设计。
(2) 文案。
(3) 电视广告分镜头脚本。
4. 各媒介广告的规格
5. 各媒介广告的制作要求

七、广告发布计划

1. 广告发布的媒介
2. 各媒介的广告规格
3. 广告媒介发布排期表

八、促销活动等计划

1. 促销活动计划
2. 公共关系活动计划
3. 其他活动计划

九、广告费用预算

1. 广告的策划创意费用
2. 广告设计费用
3. 广告制作费用
4. 广告媒介费用
5. 其他活动所需要的费用
6. 机动费用
7. 费用总额

图书在版编目(CIP)数据

品牌策划实务/刘世忠编著.—2版.—上海:复旦大学出版社,2012.9(2019.7重印)
(复旦卓越·21世纪管理学系列)
ISBN 978-7-309-08919-6

Ⅰ.品… Ⅱ.刘… Ⅲ.品牌-企业管理-质量管理 Ⅳ.F273.2

中国版本图书馆 CIP 数据核字(2012)第 091738 号

品牌策划实务(第2版)
刘世忠 编著
责任编辑/罗 翔

复旦大学出版社有限公司出版发行
上海市国权路 579 号 邮编:200433
网址:fupnet@fudanpress.com http://www.fudanpress.com
门市零售:86-21-65642857 团体订购:86-21-65118853
外埠邮购:86-21-65109143 出版部电话:86-21-65642845
大丰市科星印刷有限责任公司

开本 787×1092 1/16 印张 15.5 字数 331 千
2019 年 7 月第 2 版第 4 次印刷
印数 9 301—10 400

ISBN 978-7-309-08919-6/F·1831
定价:30.00 元

如有印装质量问题,请向复旦大学出版社有限公司出版部调换。
版权所有 侵权必究